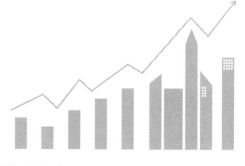

从报表看企业

数字背后的秘密

［第5版］

张新民◎著

中国人民大学出版社
·北京·

致读者

在经济快速发展的今天，尤其是在大数据、互联网＋、云计算等新兴技术条件下，人们的日常生活与决策都与企业财务报表紧密相关。财务报表分析已经从专业化知识变成通识知识。"财务报表分析"课程在大学里也有成为通识课程的趋势。

自 1994 年以来，我一直致力于解决中国企业财务报表分析理论与方法体系的建设（或称财务报表分析的中国化）问题。在这个过程中，我针对中国企业会计准则的特点以及企业信息披露的特征，对实体企业财务报表分析的理论与方法，先后实现了从财务报表的比率分析到财务状况质量分析、从财务状况质量分析到战略视角下财务报表分析框架的建立。

从实际应用来看，我所建立的这个分析框架无论是在课堂教学中，还是在对上市公司发布的财务报告的分析实践中，都显示出了强大的生命力，较好地解决了利用财务信息认识中国企业的问题，摆脱了依赖美国财务比率分析中国财务报表的束缚。教育部长江学者特聘教授、中国人民大学教授王化成将其命名为"张氏财务分析框架"。这个框架为通过财务报表认识中国企业提供了非常有效的分析工具。然而，很多读者反映，虽然教材和相关读物让他们增长了知识，但在实际分析过程中仍然感觉力不从心，缺乏对学习效果的有效检验。

财务报表分析
学习中心

为了让读者学习和领会财务报表分析方法，演练财务报表的分析过程，检验"财务报表分析"课程的学习效果，我们出版了这套集"教材、大众读物与音视频学习资料"于一体的系列成果。为此，中国人民大学出版社专门建立了"财务报表分析学习中心"，用来承载相关的视频课程和案例分析资料等。

一、教材

教材方面，为了满足不同层次学校开设"财务报表分析"课程的需要，我们出版了包含"主教材、主教材的简明版、学习指导书和案例"四位一体的系列教材。这个系列教材是与国家级精品课程"企业财务报表分析"、教育部视频公开课、资源共享课和慕课"财务报表分析"相配套的，同时也是"十二五"普通高等教育本科国家级规划教材，具体包括：

1. 《财务报表分析（第6版·立体化数字教材版)》(以下简称主教材)

本书自2008年第1版以来，受到广大高校教师的普遍欢迎，成为众多高校"财务报表分析"课程的首选教材，也是中国高校"财务报表分析"课程的主流教材。在十余年的时间里，历经不断修改和完善。**本书第5版获得了首届全国教材建设奖全国优秀教材一等奖**，是唯一一本获得一等奖的本科财会类教材。

与从国外（主要是美国）引进的原版教材不同，本书除了介绍基本的财务比率，还重点针对中国企业尤其是上市公司财务报表信息披露的特点，对资产负债表进行了重构，以上市公司最新案例为基础对财务报表进行项目质量分析和战略信息揭示。

第 6 版除全面更新案例外，还根据一线教师的意见对全书的框架结构进行了调整，并新增了**题库**，便于教师根据需要随时生成试卷，读者可以节为单位，扫码做题、即测即评，查看详细解析。

2.《〈财务报表分析（第 6 版·立体化数字教材版）〉案例分析与学习指导书》

本书是与《财务报表分析（第 6 版·立体化数字教材版）》相配套的学习指导书，内容包括对教材知识点的回顾、补充练习题及参考答案、教材中引例与案例讨论的分析提示，还补充了新的案例，可以极大改进学生学习本课程的效果，提高学生实际分析报表的能力。

3.《财务报表分析（简明版·立体化数字教材版)(第 2 版)》

主教材出以来，一直有高校教师反映，在课时相对较少、学生整体学习压力大的情况下，主教材的内容偏多，案例中的大中型企业偏多、中小企业偏少，希望我们再出版一本简明版。

为解决这个长期困扰部分高校教学的问题，我们在保留主教材基本分析特色的基础上，按照资产负债表、利润表和现金流量表的顺序，将比率分析与质量分析加以"完美"融合，更易于读者对分析方法的系统学习和掌握。

第 2 版全面替换了主要分析案例，也新增了**题库**。

4.《财务报表分析案例（第 2 版)》

案例教学一直是教学中的难点和重点，案例教学开展得好，可以有效提高学生分析问题、解决问题的能力。本书在主教材基础上，按照战略视角下的企业财务报表分析框架、企业发展战略分析、企业引资战略分析、企业集团债务融资管理与货币资金管理分析、营运资本管理分析、经营非流动资产管理分析、利润表分析、现金流量表分析、比率分析、资产减值与企业风险分析、行业特征与企业财务报表分析、企业财务状况整体分析12个专题，全面展示了企业财务报表分析理论与方法的综合运用，并结合上市公司的实际案例进行了具体的分析。本书旨在提升广大学生分析财务报表的综合能力，是一本提升和检验学习效果的必备教材。

上述四本教材适合财经类各个专业（如会计学、财务管理、工商管理、金融学、金融工程、国际经济与贸易等）的本科生、研究生学习。

二、大众读物

在出版上述四本教材的同时，我还出版了三本较为通俗的大众读物。这三本大众读物文字活泼，恰当把握了相关概念的实质，适合不同基础的广大读者。

1.《从报表看企业——数字背后的秘密（第5版）》

本书第1版于2012年出版，来自我为EMBA讲授"财务报表分析"课程的课堂实录。该书出版以来由于可读性强受到广大读者的欢迎，已销售30多万册。第5版以更加完善的分析框架全面阐释了"张氏财务分析框架"的精华，并更新了全部案例，还重点强化了"看价值"和"看风险"的内容。

2.《中小企业财务报表分析（第 2 版）》

《中小企业财务报表分析》是应广大关注中小企业财务报表分析的读者要求编写的一本通俗读物。该书以中小企业的制度界定和财务报表特征为基础，对中小企业财务报表分析的几个关键问题进行了讨论。

对于大多数仅仅关注中小企业财务报表分析的读者而言，认真研读《中小企业财务报表分析》有助于解决很多实际问题。

3.《财报掘金》

《财报掘金》是我与北京财能科技有限公司合作开发的同名音频课程的配套书。即使是财报小白，只要按照书中一步步的引导，也能很快看懂三张报表；如果您是财会工作者或企业管理人员，还能从报表中挖掘出企业的发展潜能，为企业的发展建言献策，从而有力提升自身的职场竞争力；如果您是资本市场股票投资者，读懂财报会为您的资产保值增值保驾护航。

三、视频资料

实际上，上述关于财务报表分析的出版物已经非常丰富，但仍然有大量读者希望听听我是怎么给不同读者讲课的，希望通过观看我的视频课，了解我是怎么拿一个实际上市公司的年报做案例分析的，希望进一步提升财务报表分析的实战能力，将理论学习与实际分析能力相融合。

为此，我在中国人民大学出版社的大力支持下，录制了多个相关的视频课。

1.《财务报表分析案例集锦》

这个案例集锦由战略视角下的财务报表分析框架、利润表的变革与分析、比率分析陷阱与创新、企业发展战略分析、利润表的战略信息分析、现金流量表的战略信息分析、营运资本管理分析、非流动资产管理分析、分行业报表分析案例 9 个专题组成。

财务报表分析
案例集锦

该视频主要适用于已经有财务报表分析基础的读者，可以帮助读者从时间维度来纵向分析这些企业的报表，对企业做持续跟踪的案例研究，与前述纸质图书形成了良好的互补。

2.《名师示范课：财务报表分析》

名师示范课：
财务报表分析

《名师示范课：财务报表分析》是为广大高校教师准备的，目的在于提高广大教师的教学能力与案例分析能力。

3.《财务报表分析——中国情境下财务报表分析理论与方法的探索》

财务报表分析
——中国情境下
财务报表分析理
论与方法的探索

这是一个现场讲座，介绍了我从事财务报表分析理论与方法研究的心路历程，全景展示了中国情境下财务报表分析理论与方法的探索过程。透过这个讲座，读者也可以了解本土上市公司财务报表分析的发展历程和变迁。

4.《财务报表分析核心问题讲解》

本讲座把企业设立、经营、扩张等各种活动与财务报表的外在表现相结合，站在管理者视角，以独创的"八看"分析框架为路径，对企业财务报表中的核心问题进行了全新讲解，透析纷繁复杂的数字背后所蕴藏的企业秘密。

财务报表分析
核心问题讲解

由于我国财务报表信息披露要求、会计准则一直处于变化之中，因此，该讲座对面临变化的财务报表分析者有一定的启发。

5. 《张新民带你"读财报、选股票、防踩雷"》

2020 年上半年新冠疫情期间，我进行了多场直播，平均每场直播有 30 万人次收看，受到了广大听众的热烈欢迎和高度评价。该系列直播共 3 讲，从读财报的角度，分析和挖掘企业价值，并重点讲述了如何防踩雷，规避上市公司财务风险等内容。

张新民教授三场
公益讲座的视频
实录

上述书籍和视频资料的出版得到了中国人民大学出版社的大力支持。在此，特向中国人民大学出版社致以崇高的敬意！

张新民

于对外经济贸易大学

前　言

自我国 2002 年开始 EMBA 教育以来，我为全国近 30 所大学的 EMBA 讲授过"企业财务报表分析"课程。在讲授过程中，我发现这是一门令多数学生头疼的课程。究其原因，一是本课程的专业性较强、专业术语过多，影响了学生的兴趣；二是已有的教材缺乏趣味性，尽管逻辑严密，但难以适应 EMBA 学生和企业管理者的特点。

同时，不断有学生问：看报表到底应该看哪些数据？数据背后的管理含义是什么？EMBA 学生和企业管理者的困惑和关切一直是我完成《从报表看企业——数字背后的秘密》一书的动力。

与前四版一样，本书向读者展示了一个全新的分析框架——通过对财务报表的"八看"来满足企业管理者的需求。"八看"的全部内容来自我为期四天的 EMBA "企业财务报表分析"课堂教学的精华。在内容处理上，我运用了比较活泼的语言、虽不精准但足以让读者理解的专业术语和大量亲身经历的案例来阐释相关内容。相信书中的内容会吸引有兴趣的读者。

在书末，我给出了一个比较完整的企业财务报表分析框架和案例分析，以使读者在完成"八看"的学习后能够更加全面地理解财务报表。

应出版社之约，我对第 4 版的内容进行了较大修改和补充。现在呈现给读者的是第 5 版。与第 4 版相比，第 5 版的主要变化有：

第一，更新和增加了大量案例。 本书的案例除了保留极个别有代表性的原有案例外，增加了很多新的企业案例，且多数企业的数据是 2022 年刚刚发布的。本书的最新案例素材来自 2023 年 7 月下旬。这样处理既最大限度地保留了本书"接地气"的传统风格，还向读者展示了本书分析框架的强大生命力。

第二，将最新披露的企业财务信息对财务报表分析的影响融入本书。 自第 4 版出版至 2023 年上半年，上市公司财务行为、上市公司披露的财务信息出现了一些新的动态和变化，本书在分析中包括了上述新行为与新动态对财务报表分析影响的内容，从而拓展了财务报表分析的视野。

第三，对多个章节进行了大幅度改写，融入了近几年我的最新研究成果。 改写后的内容融入了我过去几年在财务报表分析方面的新探索、新思路和新方法，这些改写极大提升了本书的内在价值。

本书不是一本教材，但适合各类学习财务报表分析的人士使用。为方便读者查询，我们整理了书中主要案例公司的完整年报，扫描二维码即可下载。

主要案例公司
年报

在第 1 版初稿整理过程中，我的硕士生徐红蕾同学做了大量工作；在第 4 版的写作过程中，我的博士研究生金瑛同学做了大量案例资料的整理工作；在第 5 版的写作过程中，我的博士生金瑛同学和赵文卓同学做了大量案例资料的整理工作。在此特向她们表示感谢！

限于作者水平，书中错误在所难免，恳请读者批评指正。

张新民

目 录

第 1 章　初识企业的基本财务报表　　001

1.1　第一张报表：资产负债表　　002

1.2　第二张报表：利润表　　014

1.3　第三张报表：现金流量表　　016

1.4　三张报表的简略概括　　018

第 2 章　企业设立、经营与财务报表　　022

2.1　第一项业务：企业设立　　023

2.2　第二项业务：从银行借款　　026

2.3　第三项业务：购买无形资产　　028

2.4　第四项业务：购买固定资产　　030

2.5　第五项业务：购买存货　　031

2.6　第六项业务：销售商品　　033

第 3 章　企业对外扩张与财务报表　　038

3.1　第一项业务：对外投资　　040

3.2　第二项业务：子公司获得贷款　　045

第 4 章   传统财务报表分析方法的困局与突破   049

4.1   传统财务报表分析方法及其局限   049
4.2   张氏财务报表分析框架——八看   054

第 5 章   看战略   056

5.1   资产负债表解读：表内资源与表外资源   056
5.2   从权益的视角看资产负债表   059
5.3   从资产负债表看战略之一：资产结构的战略信息   060
  案例 5-1   迈瑞医疗资产结构的战略分析   066
  案例 5-2   海尔智家资产结构的战略分析   070
5.4   从资产负债表看战略之二：企业控制性投资的
         扩张效应分析   073
  案例 5-3   迈瑞医疗的控制性投资分析   077
  案例 5-4   迈瑞医疗控制性投资的扩张效应分析   078
  案例 5-5   海尔智家控制性投资的扩张效应分析   078
5.5   从资产负债表看战略之三：企业的资本引入战略   081
  案例 5-6   迈瑞医疗的资本引入战略分析   090
5.6   从资产负债表看战略之四：立场   092
  案例 5-7   控股股东与全体股东立场不一致   093
  案例 5-8   新生飞翔：关联方长期占用资金   095
5.7   从资产负债表看战略之五：集团管理   097
  案例 5-9   海尔智家的债务筹资管理分析   100
  案例 5-10   金隅集团的债务筹资管理分析   102
  案例 5-11   迈瑞医疗的货币资金管理分析   106
  案例 5-12   海尔智家的货币资金管理分析   109

案例 5-13　金隅集团的货币资金管理分析　110

案例 5-14　迈瑞医疗的业务关系管理分析　114

案例 5-15　科大讯飞的业务关系管理分析　115

案例 5-16　贵州茅台的销售活动管理分析　117

案例 5-17　迈瑞医疗的管理费用管理分析　119

案例 5-18　迈瑞医疗的研发活动管理分析　122

第 6 章　看经营资产管理与竞争力　124

6.1　货币资金存量管理　124

案例 6-1　迈瑞医疗的货币资金存量管理分析　127

案例 6-2　海尔智家的货币资金存量管理分析　129

6.2　以存货为核心的上下游关系管理　131

案例 6-3　迈瑞医疗的购货付款安排分析　133

案例 6-4　海尔智家的购货付款安排分析　134

案例 6-5　迈瑞医疗的销售回款分析　139

案例 6-6　海尔智家的销售回款分析　142

6.3　固定资产利用　147

案例 6-7　迈瑞医疗固定资产的规模结构与效益、
　　　　　质量分析　148

6.4　资源管理的综合效应　153

6.5　关于高商誉并购与企业集团整体的综合效益　154

案例 6-8　蓝帆医疗的并购分析　154

第 7 章　看效益和质量　165

7.1　如何看效益　165

案例 7-1　迈瑞医疗的三个净利润分析　　　　　167

案例 7-2　乐视网的利润表分析　　　　　　　　170

案例 7-3　迈瑞医疗的利润表项目分析　　　　　171

7.2　核心利润实现过程的质量　　　　　　　　175

案例 7-4　格力电器的营业收入分析　　　　　　178

案例 7-5　美的集团的营业收入分析　　　　　　180

案例 7-6　迈瑞医疗的销售费用分析　　　　　　186

案例 7-7　迈瑞医疗的管理费用分析　　　　　　187

案例 7-8　迈瑞医疗的研发费用分析　　　　　　189

7.3　利润的结构质量　　　　　　　　　　　　191

案例 7-9　科大讯飞的利润结构分析　　　　　　193

案例 7-10　辅仁药业的利润结构分析　　　　　194

案例 7-11　科大讯飞的其他收益分析　　　　　197

案例 7-12　迈瑞医疗的营业利润结构分析　　　202

案例 7-13　科大讯飞的营业利润结构分析　　　202

案例 7-14　蓝帆医疗的营业利润结构分析　　　203

案例 7-15　某电器集团的存货管理分析　　　　207

案例 7-16　复星医药与爱美客的资产结构比较盈利能力

　　　　　分析　　　　　　　　　　　　　　215

案例 7-17　复星医药、爱美客的利润结构与现金流量

　　　　　结构对比分析　　　　　　　　　　222

7.4　利润结果的质量　　　　　　　　　　　　223

第 8 章　看价值　　　　　　　　　　　　　　224

8.1　股东入资的价值——入资的三重效应　　　224

案例 8-1 辅仁药业股东入资的效应分析 226

8.2 股东权益的价值确定——评估方法 236

8.3 股东权益的价值确定——制度规定 239

8.4 股东权益的价值确定——立场与交易价值的底线 241

8.5 企业估价不能忽视的因素——小金库 244

第9章 看成本决定机制 248

9.1 治理因素 249

案例 9-1 中炬高新控制权之争 249

案例 9-2 辅仁药业的资产减值与预计负债分析 252

9.2 决策因素 257

案例 9-3 太极实业固定资产投资决策及计提减值
准备分析 257

案例 9-4 长城汽车和长安汽车人力资源政策对比分析 263

9.3 管理因素 266

案例 9-5 丽珠集团的资金和债务融资分析 268

案例 9-6 中国联通的资金和债务融资分析 270

9.4 核算因素 274

案例 9-7 世纪华通的资产减值分析 277

第10章 看财务状况质量 284

10.1 资产质量——从三个层面来考察 284

10.2 分析的基础——几个重要原则 290

10.3 货币资金质量分析 294

10.4 商业债权质量分析 297

案例 10-1　金一文化的债权质量分析　　　　298

案例 10-2　东方时代的债权质量分析　　　　301

10.5　其他应收款质量分析　　　　302

10.6　存货质量分析　　　　303

10.7　流动资产整体质量分析　　　　306

10.8　无形资产质量分析　　　　307

10.9　投资资产质量分析　　　　309

案例 10-3　恒瑞医药和中国联通的持股结构与对外投资

质量分析　　　　314

案例 10-4　紫金矿业的投资收益分析　　　　318

10.10　资本结构质量分析　　　　319

10.11　几种重组的财务效应分析　　　　323

案例 10-5　重组失败案例　　　　325

10.12　税务规划的财务效应分析　　　　327

10.13　对现金流量表的分析　　　　328

案例 10-6　迈瑞医疗投资活动现金流出量的补偿分析　329

案例 10-7　恩捷股份的现金流量表分析　　　　339

10.14　合并报表与财务状况质量　　　　343

10.15　财务比率分析的运用　　　　348

第 11 章　看风险　　　　353

11.1　经营风险　　　　353

11.2　财务风险　　　　354

11.3　利润结构与企业风险　　　　358

案例 11-1　迈瑞医疗的利润结构分析　　　　359

11.4 过度融资、过度投资与企业风险 360

　　案例 11-2 中芯国际的过度融资与过度投资分析 362

11.5 公司股权结构变化、治理环境变化以及核心管理

　　人员变更与企业风险 365

　　案例 11-3 同济科技股东"内斗"与企业风险分析 366

11.6 惯性依赖与企业风险 369

　　案例 11-4 格力电器的核心业务发展惯性分析 371

11.7 外部环境变化与企业风险 372

　　案例 11-5 通威股份外部环境变化与企业风险分析 372

11.8 审计报告与企业风险 375

　　案例 11-6 顾地科技带强调事项段的无保留意见

　　审计报告 377

　　案例 11-7 联创股份保留意见审计报告 378

　　案例 11-8 圣达莱否定意见审计报告 380

　　案例 11-9 未来股份无法表示意见审计报告 382

　　案例 11-10 紫金矿业关键审计事项与企业风险分析 384

第 12 章　看前景 388

12.1 基础分析 388

12.2 对企业发展前景的预测 390

第 13 章　综合案例分析 392

13.1 企业财务状况质量的综合分析方法 392

13.2 恒瑞医药案例资料 395

13.3 对恒瑞医药 2022 年度财务状况的整体分析 404

附　录   423

附录 1　迈瑞医疗 2021—2022 年度资产负债表、利润表和

　　　　现金流量表   423

附录 2　海尔智家 2021—2022 年度资产负债表、利润表   430

附录 3　金隅集团 2021—2022 年度资产负债表、利润表   434

附录 4　乐视网 2016—2018 年度利润表   439

附录 5　辅仁药业 2016—2019 年财务报表   441

参考文献   445

初识企业的基本财务报表

在全面展开本书的核心内容——从八个方面对企业的财务报表进行分析之前，我们先做一些铺垫。根据我给各高校 EMBA 学生和企业高级管理人员的培训经验，先简单介绍一下企业的各类基本业务活动与基本财务报表的关系，这对读者尤其是财会基础知识不太多的读者至关重要。

当然，由于与传统的会计学教师讲授的角度不同，本章内容也会让已经有一定基础的读者有新的收获。

如果读者此前没有学过或者没有全面接触过企业的财务报表，在面对充满了各种数字的财务报表时，可能会感觉比较晕。所谓晕，就是读者在看到这些报表中的数字时，第一，不清楚数字之间的关系；第二，不清楚众多财务报表中的概念与概念之间的关系；第三，不清楚拿到财务报表到底应该看什么。

为了帮助读者解决这个问题，我们首先认识一下企业的几张基本的财务报表。通过报表和业务之间的关系，让大家找一找感觉。这种感觉将是：**企业的财务报表绝对不是简单的数字堆砌，而是与**

企业的各种活动密切相关的。

按照目前我国对企业财务信息的披露要求，企业要编制四张基本的财务报表，分别是资产负债表、利润表、现金流量表和股东权益变动表。在本书中，我们将主要介绍前三张财务报表，至于股东权益变动表，只要读者解决了看前三张财务报表遇到的问题，就完全可以看懂这张报表。因此，单独学习股东权益变动表的意义相对来说不大。

1.1 第一张报表：资产负债表

本书收录了深圳迈瑞生物医疗电子股份有限公司（以下简称迈瑞医疗）2021—2022 年度的三张财务报表（即资产负债表、利润表和现金流量表），见附录 1。先看一下第一张报表——资产负债表。

1.1.1 资产负债表的基本关系：资产＝负债＋股东权益

1. 基本关系

附录 1 中的附表 1 展示了迈瑞医疗母公司资产负债表与合并资产负债表的数据。在这个阶段，读者不必关注母公司资产负债表与合并资产负债表是怎么回事，只需要关注资产负债表的基本关系即可。

我们暂时先关注母公司资产负债表。

请读者先找到这张报表中有关资产的最后一行数字，会发现2022 年 12 月 31 日母公司资产总计为 42 967 530 086 元。

大家看这张报表时，关注的重点不是资产总计的具体数字，而是资产总计与负债和所有者权益总计的关系。我们看一下：资产总计在这张报表的上部（也可以在左边），负债和所有者权益总计在下部（也可以在右边），年末金额也是 42 967 530 086 元。这里的所有者权益也可以称为股东权益（后面会继续介绍其内涵）。可见，在资产负债表中有一个重要的关系，这个关系就是**资产＝负债＋所有者权益**。在我们看到的这个案例中，由于对外披露，报表中上部是资产，下部是负债和所有者权益。但一般习惯于说资产负债表的左边是资产，右边是负债和所有者权益。

　　请读者再往上看看资产负债表表头所示的内容。你会看到：除了表明是资产负债表以外，还要明确编制单位和货币单位。此外，还有一个重要的信息值得大家注意，要明确是 2022 年 12 月 31 日。这是什么意思呢？这表明资产负债表展现的是**某一天**或者**某一个特定时点**的财务数字。在上市公司信息披露的过程中，有年度报表、季度报表、半年度报表等，所以资产负债表一定要明确是哪一天的，即是 12 月 31 日、9 月 30 日、6 月 30 日、3 月 31 日之中某一天的资产、负债和所有者权益的对应关系。因此，我们经常说资产负债表是反映特定时点企业财务状况对应关系的报表，这里的财务状况主要指的是企业能够用货币表现出来的资源状况。

2. 资产的内涵及其不足

　　下面请大家看一下资产的情况。资产是指什么呢？如果从专业的角度阐释，大家可能觉得不易理解，难以把握。比如资产的定义是：企业拥有或控制，由过去的交易引起，能够用货币计量且能够为企业带来未来经济利益流入的经济资源。当然，这是对资产的一种比较标准的定义，教材上几乎都是这样表述的，我国企业会计准则也是这样写的。但是对于各位读者而言，把握资产概念的实质就足够了。这个概念的实质是：**资产是能够用货币表现的经济资源，能够用货币表现的经济资源就属于资产。**

换句话说，**很难用、不宜用或者不能用货币表现的各种资源，我们在资产负债表里可能看不到。**比如，大家报考一所特定的大学，想到这所学校去学习。我绝对相信，大多数学生和家长没有看过这所大学的财务报表。大家想一想自己是不是这样：在报考某所大学、高中、初中乃至选择小学时，没有人是看了一所学校的财务报表后才作出决定的。

那么，是什么起作用了呢？就是学校的名字。有的是四个字，有的是六个字，有的字数更多或者更少。甭管是哪几个字，学校的品牌或者学校的名称虽然在资产负债表上看不到，但它实际上是学校的一笔巨大的无形资产。这个重要的无形资产却没有列在财务报表里。大家看企业的财务报表也会发现这一点。

比如，一个消费者到一家拥有很多分店的餐馆就餐，在就餐前会想什么呢？是不是想先看一下这个招牌餐馆的财务报表才去吃饭？我相信正常的人肯定不是这样。消费者在消费时看重的是招牌而不是财务报表。实际上在消费者的这个决策过程中，吸引消费者的最重要的无形资产——企业的招牌，在财务报表里往往并未得到体现。当然，并不是所有的无形资产在财务报表中都未得到体现，但是企业的很多无形资产由于会计处理的特殊性而不计入资产负债表。

思考

要思考的一个重要问题是企业的人力资源是否会列入财务报表？

> 大家想一想，人力资源是不是企业重要的资源？肯定是！但是，"人力资源"作为一项资产是否体现在企业的财务报表里了呢？

有一年，我到清华大学经济管理学院给 EMBA 学员上课。那次恰巧赶上他们的移动课堂搬到北京郊区的一家奶制品企业去上，我顺便参观了该企业的牛。在看牛的过程中，我问了一个问题：企业的牛力资源在会计里是怎么处理的？结果企业的负责人跟我讲，您是老师吧。我说，是老师。对方说，您问的这个问题非常专业，在我们企业，牛力资源在幼牛时作为存货（属于流动资产）来处理，即幼牛属于流动资产中的存货，当它变成牛时就转成固定资产了。

我继续问：固定资产是要提折旧的，牛力资源的折旧期是几年呢？对方的回答是：对于牛力资源这项固定资产的折旧期，我们一般是按照 8 年计算。我说，如果一头牛到第 6 年就有病不能工作了，那怎么办呢？对方说，我们会对这项固定资产进行清理，把它转为"固定资产清理"项目。大家看，奶制品企业的牛力资源，在它给企业服役的整个生命周期的不同阶段，在资产负债表的不同项目之间游走：先是存货，然后是固定资产，最后是固定资产清理。这几个项目在资产负债表中都能找到。

当然，现在有变化：按照现在的会计准则，牛力资源属于企业的生产性生物资产。

回过头来再看看我们的人力资源是怎样的情形。人力资源与牛力资源的最大区别是什么呢？主要有两点，一是人力资源的取得成本；二是人力资源为一个特定企业工作的服务期。

大家想一想，人力资源的成长过程是一个社会活动过程，而不是一个家庭内的活动过程。即使一个特定单位为引进一个人才付出了很大代价，也不能完全等同于买了这个人力资源。这个取得成本与牛力资源的取得成本在概念上是有本质区别的。这是第一点。

第二点是人力资源在一个企业的服务期很难预计。假设我们能够确定引进企业总裁的成本即取得成本的具体金额，但服务期能确定吗？因为总裁个人与企业的关系即使是合同约定的关系，也可能提前解约或连续任职。所以，到现在为止，**尽管人力资源已经在概念上属于无形资产了，但人力资源在报表里还是没有作为资产入账。**

这就是说，资产负债表里的资产，仅仅是企业全部资源的一部分，是那些可以用货币表现的资源。

这是第一个重要概念。大家要记住：**资产仅仅是企业的部分资源。**

1.1.2　流动资产与非流动资产

大家再看一下迈瑞医疗的资产结构。按照现在主流的披露方式，资产可以按照流动性分成两大类，第一大类叫流动资产，第二大类叫非流动资产。

1. 流动资产及其三个支柱

从流动资产的名称就可以想象到，它的流动性应该是强的。流动资产的概念简而言之就是：一年（或者一个经营周期）之内可以转化为货币资金的资产。流动资产一般一年内可以变现。

请读者观察一下流动资产的构成。大家会发现，流动资产里的项目很多，有货币资金、交易性金融资产、应收票据、应收账款、应收款项融资、预付款项、存货、其他应收款和其他流动资产等。但是，如果把主要流动资产概括起来，其实就三项。

第一项是货币资金，说通俗一点就是钱。当然，货币资金与可动用的钱还不完全一致。

第二项是债权，从应收票据开始。大家可以看到，债权有预付款项、应收票据、应收账款、应收款项融资、其他应收款（包含了应收股利、应收利息等）。凡是涉及应收和预付的，我们都归于一类，叫债权。这样我们就可以把复杂的、多项目的资产加以归类。

第三项是存货，比如一般制造企业的原材料、燃料、在产品和产成品等。

货币资金、债权、存货构成了流动资产的三个支柱。

当然，一些企业在流动资产中会出现交易性金融资产、衍生金融资产和一年内到期的非流动资产等项目。这些项目属于投资性项目。一般经营活动比较活跃的企业，流动资产中这类投资性项目的金额在整体上不会太大。

🔍 特别提示

有的读者会说，我看到另外一些企业的财务报表，比如房地产开发企业的资产负债表，存货的内涵与一般制造企业有显著不同。大家想想看，房地产开发企业的经营周期一般是多长时间呢？绝对不是一年以内。据我了解，房地产开发企业的经营周期一般是三年左右，甚至更长。如果企业捂地不开发，捂盘不销售，那么经营周期就更长。对于房地产开发企业而言，它开发的楼盘就是存货，也属于流动资产。此时，我们就不能用一年以内变现这个标准来要求房地产开发企业了。

> 流动资产的变现周期不是一年以内，而是一个经营周期以内。对于房地产开发企业以及经营周期长于一年的企业而言，一个经营周期之内可以变现的资源为流动资产。因此，相同的概念在不同行业的企业之间可能存在差别。这是要提醒读者注意的。

2. 非流动资产及其三个支柱

在资产负债表中，从流动资产再往下看，就是非流动资产了。从概念来说，非流动资产与流动资产是相对应的。在会计上，我们一般把一年以上可以转化为货币资金的资产或者准备长期利用的资产叫非流动资产。我们过去把非流动资产叫作长期资产，现在要与国际接轨，就叫非流动资产了。

我们再看看非流动资产的具体内容，会发现非流动资产的项目有很多，如债权投资、其他债权投资、长期应收款、长期股权投资、投资性房地产、固定资产、无形资产等。那么，非流动资产能不能再简化简化呢？这是完全可以的。非流动资产也可以分成三项：

第一项是长期投资类，包括债权投资、其他债权投资、其他非流动金融资产和长期股权投资等。请大家特别注意长期股权投资，这是我们后面分析的一个重点，也是企业在发展中大有文章可做的地方。

第二项是固定资产类，包括固定资产、在建工程、固定资产清理、投资性房地产等。注意，**投资性房地产不是投资资产，而是经营资产**。由于它是以获得出租收入为目的的，因而属于固定资产类。

第三项是无形资产类，包括无形资产、开发支出、商誉等。

> ⋀ **总结**
>
> 　　总结一下，按照现在的主流分类，资产分成两类：一类叫流动资产，另一类叫非流动资产。这是第一个要牢记的。第二个要牢记的是：流动资产有三个支柱，分别是货币资金、债权和存货；非流动资产也有三个支柱，分别是长期投资类、固定资产类和无形资产类。也就是说，资产可以分成两大类、六小类。

1.1.3　经营资产和投资资产

　　下面我们再对资产做一个很重要的分类。这是现在的资产负债表里所没有的。把资产分成两类，一类叫经营资产，一类叫投资资产。实际上我在前面提到六个资产项目时，已经做了铺垫。

　　简单地说，**经营资产**是指与企业日常经营活动有关的资产，一般包括五项——货币资金、债权、存货、固定资产和无形资产。**投资资产**则是指企业对外投资所形成的资产，资产负债表上最明显的投资资产项目是交易性金融资产、债权投资、其他债权投资和长期股权投资等。

　　当然，货币资金既可以用于经营活动，也可以用于投资活动。从这个意义上讲，货币资金可以称为通用性资产。

　　有读者可能会问：资产分成流动资产和非流动资产是按照流动性分类的，经营资产与投资资产是按照什么来分类的呢？在这里要特别强调一下，我是**按照对利润的贡献方式**来分类的。至于不同的资产对企业利润的贡献是怎样的，我们会在利润表的分析中作详细讨论。

　　把资产按照对利润的贡献方式分成经营资产和投资资产，是我多年研究财务报表分析的成果。我认为，这种分类对于财务报表分析意义重大。读者会有这样的体会：在财务报表分析的过程中，不是流动资产和非流动资产的分类解决了我们的分析问题，在很多情况下，应该是经营资产、投资资产的分类与流动资产和非流动资产的分类相结合，解决了我们的分析问题。

前面的讨论中，我们介绍了经营资产。经营资产以外的资产自然就是投资资产。我们提到了若干项投资资产，即交易性金融资产、债权投资、其他债权投资、其他非流动金融资产和长期股权投资等。我们在后面的讲解中会进一步说明，企业的投资资产还可能包括在预付款项以及其他应收款项目里。在一些企业的流动资产中，甚至把短期理财归入其他流动资产或者其他应收款项目。

按照企业经营资产和投资资产在资产总额中所占的比重，企业可以分成**经营主导型、投资主导型以及经营与投资并重型。**

1.1.4 负债

在迈瑞医疗资产负债表的下部（也可以在右边）是什么呢？是负债＋所有者权益。其含义是什么呢？简言之就是**企业资产的权益归属。**

这就是说，企业的资产回答了资源的规模和结构问题。但是，资产本身并不能回答企业的资产是谁的。资产负债表中的负债则回答了这个问题。

企业的资产归属于两类人：一类人是债权人，另一类人是股东（也叫出资人或者所有者）。债权人对企业资产的要求权叫负债，股东或者企业的所有者对企业的资产要求权叫股东权益或者所有者权益。

大家看资产负债表是不是非常清楚？在迈瑞医疗的资产负债表中，负债和所有者权益总计与资产总计完全相同。

一家企业的董事长曾听过我的课，有一次给我打电话说：我想请教您一个问题，这个问题特别简单，我不好意思问别人。您是老师，不会笑话我。

我说你要问什么问题呢？他说，我从银行借款 1 亿元，这 1 亿元是资产还是负债呢？

大家看，这个问题是不是太简单了？能问出这样问题的人，一定是会计基础较薄弱的人。我就跟他说，这个问题确实简单，但是还挺不好解释的。为什么呢？因为这涉及会计账务的处理问题。

一般来讲，拿到贷款的 1 亿元货币资金肯定使资产增加。你贷款 1 亿元，拿到钱以后将其作为资产——货币资金入账处理不就完了吗？但是这要在资产负债表的两个地方反映。第一，当你拿到钱的时候，表现为资产增加。但当你想问一问这笔钱是从哪里来的时候，它就表现为负债增加。因为这 1 亿元是借来的，所以是负债增加。

因此，从银行借款 1 亿元，既是资产增加 1 亿元，又是负债增加 1 亿元。

问题还没有结束。几天以后，企业用这笔钱购买了一批桌子，也就是说这笔钱变成了桌子。你这时还会问这些桌子是资产还是负债吗？

答案是肯定的：桌子是资产。强调一下，单纯的资产形态变化（这里是指不产生增值或减值的形态变化），不影响负债和股东权益的价值量的变化。比如，假设你今天向别人借款

100万元，你记账的结果是资产增加100万元，负债也增加100万元。资产负债表在这项业务完成以后仍然是平的。第二天这100万元被人骗走了，资产变成0了，你能跟对方说"你那笔钱我弄丢了，我就不欠你的了"？没这个道理。尽管你的资产是0，但你还是欠对方100万元。欠不欠是一回事，能不能还是另一回事。

一个新概念诞生了：**资不抵债**。

当企业的资产小于负债时，企业就处于账面上资不抵债的状况。假如一个企业的资产负债表里，在极端情况下，资产全是借的，即资产是100万元，负债是100万元，股东权益是0。但第二天资产毁损了，资产是0，但负债仍存在，这就叫资不抵债。注意：**资不抵债就是企业严重亏损到股东权益被完全侵蚀后的一种状态。**

负债也是按照偿还期的长短分成流动负债和非流动负债。大家看一下迈瑞医疗资产负债表的相关项目，体会一下。我们在后面的相关内容中再详细讨论。

1.1.5 股东（或所有者）权益

下面我们再看一看股东权益的构成，主要项目有四个。在现阶段，大家大概看一下就行了。这四个主要项目中，第一个项目是股本或者实收资本，在上市公司叫股本，在一般企业叫实收资本。第二个项目是资本公积，第三个项目是盈余公积，第四个项目是未分配利润。

我们可以粗略地把股东权益分成两类或者三类。

第一类是**股东入资**，如一般企业的实收资本、上市公司的股本、由非分红性入资引起的资本公积增加（如上市公司发行股票时的股票溢价就属于资本公积）。

第二类是**利润积累**，包括盈余公积和未分配利润。

第三类是**非利润性的资产增值**，现在叫其他综合收益。这一类要讲清楚比较困难。在这里，大家有所了解就可以了。什么是非利润性的资产增值呢？一般来说，企业获得利润一定会引起资产的增值。但是获得利润通常还需要一个条件，即要对外交易（现行会计准则规定，交易性金融资产即使没有对外交易，其引起的增值也属于利润）。

例如，把 5 元钱进的货卖了 8 元钱，就会有毛利。因为你的货卖掉了，所以可以确认利润实现。但另一种情形是，我买了 5 元钱的货，在年底涨到了 10 元，但是我并没有卖，这就不叫利润引起的增值。如果你要调账（现行会计准则不允许企业对持有的存货增值进行调账处理），这就是非利润性增值。

特别提示

还要强调的是，有一些资产增值也不入账，比如在房价上涨情况下家庭买房所发生的增值。假如有一户人家在北京买房，2005 年房价为每平方米 8 000 元，现在涨至每平方米 8 万元，但户主的房子自己住，并不出售。

在这种情况下，这个户主既没有利润（因为没有对外交易），也没有非利润引起的资产增值（因为个人是不会进行相关账务处理的），有的只是不入账的资产增值。

企业也一样，可能有很多非入账的资产增值。这在盈利能力比较强、历史比较悠久的企业中是很常见的。

以上介绍的是资产负债表的基本关系：资产＝负债＋股东权益。我们在本书中会反复强化这些概念。

1.2　第二张报表：利润表

下面看看利润表。迈瑞医疗 2022 年度利润表见附录 1 中的附表 2。

利润表是什么？大家先看看表头，除了表明利润表和人民币单位以外，还有一个重要的信息是某特定时期。

注意，利润表与资产负债表的最大区别在于，**资产负债表反映某一天的状况，而利润表反映某一个时期**，如 2022 年度、2022 年1—3 月等。

1.2.1　净利润

一般来说，利润表的最后一行是净利润。

利润表是反映企业一定时期盈亏状况的报表，那么利润表的基本关系是什么呢？大家看一下，虽然项目比较多，但如果将其简化就会非常简单。

我们还是以母公司利润表为基础进行讨论。

我们可以简单地把利润表的基本关系写成：

收入－费用＝利润

这个基本关系通俗易懂：**我们把所有对利润的增加有贡献的项目都称为收入，把所有对利润的减少有贡献的项目都称为费用。**

读者可以先看看有几项收入。在利润表里，属于利润增加的项目有营业收入、利息收入、其他收益、投资收益、资产处置收益、公允价值变动收益等，还有营业外收入。还是那句话，不管项目的名称叫什么，凡是使利润增加的因素都认为是收入。

同样，对于费用，我们也不管项目叫什么名称，只要使利润减少都可以叫费用。比如，所得税虽然既不叫费用，也不叫成本或支出，但这个项目的本质是使企业的净利润减少，因此就属于费用；而营业外支出虽然叫支出而不叫成本或费用，但营业外支出会使企业净利润减少，因此还是费用。同样，营业成本、税金及附加、销售费用、管理费用、研发费用、利息费用、资产减值损失和信用减值损失等都是利润表意义上的费用。

1.2.2　其他综合收益

大家如果由净利润往下继续看，就会发现一个新项目——其他综合收益。有的读者可能感到困惑：我们讨论的是净利润，怎么突然出现其他综合收益呢？其他综合收益是指什么？为什么利润表的最后一行不是净利润，而是综合收益总额？既然以综合收益总额收尾，为什么还叫利润表，而不叫综合收益表？

实际上，综合收益的概念是最近几年才被引入利润表并在报表中体现的。从利润表各个项目之间的相互关系来看，**综合收益应该是股东权益中不属于股东入资而增加的部分**，这就与资产负债表中的内容联系起来了。

从现在的情况来看，利润表已经名不副实了，确实应该叫综合收益表。只是囿于人们的认识习惯，还保留了利润表这一名称。

简单地说，综合收益包括两部分，一部分是净利润，另外一部分是非利润引起的资产增值，就是现在利润表里的其他综合收益。

形成其他综合收益的项目并不多，如现行会计准则规定，企业的投资资产——债权投资应该采用公允价值（简言之就是当前的价值）计价。在债权投资的公允价值高于其取得价值（也就是经常说的历史成本）的条件下，高出的部分就属于其他综合收益。又比如自用房地产转换为以公允价值计量的投资性房地产，转换日公允价值大于账面价值的差额也属于其他综合收益。

在其他综合收益未出现前，其他综合收益归属于资产负债表中的资本公积，现在作为一个单独项目进行展示。

关于利润表的分析，我们会在本书后面详细讨论。

1.3 第三张报表：现金流量表

下面我们看一下第三张报表——现金流量表。迈瑞医疗 2022 年度现金流量表见附录 1 中的附表 3。

20 世纪 80 年代这类报表刚刚面世时，国内会计界将其名称翻译成现金流量表或现金流动表。现在很少有人称之为现金流动表了。

注意，现金流量表的表头上显示了时间：某年度或某个时期，如 2022 年度等，这说明现金流量表反映的是**一定时期**企业现金及现金等价物的增减变动情况。通俗地讲，**现金流量表主要反映的是货币资金的分类增减变化情况，也就是收支情况。**

下面看看分类。我国现在的现金流量表将现金流量归为三类活动：一是经营活动；二是投资活动；三是筹资活动。

1.3.1　经营活动现金流量

经营活动主要是指企业日常的与流动资产（除交易性金融资产以外）各个项目有关的活动，包括存货采购或者劳务购买、存货销售或者劳务提供、工资支付、税金缴纳等，这些都是大家看得见的。

> **特别提示**
>
> 需要特别注意的是，企业购建固定资产和无形资产虽然形成资产负债表里经营资产中的固定资产、在建工程和无形资产，但在现金流量的分类中，不属于经营活动现金流量，而属于投资活动现金流量。

1.3.2　投资活动现金流量

投资活动是指哪些活动呢？我们看一下现金流量表的流出量就清楚了。从现金流出量的结构来看，这里的投资概念与我们介绍资产负债表时提到的投资资产在内涵上有差异。投资活动的现金流出量主要包括两种：一种是购建固定资产、无形资产和其他长期资产支付的现金；另一种是投资支付的现金，即企业对外投资支付的现金。看到这里，读者应该有这样的感觉：**现金流量表中的投资概念，类似于资产负债表中与非流动资产主要项目有关的现金流出。**

这就是说，尽管三张报表是一体化的整体，但在不同的报表里，概念之间其实是有一些差异的。大家应该适应这个情况。套用一句话：这是全球性的问题。

1.3.3　筹资活动现金流量

下面我们再看看筹资活动的现金流量。筹资活动的现金流量与**找钱**有关，谁给企业钱呢？第一是股东或者所有者——股东向企业投入资金；第二是银行或者贷款提供者。

因此，我们应该关注企业筹资活动产生的现金流入量。

> **特别提示**
>
> 在每一类现金流量里，都有一个"其他"项。大家不要小看了这个"其他"项。很多企业的财会人员不会编制现金流量表，将一些自己搞不清楚的数据统统塞进"其他"项。请读者注意各企业现金流量表中"其他"项的内涵。

1.4　三张报表的简略概括

1.4.1　实力、能力与活力

现在，我们可以简要总结一下三张基本报表所展示的内容。

> **总结**
>
> 资产负债表展示的是企业的资源结构以及权益归属；利润表展示的是企业在一定时期的效益情况；现金流量表则展示企业的资金是怎么来的，又是怎么花的。

如果我们对这三张报表各用两个字来概括，可能印象更加深刻：

我们把资产负债表概括为实力，也可以说是财力。企业有没有实力或者财力，应该首先看资产负债表。但它仅仅是一个可以用货币来表现的实力。

我们把利润表概括为能力。企业仅有资源是不够的，资源的价值不在于有多少，而在于在运用的过程中发挥了什么样的效用，产生了什么效益。不要忘了，企业是以盈利为目的的经济组织，所以企业必须有盈利能力。因此，资产是不是有质量，是不是真的有能力，必须表现为盈利能力。

我们把现金流量表概括为活力。从现金流量表可以看到企业的活力。现金流量表既可以展示企业盈利活动产生现金流量的能力，也可以展示企业的筹资活动和投资活动所引起的现金流转状况。

1.4.2　底子、面子和日子

我们再使用另外一种概括方式。这种概括方式最早在 21 世纪初我的《解读财务报表——案例分析方法》一书中提出，后被业内广泛采用。

我们可以把资产负债表概括为底子，即企业的家底；把利润表概括为面子，即企业有没有面子看利润表；把现金流量表概括为日子，即企业日子过得怎么样要看现金流量表。

这种概括的意义在于：企业的盈利能力、周转能力等的基础是资源，也即家底；由于企业家经常会顾及自己的脸面问题，因此，**财务造假的主战场一定是利润表。**

思考

这就像人的化妆一样。大家想一想，人为什么要化妆？

除了保健以外，化妆的一个最重要的原因是化妆者要达到完全靠自然状况所达不到的外在形象。撇开化妆的保健因素，化妆在很大程度上是对人的外在形象的修饰。也就是说，当外在形象预期难以维持比较好的状态时，修饰就不可避免了。

人的化妆是这样，企业的财务造假也是这样。当企业的各种状况尤其是盈利状况不太好的时候，企业的财务造假就可能出现。

企业财务造假的一个重要特征就是违反常识。读者可以去看一看一些上市公司财务造假的案例。在财务造假方面最普遍的特点是企业的绩效变化违反常识。

因此可以说，识别假表或者假账一点都不难。只要把真表的特征搞清楚，或者把质量较高的报表的特征搞清楚，就可以在很大程度上对可能出现的财务造假提出质疑。

1.4.3　三张报表的内在联系

在本章的最后，我想特别强调一下三张基本财务报表的内在联系。在这三张报表中，资产负债表是一个企业整体财务状况在某一特定日期的综合反映；利润表反映一定时期企业的盈利状况；现金流量表反映一定时期企业的现金流入流出状况。

首先说明一下利润表与资产负债表之间的联系。大家可以看一下资产负债表里股东权益的最后两个项目，一是盈余公积，二是未分配利润。实际上，**企业的盈余公积和未分配利润就是企业对利润表中的净利润进行分配的结果**。因此，利润表是股东权益中的盈余公积和未分配利润的基础。

下面再看一下资产负债表与现金流量表之间的联系。我们之前在讨论概念时提到，现金流量表是企业货币资金在年度内收支变化情况的反映。请读者注意，资产负债表的第一项就是货币资金。当然，在现金流量表的编制过程中，货币资金是指现金和现金等价物（有兴趣的读者可以参考一下会计书籍），其口径与资产负债表中的货币资金在内涵上会有差异。但是一般来说，**现金流量表是对资产负债表第一行"货币资金"这个项目的全部或者主体年度内变化情况的展开说明**。

 总结

利润表和现金流量表，以及其他的各种报表（如股东权益变动表或者将来可能出现的新报表），都是对资产负债表某一个项目或某一组项目的展开说明。

第 1 章我们就讨论到这里。下一章我们将在现有认识的基础之上，通过简单的例子来看一看企业的设立、经营以及发展等活动与报表之间的联系。

企业设立、经营与财务报表

我们在第 1 章介绍了企业三张基本财务报表及它们之间的关系。

下面通过一些例子来强化一下对企业的三张报表项目之间以及三张报表和业务之间的内在联系的理解。我们看看资产负债表、利润表和现金流量表是怎样受企业基本业务的影响的。

我们首先把三张空白的财务报表放在这里，依次如下（见表 2 - 1 至表 2 - 3）。

表 2 - 1　资产负债表　　　　　　单位：万元

项目	金额	项目	金额
资产		负债	
		负债合计	
		股东权益	
		股东权益合计	
资产总计		**负债和股东权益总计**	

表 2 - 2　利润表　　　　　　　　　　单位：万元

项目	金额
一、收入	
二、费用	
三、利润	

表 2 - 3　现金流量表　　　　　　　　单位：万元

项目	金额
一、经营活动产生的现金流量	
二、投资活动产生的现金流量	
三、筹资活动产生的现金流量	

这三张基本财务报表是空白的，没有任何数字。现在我们从设立企业开始分析。

2.1　第一项业务：企业设立

第一项业务：股东入资货币资金 2 000 万元，投资设立一家企业。

注意，这是股东用真金白银的货币资金来出资设立一家企业。这项业务对于被设立的企业意味着什么呢？

简单地说，就是钱——货币资金来了，也就是货币资金增加 2 000 万元。想一下，在资产负债表中，这 2 000 万元是不是会使货币资金增加？答案是肯定的。

对于企业利用财务报表来展示业务而言，仅仅做到让货币资金增加 2 000 万元是不够的，还必须解释这项业务的来龙去脉。也就是说，财务报表必须对业务的发展脉络有所交代。财务报表必须回答：这 2 000 万元货币资金是怎么来的？

这就涉及资产负债表中另一个项目的变化。再想一下，在资产负债表中，另外一个受到影响的项目是什么呢？

很明显，这项业务对除货币资金以外的其他资产没有影响，对负债也没有影响，因为它不是通过借债获得的。受到影响的只能是股东权益中的项目。

股东权益中的第一项是实收资本。我们假设这家准备设立的公司是一个非上市的有限责任公司。对于非上市的有限责任公司，其股东出资一般叫实收资本，即实际收到的资本。因此，股东入资 2 000 万元所引起的增加是实收资本增加 2 000 万元。

这样处理的结果是资产负债表是平的。资产（货币资金）2 000 万元＝负债（0）＋股东权益（2 000 万元）。资产负债表的情况见表 2 - 4。

表 2 - 4　资产负债表　　　　　　单位：万元

项目	金额	项目	金额
资产		负债	
货币资金	2 000		
		负债合计	0
		股东权益	
		实收资本	2 000
		股东权益合计	2 000
资产总计	2 000	**负债与股东权益总计**	2 000

注：第一项业务对资产负债表的影响。

这只是对资产负债表的影响。我们还要看一看对另外两张报表的影响，在这里暂不讨论股东权益变动表。

利润表的基本关系是：收入－费用＝利润。前面提到，一般来说，利润要通过对外交易来实现。显然，股东入资这一活动不是销售活动，企业没有这方面的内容。

> ### 🔍 特别提示
>
> 提醒大家注意，现在的会计业务里，有两项资产是可以不通过对外交易来实现盈利或亏损的。第一项是货币资金由于汇率变化而导致的直接增值或减值，即盈利或者亏损，是不需要对外交易的。
>
> 第二项是交易性金融资产公允价值的变化。按照现行会计准则，交易性金融资产公允价值的变化直接导致盈利或者亏损，对利润表有直接的影响。大家可以查看第 1 章的利润表，其中有一项叫公允价值变动收益。

股东入资这一业务显然与利润表没关系，不会引起任何利润表项目的变化。

最后，我们看一下这项业务对现金流量表有什么影响。

只要企业与外部有货币资金的往来，现金流量表就一定会反映。

第 1 章提到，企业的现金流量涉及三类活动：经营活动、投资活动、筹资活动。

股东入资是企业获得货币资金的活动，其现金流量应该属于筹资活动的现金流量——筹资活动的现金流入量。由于是股东入资，因此这项资金增加属于吸收股东入资收到的现金 2 000 万元。股东入资对现金流量表的影响见表 2-5。

表 2 - 5　现金流量表　　　　　　　　　　单位：万元

项目	金额
一、经营活动产生的现金流量	
二、投资活动产生的现金流量	
三、筹资活动产生的现金流量	
吸收股东入资收到的现金	2 000
四、货币资金净增加	2 000

注：第一项业务对现金流量表的影响。

总结一下股东入资对财务报表的影响：本业务对资产负债表的两方均有影响，对利润表没有任何影响，对现金流量表的一个项目有影响。这是第一项业务。股东入资 2 000 万元设立企业，这家企业就算开张了。

2.2　第二项业务：从银行借款

第二项业务：企业从银行借款 1 000 万元，期限为 6 个月。

对于这项业务，由于有了第一项业务的基础，大家理解起来就容易多了。第二项业务又拿到钱了——是从银行借的。在会计上，欠账期在 1 年以内的负债叫流动负债，欠账期在 1 年以上的负债叫长期负债或非流动负债。

这样，本业务对资产负债表的影响是：增加流动负债中的短期借款 1 000 万元，对利润表还是没有影响，对现金流量表中筹资活动的现金流量有影响——取得借款收到的现金增加 1 000 万元。第二项业务发生后，资产负债表和现金流量表的情况见表2-6和表2-7。

表2-6 资产负债表 单位：万元

项目	金额	项目	金额
资产		负债	
货币资金	2 000+1 000	流动负债	
		短期借款	1 000
		负债合计	1 000
		股东权益	
		实收资本	2 000
		股东权益合计	2 000
资产总计	3 000	负债与股东权益总计	3 000

注：第一至第二项业务对资产负债表的影响。

表2-7 现金流量表 单位：万元

项目	金额
一、经营活动产生的现金流量	
二、投资活动产生的现金流量	
三、筹资活动产生的现金流量	
吸收股东入资收到的现金	2 000
取得借款收到的现金	1 000
筹资活动产生的现金流量净额	3 000
四、货币资金净增加	3 000

注：第一至第二项业务对现金流量表的影响。

总结一下从银行借款对财务报表的影响：本业务对资产负债表的两方均有影响，对利润表没有任何影响，对现金流量表的一个项目有影响。

作为企业，没有钱是不行的，但是仅有钱也不行。企业必须让资产不断地变换形态来实现增值。这就需要一些技术条件。

2.3　第三项业务：购买无形资产

第三项业务：企业用货币资金400万元购买土地使用权。

为方便起见，我们忽略相关的税金问题（如印花税等），将业务简化为直接用400万元购买一项土地使用权。在我国会计处理中，土地使用权属于无形资产。

我在这里强调一下，凡是与钱有关的业务，要先把钱的动向说清楚。第三项业务将导致货币资金减少400万元，这400万元变成了无形资产（土地使用权）。因此，企业的无形资产增加400万元。

第三项业务发生后，资产负债表的情况见表2-8。

表2-8　资产负债表　　　　　　　　　单位：万元

项目	金额	项目	金额
资产		负债	
货币资金	2 000+1 000−400	流动负债	
		短期借款	1 000
		负债合计	1 000
		股东权益	
无形资产	400	实收资本	2 000
		股东权益合计	2 000
资产总计	3 000	**负债与股东权益总计**	3 000

注：第一至第三项业务对资产负债表的影响。

有人可能会问：这400万元是股东给的还是向银行借的呢？我们在这里没有必要区分。本业务属于资产形态的变化，与负债和股东权益没有关系。

我们说过，资金的使用一定会与现金流量表有关。企业用货币资金 400 万元购买土地使用权，将导致现金流量表中购建固定资产、无形资产支付的现金增加 400 万元。

第三项业务发生后，现金流量表的情况见表 2-9。

表 2-9　现金流量表　　　　　　　　　单位：万元

项目	金额
一、经营活动产生的现金流量	
二、投资活动产生的现金流量	
购建固定资产、无形资产支付的现金	−400
投资活动产生的现金流量净额	−400
三、筹资活动产生的现金流量	
吸收股东入资收到的现金	2 000
取得借款收到的现金	1 000
筹资活动产生的现金流量净额	3 000
四、货币资金净增加	2 600

注：第一至第三项业务对现金流量表的影响。

思考

大家能否发现资产负债表和现金流量表的内在联系？

看看这几项业务，在这两张报表里，现金流量表的内容与资产负债表的内容高度相关。当然，我们在资产负债表里最终只能看到货币资金的一个数字——经过一定时期变化以后的金额。现金流量表则展示了货币资金这个项目的数字变化——期末和期初的变化，这非常清楚地揭示了报表之间的关系。

2.4 第四项业务：购买固定资产

第四项业务：企业用货币资金 600 万元购建长期经营用的设备和房屋。

为方便起见，假设一次支付，忽略税金、安装调试费、运费等其他因素。

在会计上，长期经营用的设备和房屋称为固定资产。这项业务用 600 万元的货币资金购建固定资产。与无形资产的购买业务类似，第四项业务的发生对资产负债表的影响是：一项资产（货币资金）减少 600 万元，另一项资产（固定资产）增加 600 万元。对现金流量表的影响仍是购建固定资产、无形资产的支出增加 600 万元。本业务对利润表没有影响。

第四项业务发生后，资产负债表和现金流量表的情况见表 2 - 10 和表 2 - 11。

表 2 - 10　资产负债表　　　　　　单位：万元

项目	金额	项目	金额
资产		负债	
货币资金	2 000＋1 000 −400−600	流动负债	
		短期借款	1 000
		负债合计	1 000
固定资产	600	股东权益	
无形资产	400	实收资本	2 000
		股东权益合计	2 000
资产总计	3 000	**负债与股东权益总计**	3 000

注：第一至第四项业务对资产负债表的影响。

表 2 - 11　现金流量表　　　　　　　　单位：万元

项目	金额
一、经营活动产生的现金流量	
二、投资活动产生的现金流量	
购建固定资产、无形资产支付的现金	－400－600
投资活动产生的现金流量净额	－1 000
三、筹资活动产生的现金流量	
吸收股东入资收到的现金	2 000
取得借款收到的现金	1 000
筹资活动产生的现金流量净额	3 000
四、货币资金净增加	2 000

注：第一至第四项业务对现金流量表的影响。

　　下面要讲一些较难理解的业务。通过前面几项业务，企业的设立过程已经结束。然后，企业开始买房、买地、买设备等，为生产经营做准备。现在，企业就该从事具体的生产经营了。

2.5　第五项业务：购买存货

第五项业务：企业用货币资金 200 万元购买用于销售的产品。

　　为方便起见，假设一次支付，忽略税金、运费等其他因素。

　　用于销售的产品都叫存货。对于这项业务与财务报表关系的分析，我们沿用已经熟悉的套路，凡是与钱有关的业务，先分析钱的流向。

　　第五项业务的发生对于资产负债表的影响是：一项资产（货币资金）减少 200 万元，另一项资产（存货）增加 200 万元。再强调一下，企业用于销售的或者快速消耗的资产，一般都叫存货。

本业务对于现金流量表有什么影响呢？还是那句话：凡是企业与外部发生货币流转的业务，一定与现金流量表有关。第1章现金流量表中的经营活动现金流出量的第一项，是购买商品、接受劳务支付的现金。本业务将引起购买商品、接受劳务支付的现金增加200万元。

再一次提醒读者，现金流量表与资产负债表第一项的对应关系是非常清楚的。

第五项业务发生后，资产负债表和现金流量表的情况见表2-12和表2-13。

表 2-12 资产负债表　　　　单位：万元

项目	金额	项目	金额
资产		负债	
货币资金	2 000＋1 000－400 －600－200	流动负债	
		短期借款	1 000
存货	200	负债合计	1 000
固定资产	600	股东权益	
无形资产	400	实收资本	2 000
		股东权益合计	2 000
资产总计	3 000	负债与股东权益总计	3 000

注：第一至第五项业务对资产负债表的影响。

表 2-13 现金流量表　　　　单位：万元

项目	金额
一、经营活动产生的现金流量	
购买商品、接受劳务支付的现金	－200
经营活动产生的现金流量净额	－200
二、投资活动产生的现金流量	
购建固定资产、无形资产支付的现金	－400－600
投资活动产生的现金流量净额	－1 000

续表

项目	金额
三、筹资活动产生的现金流量	
吸收股东入资收到的现金	2 000
取得借款收到的现金	1 000
筹资活动产生的现金流量净额	3 000
四、货币资金净增加	1 800

　　注：第一至第五项业务对现金流量表的影响。

2.6 第六项业务：销售商品

　　第六项业务：企业将购入的存货中账面价值 100 万元的货物售出，作价 150 万元。3 个月以后收取货款。

　　为方便起见，仍然忽略税金、运费等其他因素。

　　这项业务理解起来非常简单：企业把账面价值 100 万元的货物作价 150 万元卖出去了，只是当时没有收到钱。从资产方面来说，100 万元的资产——存货没有了，变成了 150 万元的债权（也就是资产）。由于这 50 万元的增值是通过对外交易获得的，因此是企业赚得的毛利。

　　但是，会计的分析和财务报表的反映是基于另外的角度。从企业的日常经营情况来看，我们实际上很难做到在每一项销售业务发生时立即确认所销售的存货的成本。更多情况下，销售活动是企业的销售人员或者业务人员日常完成的事情，成本确认则往往是企业在会计期间结束时由财务会计人员完成的。

　　因此，在会计处理和财务报表的反映上，是从销售和成本确认两个方面分别进行的。

2.6.1 销售收入的确认

我们看到，企业通过销售活动已经取得了 150 万元的债权。在会计上，我们在这个阶段不会讨论这 150 万元是由什么换来的。实际上，很多企业存在这样的情况：企业对外销售的不是实体性的存货，而是通过提供劳务或者对外租赁资产而获得收入，比如酒店业企业出租房屋的收入。在对外提供劳务或者对外租赁资产而获得收入的条件下，这种收入的增加并不伴随着某些实体性资源的减少。

会计上的逻辑关系是：企业的 150 万元债权是通过对外销售活动获得的。对外销售所获得的资源增加，既不属于企业的债务，也不属于股东的入资。但企业的这种资源增加属于股东权益的增加。我们把引起这种增加的项目称为营业收入。

因此，企业通过销售活动取得 150 万元的债权对资产负债表的影响是：资产（应收账款）增加 150 万元，股东权益（营业收入）增加 150 万元。

第六项业务的营业收入确认后，资产负债表的情况见表 2-14。

表 2-14 资产负债表 单位：万元

项目	金额	项目	金额
资产		负债	
货币资金	2 000＋1 000－400 －600－200	流动负债	
应收账款	150	短期借款	1 000
存货	200	负债合计	1 000
固定资产	600	股东权益	
无形资产	400	实收资本	2 000
		营业收入	150
		股东权益合计	2 150
资产总计	3 150	负债与股东权益总计	3 150

注：第一至第六项业务营业收入确认后对资产负债表的影响。

下面看看这项业务对企业的利润表有哪些影响。显然，企业的这项业务引起了利润表的第一个项目"营业收入"的增加。因此，第六项业务的营业收入确认后，利润表的情况见表 2 - 15。

表 2 - 15 利润表   单位：万元

项目	金额
一、收入	
营业收入	150
二、费用	
三、利润	150

由于本项目不涉及现金流量，因此对现金流量表没有影响。

2.6.2 营业成本的确认

我们再次分析本业务，确认取得销售收入（也就是营业收入）的代价，即确认销售成本。很显然，企业获得 150 万元销售收入的代价是 100 万元，也就是销售成本（营业成本）是 100 万元。而与这 100 万元成本相对应的是 100 万元的存货。

从性质来看，由于存在营业成本，本业务的销售收入 150 万元并没有使股东权益净增加 150 万元。本项销售业务引起的股东权益净增加，是营业收入减去营业成本后的部分，即 50 万元（实际上，营业收入减去营业成本就是我们常说的毛利）。

因此，在确认营业成本时，资产负债表发生了这样的变化：资产（存货）减少 100 万元，股东权益减少（营业成本增加）100 万元。

第六项业务的营业成本确认后，资产负债表的情况见表 2 - 16。

表 2 - 16　资产负债表　　　　　　　　单位：万元

项目	金额	项目	金额
资产		负债	
货币资金	2 000＋1 000－400 －600－200	流动负债	
应收账款	150	短期借款	1 000
存货	200－100	负债合计	1 000
固定资产	600	股东权益	
无形资产	400	实收资本	2 000
		营业收入	150
		减：营业成本	－100
		股东权益合计	2 150
资产总计	3 050	负债与股东权益总计	3 050

注：第一至第六项业务营业成本确认后对资产负债表的影响。

　　同样，企业营业成本的确认引起了利润表的第二个项目"营业成本"的增加。因此，第六项业务的营业成本确认后，利润表的情况见表 2 - 17。

表 2 - 17　利润表　　　　　　　　单位：万元

项目	金额
一、收入	
营业收入	150
二、费用	
营业成本	－100
三、利润	50

　　注意：我们进行上述处理，依据的是会计学原理，目的是便于各报表的编制，以展示报表之间的内在联系。这种处理与我们的常识并没有太大的出入：企业的资产增加 150 万元，是由存货 100 万元换来的。在交换的过程中，有了 50 万元的增值。资产增值了 50 万元，股东权益（毛利）增加了 50 万元。

总结

到现在，三张基本财务报表的关系已经很清楚了。三张报表的核心是资产负债表，利润表是对股东权益中利润积累部分相关内容的展开说明，现金流量表是对资产负债表的第一项——货币资金在年度内的变化进行的说明。

特别提示

还有一点需要说明：企业有利润并不等于有现金流量。

到现在为止，企业已经获得了利润 50 万元，但是没有任何现金流入。造成这种情况的原因是利润表的确认基础是权责发生制，现金流量表的确认基础是现金收付制。有兴趣的读者可以看一下会计学方面的书籍。对于一般读者而言，只需要记住有利润并不等于有现金流量就可以了。

企业对外扩张与财务报表

在第 2 章，我们向读者展示了企业设立、取得贷款、购买各项经营资产以及对外销售等业务对企业报表的影响以及三张基本财务报表之间的内在联系。

本章将继续向读者展示企业对外控制性投资扩张对企业财务状况的影响以及合并报表编制的一般原理。本章的内容对于理解企业合并财务报表至关重要。

在第 2 章完成了六项业务以后，企业的三张报表见表 3 - 1 至表 3 - 3。为了方便介绍本章内容，我们在相关报表上增加了一些与企业对外投资相关的项目。

表 3 - 1   资产负债表   单位：万元

项目	金额	项目	金额
资产		负债	
货币资金	1 800	流动负债	
应收账款	150	短期借款	1 000
存货	100	负债合计	1 000
固定资产	600	股东权益	

续表

项目	金额	项目	金额
无形资产	400	实收资本	2 000
对外投资	0	毛利（未分配利润）	50
		股东权益合计	2 050
资产总计	3 050	负债与股东权益总计	3 050

表 3 - 2　利润表　　　　　　　　单位：万元

项目	金额
一、收入	
营业收入	150
二、费用（营业成本）	－100
投资收益	0
三、净利润（毛利）	50

表 3 - 3　现金流量表　　　　　　　单位：万元

项目	金额
一、经营活动产生的现金流量	
销售商品、提供劳务收到的现金	0
购买商品、接受劳务支付的现金	－200
经营活动产生的现金流量净额	－200
二、投资活动产生的现金流量	
取得投资收益收到的现金	0
购建固定资产、无形资产支付的现金	－1 000
（对外）投资支付的现金	0
投资活动产生的现金流量净额	－1 000
三、筹资活动产生的现金流量	
吸收股东入资收到的现金	2 000
取得借款收到的现金	1 000
筹资活动产生的现金流量净额	3 000
四、货币资金净增加	1 800

3.1　第一项业务：对外投资

第一项业务：企业用货币资金 800 万元入资一家企业。

假设被投资企业的注册资本为 1 000 万元。此项投资后，本公司获得可以长期持有的股份份额为 80%，且被投资方成为本公司的子公司。投资方因此成为母公司。持有子公司另外 20% 股份的股东也已经出资到位，子公司正式设立。

为此，我们把投资方的财务报表分别称为母公司资产负债表、母公司利润表和母公司现金流量表。

3.1.1　第一项业务对投资方（母公司）财务报表项目的影响

从投资方的立场来看，这是一项用货币资金对外投资的业务。对于这项业务与财务报表关系的分析，我们仍然沿用已经熟悉的套路，凡是与货币资金有关的业务，先分析货币资金的流向。

此项业务的发生对资产负债表的影响是：一项资产（货币资金）减少 800 万元，另一项资产（长期股权投资）增加 800 万元。需要说明的是，母公司所持有的股份比例，我们不可能在资产负债表上直接解读出来。

此项业务对利润表无影响。

此项业务对现金流量表有什么影响呢？还是那句话：**凡是企业与外部发生货币流转的业务，一定与现金流量表有关。** 现金流量表中的投资活动现金流出量有一项是（对外）投资支付的现金。本业务将引起企业（对外）投资支付的现金增加 800 万元。

此项业务发生后，母公司资产负债表和母公司现金流量表的情况见表 3-4 和表 3-5。

表 3-4　母公司资产负债表　　　　单位：万元

项目	金额	项目	金额
资产		负债	
货币资金	1 800—800	流动负债	
应收账款	150	短期借款	1 000
存货	100	负债合计	1 000
固定资产	600	股东权益	
无形资产	400	实收资本	2 000
对外投资	800	毛利（未分配利润）	50
		股东权益合计	2 050
资产总计	3 050	负债与股东权益总计	3 050

注：第一项业务对母公司资产负债表的影响。

表 3-5　母公司现金流量表　　　　单位：万元

项目	金额
一、经营活动产生的现金流量	
销售商品、提供劳务收到的现金	0
购买商品、接受劳务支付的现金	−200
经营活动产生的现金流量净额	−200
二、投资活动产生的现金流量	
取得投资收益收到的现金	0
购建固定资产、无形资产支付的现金	−1 000
（对外）投资支付的现金	−800
投资活动产生的现金流量净额	−1 800
三、筹资活动产生的现金流量	
吸收股东入资收到的现金	2 000
取得借款收到的现金	1 000
筹资活动产生的现金流量净额	3 000
四、货币资金净增加	1 000

注：第一项业务对母公司现金流量表的影响。

3.1.2   第一项业务对被投资方（子公司）财务报表项目的影响

此项业务对于子公司来说，是一家企业设立的业务。在前面一章，我们已分析过。所不同的是，在子公司的股权结构中，有至少两个股东：一个是控股股东，持股 80%；另一个是其他股东，共持股 20%。

子公司设立时的资产负债表见表 3-6。

表 3-6   子公司设立时的资产负债表　　　　单位：万元

项目	金额	项目	金额
资产		负债	
货币资金	1 000		
		负债合计	0
		股东权益	
		实收资本	1 000
		股东权益合计	1 000
资产总计	1 000	负债与股东权益总计	1 000

至于入资对子公司其他报表的影响，相信读者已经会分析了，在此不再赘述。

3.1.3   投资方合并财务报表的编制

按照企业会计准则的要求，一旦投资方形成对外控制性投资，母公司就要在会计期末，以母公司报表和子公司报表为基础，编制由母公司和子公司组成的整个集团的合并报表。换句话说，**合并财务报表反映的是由母子公司所形成的企业集团整体的财务状况、经营成果和现金流量状况**。

为了方便说明，我们假设子公司设立后，母公司恰恰在会计期间结束，需要编制合并财务报表。需要注意的是，此项子公司设立活动对母子公司的利润表均没有影响。

按照当前流行的合并财务报表的编制方法，子公司整体都要并入母公司的财务报表，与母公司的财务报表一起形成合并财务报表。

但是，如果简单地将子公司的财务报表整体直接与母公司财务报表相加，就会造成重复计算。因此，在编制合并财务报表的过程中，必须剔除母公司与子公司之间的业务（包括母公司与子公司之间的投资、因资金提供而引起的内部资金往来，因产品或者劳务提供业务而引起的销售利润或者亏损等），整体反映母子公司所形成的整个集团的资产、负债与股东权益状况，以及整个集团对外交往所形成的利润和现金流量。[①]

在将子公司整体并入母公司相应财务报表的过程中，整个集团净资产和净利润属于子公司非控制性股东的权益部分，在合并报表中以少数股东（实际为非控制性股东）权益或者少数股东损益来反映。而子公司吸纳的非控制性股东的入资，也在合并现金流量表中补充列示。

∧ 总结

合并财务报表的基本原理是：

（1）把母公司的长期股权投资和母公司通过其他应收款、预付款项等项目对子公司提供的资金分解或者还原为子公司的个别而具体的资产（减去负债），再将子公司的个别资产（减去负债）剔除重复因素后与母公司相应资产项目直接相加，从

[①]　限于本书主题，本书仅介绍合并财务报表的编制原理以帮助读者理解合并财务报表与母公司财务报表之间的关系，不详细展示合并财务报表的编制。

而形成合并资产负债表，再把整个集团内子公司净资产中属于子公司非控制性股东所有者的权益部分用"少数股东权益"列示。

（2）把子公司的营业收入与各项利润表项目等剔除重复计算因素，与母公司相应项目直接相加，从而形成合并利润表，再把整个集团内子公司净利润中属于子公司非控制性股东所有者的部分用"少数股东损益"列示。

（3）把母公司和子公司对整个集团外的经营、投资和筹资所产生的现金流量整合在一起，形成合并现金流量表，再把子公司吸纳的非控制性股东的入资，在合并现金流量表中的补充项目"其中，子公司吸纳少数股东入资收到的现金"中列示。

这样，在向子公司入资后，合并资产负债表与合并现金流量表见表 3-7 和表 3-8。此业务对母子公司的利润表均无影响，因此合并利润表与母公司利润表无区别。

表 3-7　子公司设立后的合并资产负债表　　　　单位：万元

项目	金额	项目	金额
资产		负债	
货币资金	2 000	流动负债	
应收账款	150	短期借款	1 000
存货	100	负债合计	1 000
固定资产	600	股东权益	
无形资产	400	实收资本	2 000
对外投资	0	毛利（未分配利润）	50
		股东权益合计	2 050
		少数股东权益	200
资产总计	3 250	负债与股东权益总计	3 250

表 3-8　子公司设立后的合并现金流量表　　单位：万元

项目	金额
一、经营活动产生的现金流量	
销售商品、提供劳务收到的现金	0
购买商品、接受劳务支付的现金	－200
经营活动产生的现金流量净额	－200
二、投资活动产生的现金流量	
取得投资收益收到的现金	0
购建固定资产、无形资产支付的现金	－1 000
（对外）投资支付的现金	0
投资活动产生的现金流量净额	－1 000
三、筹资活动产生的现金流量	
吸收股东入资收到的现金	2 200
其中：子公司吸纳少数股东入资收到的现金	200
取得借款收到的现金	1 000
筹资活动产生的现金流量净额	3 200
四、货币资金净增加	2 000

　　请读者注意的是，企业对外控制性投资的扩张效应已经初步显现：企业用 800 万元的投资，实际支配了子公司 1 000 万元的资产。这就为企业以较小的资源投入实现更大规模的扩张奠定了基础。

3.2　第二项业务：子公司获得贷款

第二项业务：子公司获得为期 6 个月的贷款 500 万元。

请注意：这不是母公司的业务，而是子公司的业务。

3.2.1　第二项业务对投资方（母公司）财务报表项目的影响

　　此项业务对母公司的报表没有影响。

3.2.2 第二项业务对被投资方（子公司）财务报表项目的影响

此项业务对于子公司来说，是一个获得贷款的业务。在第 1 章，我们已做分析。子公司获得贷款后的资产负债表见表 3-9。

表 3-9　子公司获得贷款后的资产负债表　　　　单位：万元

项目	金额	项目	金额
资产		负债	
货币资金	1 500	短期贷款	500
		负债合计	500
		股东权益	
		实收资本	1 000
		股东权益合计	1 000
资产总计	1 500	负债与股东权益总计	1 500

至于入资对子公司其他报表的影响，相信读者已经会分析了，在此不再赘述。

3.2.3 投资方合并财务报表的编制

子公司获得贷款虽然对子公司利润表没有影响，但对子公司的资产、负债规模的影响仍然会影响合并资产负债表与合并现金流量表。子公司获得贷款后的合并资产负债表和合并现金流量表见表 3-10 和表 3-11。此业务对母子公司的利润表均无影响，因此合并利润表与母公司利润表无区别。

请读者注意，企业对外控制性投资的扩张效应进一步显现：企业用 800 万元的投资，实际支配了子公司 1 500 万元的资产。这就为企业以较小的资源投入实现更大规模的经营活动奠定了基础。

表 3-10 子公司获得贷款后的合并资产负债表 单位：万元

项目	金额	项目	金额
资产		负债	
货币资金	2 000＋500	流动负债	
应收账款	150	短期借款	1 000＋500
存货	100	负债合计	1 500
固定资产	600	股东权益	
无形资产	400	实收资本	2 000
对外投资	0	毛利（未分配利润）	50
		股东权益合计	2 050
		少数股东权益	200
资产总计	3 750	负债与股东权益总计	3 750

表 3-11 子公司获得贷款后的合并现金流量表 单位：万元

项目	金额
一、经营活动产生的现金流量	
销售商品、提供劳务收到的现金	0
购买商品、接受劳务支付的现金	－200
经营活动产生的现金流量净额	－200
二、投资活动产生的现金流量	
取得投资收益收到的现金	0
购建固定资产、无形资产支付的现金	－1 000
（对外）投资支付的现金	0
投资活动产生的现金流量净额	－1 000
三、筹资活动产生的现金流量	
吸收股东入资收到的现金	2 200
其中：子公司吸纳少数股东入资收到的现金	200
取得借款收到的现金	1 000＋500
筹资活动产生的现金流量净额	3 700
四、货币资金净增加	2 500

到目前为止，我们已经看到，企业通过对外控制性投资，可以

实现在母公司不直接融资的情况下，通过吸纳子公司其他非控制性股东入资、子公司独自获得各类贷款而实现集团整体的资源扩张。

特别提示

有一个数量关系，请读者特别关注一下：比较母公司资产负债表和合并资产负债表上的长期股权投资，我们会发现，两者之差为企业控制性投资的基本规模。实际上，企业向子公司提供的投资性资金通道，除了通过长期股权投资项目外，还可能通过其他应收款和预付款项等项目。在本书后续部分，我们将向读者展示真实企业报表中母公司对子公司控制性投资占用资产投资的识别问题。

另一个请读者注意的问题是：比较合并资产总计与母公司资产总计的差额，我们会发现，这个差额反映了母公司利用控制性投资所增量支配或者撬动的子公司的资源——体现了企业对外控制性投资的综合投资效应。

实际上，随着子公司业务规模的扩大，子公司会产生应付票据、应付账款和预收款项等经营性负债；子公司还可能产生利润从而增加整个集团的股东权益。当然，如果子公司亏损，合并利润表和合并资产负债表就可能出现反向变化。

本章通过两项业务向读者展示了企业对外控制性投资的扩张效应以及母公司财务报表、子公司财务报表与合并财务报表之间的内在联系。至于复杂的合并财务报表的编制，有兴趣的读者请参阅相关教材。

掌握了这些基础知识，读者就可以比较顺利地学习后面的内容了。

传统财务报表分析方法的困局与突破

4.1 传统财务报表分析方法及其局限

 思考

面对财务报表，我想问读者几个问题：

第一，如果你曾经学过财务报表分析，你的老师教授的和你自己学到的主要方法是什么？

第二，你学过的分析方法是从哪里来的？

第三，在运用于中国企业财务报表分析时好用吗？

对于第一个问题，即大家所掌握的主要财务报表分析方法是什么，不同人的回答必然也会各不相同。在国内，将"财务报表分析"课程纳入商学院课程体系的时间并不长，一些学校的商学院到现在还没有开设这门课程。因此，大家所掌握的财务报表分析方法，一般会来自"财务管理"课程的"财务报表分析"内容，或者来自财务会计或者会计学的"财务比率分析"内容，或者来自按照美国主流教材组织编写的"财务报表分析"（或者"财务报告分析"等类似名称）教材的内容。

这些教材讲解财务报表分析的大量内容是以比率分析为核心的，旨在让你学会财务比率分析。比率分析的基本思想是，把各报表相关联的项目放到一起进行分析。所以大多数财务报表分析的教材的主要内容都包括两部分：第一部分是对报表项目的详细讲解，第二部分是比率分析。

这种比率分析方法是从哪里来的？这就需要回答第二个问题了。

我要清晰地告诉你，我们曾经学习过的财务报表分析的比率分析方法主要来源于美国的主流教材，而且到现在还影响极广。

就我所见，美国主流财务报表比率分析方法有这样几个特点：

第一，这些主流分析方法是基于美国资本市场信息披露特征以及资本市场服务对象而建立的。

美国资本市场的企业财务信息披露主要以合并报表为基础，主要服务于资本市场中的投资者。因此，衡量企业财务状况的主要指标是以盈利能力为主的一套指标体系。在相当大的程度上，这种分析方法试图对企业的投资价值评估进行支撑。而在分析方法的主导思想上，并不试图对企业的管理状况进行系统研究或者解读。

第二，财务比率分析的系统性来自杜邦分析体系。

杜邦分析体系是以净资产收益率为主导，依靠与净资产收益率有关的诸项目之间的内在联系，把总资产周转率（除了对总资产周转率进行考察外，还对个别资产周转率如存货周转率、固定资产周转率等进行考察）、企业债务依存度、销售利润率（除了考察总的销售利润率外，还考察企业的毛利率以及各项费用率等）联系起来，并最终形成一个塔式阶梯型的分析框架或模型。

应该说，这种分析方法特别适用于对单一的以提供产品或服务为主要经营内容的企业财务报表进行分析。但是，一旦企业的资产结构不再符合这种分析方法对企业财务报表的基础性要求，则这种方法立即会失去其价值。

例如，有的公司自己并不从事经营活动，而是从事投资管理活动。在这种情况下，企业利润表的利润支撑点肯定是投资收益，而总资产周转率、毛利率、销售净利率等均没有了计算的数据基础。

但是，这种企业的财务报表并不会由于不能进行财务比率计算就不分析了。显然，对这种投资主导型企业的财务报表分析，必须有另外的分析方法。

第三，对企业财务信息感兴趣的人，并不仅仅是资本市场中的投资者，大量其他方面的人或组织都对企业财务报表感兴趣。

除了资本市场上的投资者外，企业的两类债权人对企业的财务报表十分感兴趣：第一类是企业的贷款提供者，他们非常关注企业有没有还本付息的能力。而企业还本付息的能力既与盈利能力有关，更与现金支付能力有关。第二类是企业的供应商，当他们赊销货物给企业的时候，就变成了企业的商业债权人。与信贷提供者一样，他们非常关注自己债权的安全性。企业偿还债务的能力决定了商业债权人的安全性。

企业的内部管理者也对企业财务信息特别感兴趣。尽管管理者的管理绩效反映在很多方面，如企业的市场声誉、企业内部的凝聚力、企业内部管理的制度建设等，但财务数据在相当程度上起到了数据说话的作用：财务数据是企业管理者管理绩效的集大成者。例如，企业的市场竞争力主要看企业营业收入的市场占有率、毛利率以及各项费用率；通过对企业核心利润获现能力的考察可以展示企业利润的含金量；企业在上下游管理中的竞争地位在债权债务的数据变化中显示得清清楚楚；等等。

当然，企业内部的员工也对企业财务信息感兴趣。作为一个企业内部的员工或者准备去一个特定企业谋职的潜在员工，肯定特别希望自己的工资薪金所得能够随着企业业绩的增长而得到相应增长。在一个财务业绩不佳的企业里谋求工资薪金的稳定增长肯定不太现实。除了工资薪金的增长前景外，企业能够发展到一个什么程度，企业雇员肯定也十分关心：在一个有发展前景的企业就业，自己职业生涯的前景才可能是光明的。

从企业管理的角度来看，按照自身财务状况以及财力的特点去开展自己的各种活动，也需要财务数据的支撑。

这就是说，对企业财务信息的解读与众多利益相关者有关。而这种对不同利益相关者的需求满足，显然不能靠一套美国财务比率来解决。

现在谈一下本章前面提出的第三个问题：**财务比率在运用于中国企业财务报表分析时好用吗？**

下面我讲讲自己做过的一个实验。

一次，为了验证会计专业学生的财务分析能力，我找到七名学习成绩比较好的会计专业的研究生做了一个实验。这些研究生已经在以前就读的大学里学习过"财务报表分析"课程。我提供了一家上市公司年报中披露的财务报表，要求他们在 10 分钟内，不允许互相商量，每个人任意计算五个财务比率。

10 分钟之后的情况是：面对一个中国的上市公司，没有一个学生能够正确计算自己选择的五个财务比率（每个人所选

择的财务比率肯定是自认为比较熟悉的）。有的不知道应该用
合并报表的数据计算还是用母公司报表的数据计算（如存货周
转率）；有的不知道是用原值计算还是用净值计算（如固定资
产周转率）；有的不知道在企业对外投资的规模已占资产总规
模较大比例的情况下，总资产周转率的计算方法；等等。

但还是有一些达成共识的点。他们从五个计算比较正确的
比率中得出的分析结论是：

（1）企业的流动资产对流动负债的保证能力比较差。主要
依据是：该公司流动资产与流动负债的比率（流动比率）约为
1.1∶1，远远小于一般美国教材中强调的 2∶1 这一比较安全
的经验数值。

（2）企业的流动资产减去存货（即速动资产）对流动负债
的保证能力比较差。主要依据是：该公司速动资产与流动负债
的比率（速动比率）约为 0.9∶1，小于一般美国教材中强调的
1∶1 这一比较安全的经验数值。

（3）企业的财务风险比较大。主要依据是：该公司的资产
负债率约为 80%，显著高于一般认为的 70% 的警戒线。

（4）企业的固定资产利用率在下降。主要依据是：企业固
定资产周转率有所下降。

（5）企业的总资产周转速度在下降。主要依据是：企业当
年的营业收入增长幅度较小，但资产总额增长幅度较大。

最终结论是：企业存在较高的经营风险和财务风险。

我告诉这些研究生：与你们的分析正相反——这是一家非
常好、竞争优势极其明显的公司！这家公司是有风险，但绝不
是你们所说的风险。

这表明，现有的财务比率分析方法在很大程度上不能解决审视和评价企业管理的问题，因而很难在管理者做特定决策时提供有用的信息。

要解决这个问题，就要从以美国财务比率为主的所谓主流分析方法体系中摆脱出来。而这种摆脱，显然不能再问美国老师了。

从 1994 年开始，我就对利用美国财务比率分析中国企业中的不适用问题展开研究。经过长期探索，我于 2000 年提出"企业财务状况质量分析理论"，对企业资产、资本结构、利润和现金流量等财务状况的质量展开研究。又经过十余年探索，于 2012 年形成"战略视角财报分析框架"，并将其核心内容反映在本书第一版中。

"战略视角财报分析框架"被著名会计学家与财务学家、中国人民大学教授王化成命名为"张氏财务报表分析框架"。

现在，利用杜邦分析体系与张氏财务报表分析框架相结合的方式分析中国企业特别是中国上市公司财务报表越来越多。

4.2　张氏财务报表分析框架——八看

我所创立的这个分析框架，是从八个方面利用财务报表对企业进行分析，也可以简称为"八看"：看战略、看经营资产管理与竞争力、看效益和质量、看价值、看成本决定机制、看财务状况质量、看风险、看前景。

　　还需要与大家交流的是：我在 2012 年录制了一个视频公开课——《财务报表分析》，在网易中国大学公开课中免费供广大观众学习。

经过多年积累，网易中国大学公开课汇集了几百门中国高校的优秀课程。在点击率最高的热门排行榜上，我的视频课《财务报表分析》稳定地排在第三位。

排行榜上除了第三位以外的其他视频课为：《导论：王阳明与阳明心学》《视觉与形象》《口才概述》《心即理：阳明心学的逻辑起点》《摄影的艺术情感与艺术风格》等。

从这个榜单来看，上述课程均可以归于一类课程——通识课程。既然点击量靠前的都是通识课，那么，我主讲的视频课《财务报表分析》也应该是一门通识课。

我们都知道，"财务报表分析"是一门专业课程，而且是一门高年级要学习的专业课。但就是这样一门专业课程，居然点击量经年高居不下。这一方面说明这门课程的内在质量很高，但更有意义的是：一个时代到来了——这是一个人人应该懂财务报表的时代。这也是在市场经济条件下生存的人们应该具备的基本素质之一。

看战略

为了从报表上捕捉到战略信息，我们需要重新审视资产负债表。

5.1 资产负债表解读：表内资源与表外资源

我们已经熟悉了资产负债表的基本结构。资产负债表的基本关系是：资产＝负债＋股东（所有者）权益。

资产是可以用货币表现的资源。需要强调的是，可以用货币表现的资源在资产负债表里列示了，那些不能用货币表现的资源在资产负债表中则未予列示。但财务报表中没有包括的资源也很重要，甚至更重要。

这些报表外的资源主要包括：

第一，资本资源。这里提到的资本资源首先是指股权结构或者股东带来的资源，它决定了企业发展的根本方向。资本结构与公司治理、组织行为、公司战略、税务筹划等密切相关。另外，要注意控制性股东是谁，并区分名义控制人和实际控制人。有时，虽然列示的股东是 A，但实际控制人可能是 B。在企业的经营管理中，股东的资源——不仅包括资本资源，还包括许多社会资源——都在企业经营中起着重要作用。许多企业赖以发展的根本资源就是资本资源。

第二，市场资源。 与企业密切相关的市场主要有两个：证券市场和产品市场。对于特定的企业来讲，一定是先有企业的产品市场，才有企业可以去的资本市场。产品市场让企业"走"起来，通过产品销售来逐渐积累资源，在发展过程中一步一步向前走。产品市场能够让企业生存并稳健发展，但是这个过程比较慢。证券市场则能让企业"飞"起来，实现跨越式发展。

因此，企业发展到了一定阶段就要考虑更大和更快发展的问题。如果仅仅关注内部管理，往往容易局限于一些小的方面，很难实现快速发展。也就是说，考虑大的发展战略就一定要将证券市场纳入思考体系。

有的学者做了研究，认为中国企业家的行为很奇怪：在获得同样的融资规模时，不去进行债务融资而是去搞股权融资。在这些学者看来，债务融资比较好，既可以节税，又不稀释股权。其实这些专家犯了一个根本性、常识性的错误——**仅仅从数量上关心融资成本问题，而没有关注融资收益问题。**

一般来说，融资成本容易计算，融资收益是不容易计算出来的。比如，企业在一定时期通过债务融资获得的利润是可以计算的，但是证券市场融资带来的巨大收益（或者效应）能计算出来吗？

我认识一位企业家，他的公司经过十几年的发展，于 2010 年成功上市，一次性募集资金 10 亿元，成功改善了企业的融资能力，从而推动了企业的经营发展。而上市前该公司的股东权益刚刚达到 3 亿元。

大家想一想：如果是借钱，凭着企业 3 亿元的净资产能借到这么多钱吗？恐怕能借到 3 亿元就不错了。不仅如此，这家公司也成为当地唯一一家仍健在的上市公司。该公司上市之举为企业的董事长赢得了非常高的社会地位，企业在当地的生存环境得到极大改善。这些难道不是企业成功上市的"收益"吗？能计算出来吗？

这个故事说明，企业在证券市场上的融资效应是难以计算出来的。企业家如果志存高远，就应该在产品经营到一定程度后走上市融资之路。

几年前，杭州一家企业的董事长与我交谈时说道，企业间的竞争，不是企业间的直接较量，而是企业各自的经济联盟体（即上下游关系）的较量。企业进入资本市场后，与资本市场有关的资源就会随之而来，从而推动企业更快地发展。这也是许多企业在达到一定盈利能力之后，到证券市场上谋求上市的根本原因。

第三，人力资源。我们可以把人力资源分成三个层面：人手、人才、人物。人力资源对企业的贡献很大，但是现在还没有在会计系统中入账。

值得注意的是，人力资源与人力资本有所差异。当我们谈到资源时，往往强调其被利用性，**人手、人才和人物都是人力资源**。而资本一方面强调根本性、长期性的贡献，另一方面强调分红权。如果你自己做出了人力方面的贡献，可能会获得一种分红权，比如，一些公司给高管的股权期权实际上就是人力资本转化为货币资本的一种安排。此时，这些既拿薪金又拿股份的高管就是人力资本。当然，他们也是人力资源。而没有分红权安排的企业高管，不管地位有多高，在会计上也不是人力资本。

第四，表外其他资源。这方面的资源很多，比如企业形成了品牌，企业的专有技术、文化、组织管理、上下游资源，等等。

以上是我们看不见的资源，它们也有价值。那么我们看得见的资源怎么来分析呢？下面我们将详细阐述。

5.2　从权益的视角看资产负债表

资产负债表中左边的资产揭示的是资源的结构和规模，右边揭示的是权益归属。权益可以进一步分为两类，一类是债权人权益（负债），另一类是出资人权益（股东权益），负债和股东权益的合计一定等于左边的资产总额。需要注意的是，**资产负债表中所指的权益是经济权利。**要分析我们所在企业和特定企业的利益关系，就可以看这张表的权益部分。

比如说，你想看看自己处于资产负债表的什么位置。那我就首先问，你对这家企业有没有入资？如果你回答说入资了，那么你还要回答是分子还是分母？我说的分子是指控制性股东，分母是指全体股东。企业的小股东全在分母上。你可能会问分母的含义是什么，分子的含义又是什么？我告诉你：**处于分母地位的企业小股东首先是企业资源的提供者，然后是企业任何风险的首要承担者。如果一个股东既在分母中，又在分子上，他就是企业的控股股东。控股股东是以较少资源撬动更多资源，并且支配企业全部资源的企业所有者。**

如果你的回答是在企业没有入资，而是在企业上班，那你就看看报表的流动负债，其中有一个项目叫"应付职工薪酬"。即使你是总经理，是一把手，但是如果没有分红权，那你也在这儿——你就是个打工的。

认识到自己是打工的，有的读者可能有点失望，尤其是在单位有点地位的读者可能更失望。其实，大家不必有失望的情绪。作为打工者，干好自己的本职工作，拿到自己与单位合约规定的薪酬就行了。

说到这儿，新问题又来了：谁决定薪酬？尽管董事会设有薪酬委员会，但薪酬委员会是受董事会领导的。实际上，我们没有很好地发挥工会的力量。在股权形式多元化的情况下，工会应在维护组织（企业）员工的利益上发挥重要作用，因为个人面对强大的资本往往是弱者。

实际上，企业的资本结构决定了分配制度。分配制度好就能留住人，所以企业要有一套好的分配制度，使人力资源长期发挥作用。

5.3 从资产负债表看战略之一：资产结构的战略信息

了解了资产负债表的基本结构后，接下来我们就要以它为基础找到一些战略信息。

我们都知道战略对企业管理的极端重要性，那么，我们是不是或者有没有可能把战略天天挂在嘴上？我想既不必要更不可能。

可以想象一下，两位有一段时间没有见面的企业家再次见面，他们会聊什么？很可能谈两大问题：市场问题和融资问题，也就是营销问题和财务管理问题，最多再涉及一点人力资源管理问题。

　　实际上，战略是实实在在的东西，我们每天做的就是执行组织或者企业的战略。下面我们将财务报表的信息与企业战略联系起来，看看在财务报表中能够捕捉到哪些战略信息。

　　资产结构反映了企业的资源配置战略。

5.3.1　战略的实施决定了企业的资产结构

　　我们在前面通过案例研究指出：基于传统比率分析难以得出符合企业实际的结论。下面将对企业资产结构进行战略内涵的挖掘，向读者展示不一样的资产结构及其战略内涵。

　　考察一下我们阐释企业业务与资产负债表关系时的处理方式：我们总是从设立企业、股东入资、向银行借款开始，逐项业务展开来探讨对资产负债表诸要素的影响，并将各个项目的变化归入资产负债表的特定项目。而在这个讨论和推进业务的过程中，我们很少涉及的是：为什么要设立这个企业？企业的发展战略是什么？

　　更值得关注的问题是：资产负债表上的诸多概念，不论是总括概念的资产、流动资产、非流动资产、负债、流动负债、非流动负债，还是每一个具体项目所对应的概念，均不曾有战略的影子在里面。因此，可以这样说：**现有的以"资产＝负债＋股东权益"的等式建立起来的资产负债表存在战略缺失的先天不足。**

　　但是，资产负债表既有概念上的战略缺失，并不意味着我们不能以资产负债表为基础对企业进行战略分析。从管理实践来看，任何企业的设立均体现了一定的战略要求。这就是说，**从企业设立开始，企业的资产结构就已经深深打上了特定战略的烙印。**企业管理的全过程也可以理解为企业战略制定与实施的过程。当然，作为企业财务信息的载体，资产负债表不可能按照战略管理的理论框架把会计报表的项目与企业的战略一一对应起来，我们也不可能在资产负债表里把企业的战略表达挖掘出来。

> ### 🔍 特别提示
>
> 但必须指出的是：资产负债表上的数字，如果仅仅按照会计的概念和思维去认识，我们关注的永远会是企业业务变化对不同项目的影响，永远不会是支撑企业业务变化背后的企业战略以及资产负债表项目变化的战略含义。实际上，不论是从资产负债表的个别项目上看，还是从结构上看，抑或从整体上看，其反映的战略信息都是十分丰富的。如果我们摆脱传统的会计概念的束缚，把企业资产负债表稍作调整，企业资产负债表的战略含义就会清晰地展示出来。

下面，我们展开讨论资产所揭示的战略信息。

5.3.2　资产按照对利润的贡献方式分类

我在前面已经讲到，既有的资产概念以及资产按照流动性的分类并没有体现企业战略。但是，简单考察一下上市公司公开披露的资产负债表，我们就会发现：在大量上市公司的资产中，除了包括常规反映企业经营活动的项目如应收票据、应收账款、存货、固定资产和无形资产，还包括与企业经营活动没有什么关联的投资资产，而且有的公司的投资资产占比相当大。

因此，基于战略视角，我们有必要对企业母公司的资产按照其对利润的贡献方式，划分为经营资产和投资资产。

1. 经营资产

经营资产是指企业因常规性的产品经营与劳务提供而形成的资

产。典型的经营资产包括货币资金、债权（包括应收票据、应收账款、应收款项融资、合同资产、预付款项等）、存货、固定资产（包括在建工程等）、无形资产等。

经营资产对企业利润的贡献，在传统行业里往往是首先引起企业的营业收入增加，并最终导致企业的营业利润增加。在互联网生态条件下的企业，如果采用"羊毛出在猪身上，狗买单"的商业模式，其最终贡献的仍然是企业经营活动的业绩。

2. 投资资产

投资资产是指企业以增值为目的持有的股权和债权。投资资产所占用的资源除了反映在直接占用的以公允价值计量且其变动计入当期损益的金融资产、衍生金融资产、债权投资、其他债权投资、长期股权投资、其他权益工具投资、其他非流动金融资产等项目上，还反映在以提供经营性资金方式对子公司投资的其他应收款项目上。[①]

投资资产对企业利润的贡献方式较为复杂：零星性投资对利润的贡献主要表现为**转让价差**；债券投资对利润的贡献主要表现为**债券利息收益与债券溢价或折价摊销后的净额**；非控制性股权投资对利润按照成本法和权益法来做出贡献；控制性股权投资对利润的贡献方式更加复杂，其所带来的利润首先表现为对子公司利润的贡献，体现在企业的合并利润表中。只有子公司分配的现金股利部分，才引起投资方投资收益的增加。

---

① 实际上，该项目中还包括企业正常存在的其他应收款以及向公司的母公司和兄弟公司提供的资金等。只有其他应收款的母公司报表金额大于合并报表金额的部分，才是母公司向子公司提供的除对子公司入资以外的经营性资金。

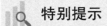

特别提示

需要说明的是：判断一个企业的资产结构属于哪个类型，要以母公司资产负债表为基础。由于在合并报表的编制过程中控制性投资已经被分解或者还原为子公司的经营资产，因此，合并资产负债表一般会是经营资产占主体。

5.3.3   经营资产、投资资产与企业的资源配置战略

在进一步讨论母公司资产结构与战略的关联之前，有必要先讨论母公司货币资金的归属。

在前面几个版本中，我把母公司货币资金归为经营资产。但在实践中，很多企业经营活动产生的现金流量净额长期大于零，且规模很大。一般来说，如果企业在整体上经营活动较为平稳，产生的现金流量净额大于零，企业往往不需要再往经营活动中注入额外资金。当然，对那些经营活动在年度内波动较大（如某月份集中采购和生产、另外的月份集中销售，会导致阶段性短时间的现金短缺）的企业，在现金短缺的时候还是需要动用货币资金对经营活动进行支持。

实际上，货币资金本身没有战略色彩：货币资金既可用于未来的对外投资，也可用于未来的经营活动。

因此，在一般的分析中，如果货币资金规模不大，将其归为经营资产是不会导致分析偏差的。但如果母公司货币资金规模很大，再将其归入经营资产就可能对分析产生误导。

利润表中，利息收入作为一个独立的项目披露了。实际上，利息收入既与企业经营活动产生的营业收入无关，也与企业的投资活动无关，而与货币资金的平均规模和利息率有关。

鉴于此，在进行战略分析时，本书将货币资金予以剔除。也就是说，母公司除了货币资金以外的资产，将被划分为投资资产和经营资产。

我们可以按照企业在剔除货币资金后经营资产与投资资产在资产总规模中的比重大小，将企业分为三种类型：**以经营资产为主的经营主导型、以投资资产为主的投资主导型，以及经营资产与投资资产比较均衡的投资与经营并重型。**

显然，不同类型的企业资产结构背后的支撑就是企业的发展战略，即通过资源配置实现企业战略。

1. 经营主导型企业的发展战略的内涵

资产结构在剔除货币资金后以经营资产为主的企业，其战略内涵十分清晰：

（1）以特定的商业模式、行业选择和提供特定产品或劳务为主营业务的总体战略为主导。

（2）以一定的竞争战略（如低成本战略、差异化战略和聚焦战略等）和职能战略（如研发、采购、营销、财务、人力资源等战略）为基础。

（3）以固定资产、存货的内在联系及其与市场的关系管理为核心。为企业的利益相关者持续创造价值。

经营主导型企业能够最大限度地保持自身的核心竞争力。

对于特定企业而言，如果采用经营主导型的发展战略，其经营活动必然面临选择和定位的问题。**行业选择决定了企业资产的基本结构。**比如，钢铁企业肯定有大量的固定资产和存货；酒店的固定资产占资产总额的比重较高；房地产开发企业的存货占资产总额的比重较高；等等。

　　另外，从财务信息中还可以考察企业的定位。企业定位主要是通过营业收入的市场份额、企业定价、毛利率等来表现的。但是，从资产的角度来看，**固定资产的技术装备水平、资产的地理结构布局等均与企业的市场定位密切相关**。

案例 ▶ 5-1

迈瑞医疗资产结构的战略分析

　　请读者考察一下迈瑞医疗 2022 年度资产负债表中母公司资产结构所展示的战略信息。为方便阅读，选取迈瑞医疗 2022 年度资产负债表中的资产部分和利润表中的部分信息，见表 5-1 和表 5-2。

表 5-1　迈瑞医疗资产负债表（资产部分）　　　　单位：元

报告期	2022-12-31	2022-12-31	2021-12-31	2021-12-31
报表类型	合并报表	母公司报表	合并报表	母公司报表
流动资产：				
货币资金	23 185 663 305	16 103 578 216	15 361 062 758	7 954 682 464
衍生金融资产			9 820 000	
应收票据及应收账款	2 660 805 729	4 346 160 973	1 790 373 229	2 559 183 380
应收票据	2 094 202		131 697 681	128 842 000
应收账款	2 658 711 527	4 346 160 973	1 658 675 548	2 430 341 380
预付款项	289 434 034	251 707 860	237 870 214	277 098 209
其他应收款（合计）	149 105 941	4 230 251 043	126 035 180	2 842 154 142
应收股利		1 575 000 000		
应收利息		0		
其他应收款	149 105 941	2 655 251 043	126 035 180	2 842 154 142
存货	4 024 915 834	2 277 062 186	3 565 329 699	2 136 627 811
一年内到期的非流动资产	31 819 900	23 019 900	26 369 000	19 690 000

续表

报告期	2022 - 12 - 31	2022 - 12 - 31	2021 - 12 - 31	2021 - 12 - 31
报表类型	合并报表	母公司报表	合并报表	母公司报表
其他流动资产	264 060 901		217 989 794	49 563 883
流动资产合计	30 605 805 644	27 231 780 178	21 334 849 874	15 838 999 889
非流动资产:				
长期应收款	25 282 311	4 468 406	34 545 215	5 742 721
长期股权投资	60 800 660	10 052 408 776	26 356 400	9 754 156 533
投资性房地产	43 371 175	43 371 175	45 256 251	45 256 251
固定资产	4 260 989 068	3 264 354 647	3 771 794 343	2 856 791 061
在建工程（合计）	1 802 682 137	260 815 439	1 126 309 549	482 093 178
使用权资产	225 854 257	17 683 504	233 244 486	21 422 248
无形资产	1 976 730 192	786 888 741	2 061 210 179	814 072 388
开发支出	296 901 995	263 237 837	140 061 226	113 175 263
商誉	4 403 193 037		4 218 327 427	
长期待摊费用	82 552 342	9 718 040	84 174 207	11 515 956
递延所得税资产	755 078 884	501 334 069	596 428 529	408 616 753
其他非流动资产	2 205 995 107	531 469 274	4 430 465 304	3 763 140 537
非流动资产合计	16 139 431 165	15 735 749 908	16 768 173 116	18 275 982 889
资产总计	46 745 236 809	42 967 530 086	38 103 022 990	34 114 982 778

表 5 - 2 迈瑞医疗利润表部分信息   单位：元

报告期	2022 年	2022 年	2021 年	2021 年
报表类型	合并报表	母公司报表	合并报表	母公司报表
一、营业收入	30 365 643 811	25 422 092 418	25 269 580 818	20 937 437 210
二、营业总成本	19 826 760 259	19 140 473 725	16 667 539 189	16 469 817 321
营业成本	10 885 289 458	13 853 584 238	8 842 715 216	11 641 235 126
税金及附加	348 286 018	230 027 367	281 988 904	173 082 440
销售费用	4 801 555 324	2 780 197 244	3 998 947 743	2 412 996 229
管理费用	1 320 052 334	809 765 913	1 105 683 090	703 809 101
研发费用	2 922 614 427	1 950 355 734	2 524 177 625	1 655 382 541

　　迈瑞医疗的资产负债表显示：母公司 2022 年底资产负债表 429.68 亿元资产总规模中，货币资金为 161.04 亿元。剔除货币资金后，母公司用于经营与投资的资产为 268.64 亿元。

在用于经营与投资的 268.64 亿元资产中，典型的投资资产是长期股权投资，规模为 100.52 亿元。此外，具有对外投资资产嫌疑的还有其他应收款，母公司是 26.55 亿元，合并报表是 1.49 亿元。这种越合并越小的差额（25.06 亿元）就是母公司向子公司提供资金的基本规模。

上述长期股权投资与其他应收款中向子公司提供资金的基本规模两者之和为 125.58 亿元（100.52＋25.06）。

迈瑞医疗的经营资产所占比重较大。这说明，截至 2022 年底，该公司是一个采用经营主导、适度对外投资发展战略的公司。

在经营资产占据主导地位的情况下，我们可以对迈瑞医疗的扩张战略有如下认识：

第一，迈瑞医疗实施的是专业化的发展战略。根据该公司的年报信息，从发展战略来看，公司主要从事医疗器械的研发、制造、营销及服务，主要产品覆盖三大领域：生命信息与支持、体外诊断和医学影像。

这种战略的具体表现就是，在迈瑞医疗母公司的主体内有完备的研发、生产和销售体系——具体反映在固定资产、存货、应收票据和应收账款的不断发展变化以及母公司利润表中较高规模的销售费用和研发费用中；母公司的经营活动聚焦某特定产品或服务领域。

而与可能的多元化密切相关的对外控制性投资（主要反映在长期股权投资上），则在为母公司提供配套服务的同时，积极进行多元化的业务拓展。

迈瑞医疗利润表的信息显示：企业合并营业收入与母公司营业收入相比增长不多，而母公司利润表的营业成本却大于合并营业成本。这意味着部分子公司或子公司的部分业务承担了为母公司提供配套产品或者部件的任务。子公司虽然没有能够实现大规模对外销售的业绩，但通过将子公司的产品或服务销售给母公司，可以实现整个集团综合毛利率的提高。

当然，迈瑞医疗母公司以经营资产为主的资产结构，意味着公司的多元化程度可以有较大提升空间。

第二，迈瑞医疗产品经营的持续稳定发展能力较强。 采取母公司聚焦经营活动、适度对外投资发展战略的企业，其产品往往在市场上有较强的竞争力。这种竞争力在财务数据上的表现就是企业营业收入持续增长，市场地位不断提升。

迈瑞医疗 2022 年的利润表显示，2022 年企业合并营业收入与母公司营业收入均大于 2021 年合并报表与母公司报表的营业收入，且母公司 2022 年营业收入增长幅度较大。

从业务结构来看，企业聚焦生命信息与支持类产品、体外诊断类产品和医学影像类产品。这三类主要业务 2022 年均实现了较大幅度的增长，具体信息见表 5 - 3。由表 5 - 3 可见，三大类产品的营业收入稳步增长，表明企业的竞争力在逐步增强。

表 5 - 3 三类主要产品的业务数据　　　　金额单位：元

产品类别	2022 年		2021 年		同比增减
	金额	占营业收入比重	金额	占营业收入比重	
生命信息与支持类产品	13 401 383 078	44.13%	11 153 472 647	44.14%	20.15%
体外诊断类产品	10 255 567 391	33.77%	8 448 626 617	33.43%	21.39%
医学影像类产品	6 463 759 079	21.29%	5 425 521 471	21.47%	19.14%
其他类产品	233 106 988	0.77%	230 228 681	0.91%	1.25%
其他业务	11 827 275	0.04%	11 731 402	0.05%	0.82%

2. 投资主导型企业的发展战略的内涵

资产结构中以投资资产为主的企业，往往是规模较大的企业集团。投资主导型企业的发展战略内涵同样是清晰的：

（1）以多元化或一体化的总体战略（或其他总体战略）为主导。

（2）以子公司采用适当的竞争战略和职能战略，特别是财务战略中的融资战略（子公司通过吸纳少数股东入资、子公司自身债务融资和对商业信用的利用等融资战略，可以实现在母公司对其投资不变情况下的快速扩张）为基础。

（3）以对子公司的经营资产管理为核心，通过快速扩张为企业的利益相关者持续创造价值。投资主导型企业可以在较短时间内通过直接投资或者并购实现做大做强企业集团的目标，或者在整体上保持财务与经营的竞争能力和竞争地位。

〰〰〰〰〰〰〰〰〰〰〰〰〰〰〰〰〰〰〰〰〰〰〰〰〰〰〰〰〰〰〰〰〰〰

案例 ▶ 5-2

海尔智家资产结构的战略分析

海尔智家股份有限公司（以下简称海尔智家）2021—2022年度的资产负债表、利润表见附录2。其中，附表4展示的是海尔智家2021—2022年度的资产负债表。

从附表4展示的资产负债表信息来看，海尔智家与迈瑞医疗显著不同，海尔智家2022年底母公司资产负债表796.25亿元的资产总规模中，常规的经营资产如应收票据、应收账款、预付款项、存货、固定资产和无形资产等项目的数据规模非常小，远远小于合并报表相应项目的规模，在总资产中的占比明显不高。而属于投资资产的长期股权投资规模达到了 527.44 亿元，再加上隐含在其他应收款项目上为子公司提供资金的基本规模 114.74 亿元 (133.41−18.67)，已经达到 642.18 亿元，明显占据了剔除母公司货币资金后资产总规模的主体。此外，企业的债权投资、其他权益工具投资也属于投资资产，这更强化了母公司资产总额中投资资产的绝对地位。

据此，我们可以得出结论：2022 年海尔智家母公司资产负债表的资产结构显示，母公司采用了投资主导的发展战略。

在海尔智家投资资产占据主导地位的情形下，我们可以对该公司的扩张战略有如下认识：

第一，海尔智家多元化发展战略清晰。海尔智家 2022 年年报显示，公司所从事的主要业务——家电的研发、生产及销售工作，涉及冰箱/冷柜、厨电、空调、洗衣设备、水家电及其他智能家庭业务，以及提供智能家庭全套化解决方案。

海尔智家母公司资产负债表清晰地表明，企业的多元化战略主要不是由母公司直接从事产品的研发、生产和营销来实现的，而是通过母公司直接投资或者收购来实现的。这就既有可能使企业的行业结构或者产品结构实现有跨度或者有差异的发展，也有可能使企业的业务在不同地域得到发展。

第二，海尔智家主要产品领域的核心竞争力比较突出。企业产品营业收入的构成既反映了企业业务对企业的贡献，也反映了企业业务的市场地位和竞争力。

海尔智家 2022 年年报显示，在公司的主要业务领域已经形成核心竞争力。年报披露的企业营业收入规模和结构信息见表 5-4。

表 5 - 4　　海尔智家营业收入规模和结构　　　　单位：元

类别	2022 年		2021 年	
	主营业务收入	主营业务成本	主营业务收入	主营业务成本
空调	40 059 458 699	28 599 397 832	37 531 431 456	27 048 946 901
电冰箱	77 637 761 908	52 883 745 099	71 569 789 214	48 835 867 469
厨电	38 740 706 547	26 213 735 107	35 244 040 315	23 735 209 066
水家电	13 786 852 210	7 443 373 512	12 470 593 776	6 760 377 745
洗衣机	57 721 991 613	38 583 555 564	54 758 839 274	36 334 162 716
装备部品及渠道综合服务	14 484 542 254	13 065 622 142	14 545 683 489	12 989 119 691
合计	242 431 313 231	166 789 429 255	226 120 377 524	155 703 683 589

注：表中的数据做了四舍五入处理。

从业务结构来看，海尔智家把业务分为六类。2022 年除装备部品及渠道综合服务的营业收入略有下降外，其他五类营业收入均实现了不同程度的增长。考虑到 2022 年新冠疫情的影响，企业营业收入业绩的取得更显示出企业产品的市场地位和竞争力仍在加强。

在品牌和产品方面，公司年报显示：2022 年卡萨帝品牌已在中国高端大家电市场中占据绝对领先地位。在高端市场，冰箱、洗衣机、空调等品类的零售份额排名第一。其中，就线下零售额而言，卡萨帝品牌洗衣机和冰箱在中国万元以上市场的份额中分别达到 77.2% 和 38.5%，空调在中国 1.5 万元以上市场的份额中达到 30.6%。卡萨帝冰箱、空调、洗衣机等产品的市场均价大约为行业均价的 2～3 倍。

3. 经营与投资并重型企业的发展战略内涵

经营与投资并重型企业往往实施积极稳健的扩张战略：**企业既通过保持完备的生产经营系统和研发系统来维持核心竞争力，又通过对外控制性投资的扩张来实现企业的跨越式发展。**

经营与投资并重型企业通过对自身经营资产的保持，可以实现较好的规模效应，取得一定的市场竞争地位，从而最大限度地降低核心资产的经营风险，使固有的核心竞争力发挥到极致。与此同时，其对外控制性投资又可以通过投资产业与产品方向的多元化或投资地域的多样化来强化企业的竞争力或者降低企业的风险。

基于资产的这种分类，在对任何一家上市公司的资产结构进行分析后，我们都可以将其归入上述三种类型中的一种，从而可以对公司的扩张战略及其效应进行分析与评价。

 总结

> 这就是说，当我们跳出传统的会计思维，把企业资产的概念与企业的发展战略联系在一起时，资产结构就有了鲜明的战略含义。据此，我们可以进一步认为，资产的规模与结构就是企业资源配置战略的实施结果。

5.4　从资产负债表看战略之二：企业控制性投资的扩张效应分析

我们在前面讲到，母公司的资产剔除货币资金后可以分为经营资产和投资资产。本节将进一步讨论投资资产的识别与企业控制性投资的扩张效应问题。

5.4.1　投资资产的识别

下面介绍资产中的投资资产所占用资源的识别方法。

首先，我们可以在母公司资产负债表的资产中直接找出**投资性质的资产在报表上列示的数据**，这些数据意味着企业在投资上直接占用的资源，包括交易性金融资产、衍生金融资产、债权投资、其他债权投资、长期股权投资、其他权益工具投资和其他非流动金融资产等。

比如，迈瑞医疗 2022 年末的资产负债表中，母公司交易性金融资产和衍生金融资产均为 0、其他权益工具投资为 0、长期股权投资为 100.52 亿元，这些直接投资项目加在一起 100.52 亿元。

其次，我们可以看一下**企业以"其他应收款"的形式向子公司提供的资源**。在投资方向子公司提供除注册资本以外的资金时，往往通过"其他应收款"项目来反映。**投资方向子公司提供的资金规模，可以用本公司（母公司）报表上的"其他应收款"的规模与合并资产负债表上的"其他应收款"的规模之差来大概反映。**

比如，在迈瑞医疗 2022 年末的报表中，母公司年末其他应收款金额 26.55 亿元，合并报表其他应收款金额 1.49 亿元（见表 5 - 1），其差额约 25.06 亿元就是迈瑞医疗向子公司提供的除入资以外资金的基本规模。

特别提示

这里需要说明的是，在合并报表的编制过程中，母公司与其控制的公司之间的关联交易已被剔除。因此，合并报表中的数据一定是企业集团与集团外的经济主体发生的业务，即合并报表反映的都是集团与不受本公司控制的其他经济主体发生的业务。

最后，企业也可能将其间接提供给子公司的资源以**"预付款项"**的形式表现在报表上。

比如，在迈瑞医疗 2022 年度的报表中，母公司年末预付款项金额是 2.52 亿元，合并报表预付款项金额是 2.89 亿元，呈现出越合并越大的态势。这意味着母公司通过预付款项的通道向子公司提供资金的规模并不大。

我们再看看迈瑞医疗 2022 年年报中年初的相关数据。母公司年初预付款项金额是 2.77 亿元，合并报表年初预付款项金额是 2.38 亿元，呈现出越合并越小的态势，其差额 0.39 亿元就是本公司向子公司提供资金的基本规模。尽管如此，这仍然意味着母公司通过预付款项的通道向子公司提供资金的规模并不大。

思考

有的读者可能会问：预付款项不是对外采购时向供应方预先支付的款项吗，怎么成为向子公司提供资金的通道了？这就是企业业务发展的新情况。

预付款项一般情况下是在货物（可以是存货采购，也可以是工程支出，还可以是固定资产采购）没有收到前向供应方预先支付的款项。但是，向对方支付预付款一般有以下几种情形：（1）采购方信誉状况不明，供应方要求采购方预先付款；（2）供应方产品畅销，供不应求，供应方要求采购方预先付款；（3）供应方的行业惯例是对方预付款；等等。很明显，上述几种情形的预付款安排均不应出现在母公司与子公司之间。

如果母公司向子公司支付款项，即使是以预付款项的名义打给子公司，也应该被认为是向子公司提供的财务支持。

这就是说，企业往往通过其他应收款和预付款项这两个通常被认为是经营资产的项目向子公司提供资金。在迈瑞医疗的案例中，合并报表中年末的预付款项金额大于母公司预付款项金额，这意味着母公司并没有通过预付款项大规模向子公司提供资金。所以，迈瑞医疗通过长期股权投资以外的项目支持子公司资金的项目是其他应收款。迈瑞医疗母公司 2022 年末向子公司提供资金的情况见表 5 - 5。

表 5 - 5　通过"其他应收款"向子公司提供资源　　单位：亿元

项目	合并数	母公司数	差额
其他应收款	1.49	26.55	25.06

注：越合并越小的差额，即为母公司向子公司提供资金的基本规模。

下面我们将向读者展示企业控制性投资的扩张效应。

5.4.2　企业控制性投资的扩张效应

1. 控制性投资占用资源

总结一下我们前面分析的内容，可以得出如下结论：企业的控制性投资，主要包含在母公司资产负债表的这样几个项目中：长期股权投资、其他应收款和预付款项。

但是，长期股权投资、其他应收款和预付款项并不都是控制性投资占用的资源，只有一部分是控制性投资。

此外，其他流动资产、一年内到期的非流动资产以及其他非流动资产有时也表现出越合并越小的对应关系。在这种情况下，合并报表相应项目小于母公司的差额，就是母公司在上述项目上向子公司提供资金支持的基本规模。

 总结

总结一下：合并报表长期股权投资、其他应收款、预付款项、其他流动资产、一年内到期的非流动资产以及其他非流动资产等项目，如果出现合并数小于母公司数，则合并报表小于母公司报表项目的差额部分，反映了控制性投资占用资源的基本规模。

之所以用"基本规模"，是因为我们仅仅利用报表数字而不是账簿记录的数字，难以精准确定母公司到底向子公司提供了多少资金。利用合并报表数字小于母公司数字差额得出来的数字，只是一个大概的母公司向子公司提供的投资规模，在本书中将其称为基本规模。

案例 ▶ 5-3

迈瑞医疗的控制性投资分析

下面我们以迈瑞医疗 2022 年年度报告为基础，分析一下该公司 2022 年 12 月 31 日控制性投资所占用资源的大体规模，见表 5-6。

表 5-6　迈瑞医疗母公司控制性投资占用的资源　　单位：元

项目	合并数 (1)	母公司数 (2)	差额 (3)＝(2)－(1)
其他应收款	149 105 941	2 655 251 043	2 506 145 102
预付款项	289 434 034	251 707 860	越合并越大，不适用
长期股权投资	60 800 660	10 052 408 776	9 991 608 116
长期投资基本规模	209 906 601	12 707 659 819	12 497 753 218

注：差额为合并数小于母公司数，即为控制性投资占用资源。合计中不包括越合并越大的预付款项。

---

2. 控制性投资增量所撬动的资源

我们在前面的分析中已经展示母公司资产中控制性投资所占用

的资源。现在我们要进一步确定的是：企业投入这么多资源，跨越式发展的效应如何呢？

实际上，我们在前面讨论企业对外控制性投资以及合并资产负债表的编制原理时，就为现在的问题做了铺垫：在资产总计中，合并报表和母公司报表数据的差额就是控制性投资增量所撬动的资源。因此，合并资产总计比母公司资产总计大得越多，一般表明企业控制性投资的扩张效应越明显。

案例 ▶ 5-4

迈瑞医疗控制性投资的扩张效应分析

我们把迈瑞医疗 2022 年 12 月 31 日合并资产与母公司资产的差额展示如下，见表 5-7。

表 5-7　迈瑞医疗的控制性投资的扩张效应　　　　单位：元

项目	合并数 (1)	母公司数 (2)	差额 (3)=(1)-(2)
资产总计	46 745 236 809	42 967 530 086	3 777 706 723

注：差额为合并数大于母公司数，即为控制性投资增量撬动的子公司资源。

也就是说，迈瑞医疗的母公司以约 124.98 亿元的控制性投资，实现了对子公司 37.78 亿元的增量控制。这应该是一个不大的扩张效应。

案例 ▶ 5-5

海尔智家控制性投资的扩张效应分析

下面我们再来辨识一下海尔智家 2022 年 12 月 31 日控制性投资的扩张效应，见表 5-8。

表 5 - 8　海尔智家控制性投资扩张效应　　　　　单位：元

项目	合并数 (1)	母公司数 (2)	差额 (3)＝(2)－(1)
其他应收款	1 867 609 246	13 341 408 141	11 473 798 895
预付款项	1 120 756 200	3 116 793	不适用
长期股权投资	24 527 800 291	52 744 139 528	28 216 339 237
长期投资基本规模	26 395 409 537	66 085 547 669	39 690 138 132

注：长期投资基本规模不包括越合并越大的预付款项。

由表 5 - 8 的数据可见，长期股权投资包含的控制性投资为 282.16 亿元（527.44－245.28）；另外，海尔智家通过其他应收款向子公司提供的资金为 114.73 亿元（133.41－18.68）。因此，海尔智家母公司的控制性投资有 396.89 亿元（282.16＋114.73）。当然，这个数字并不是准确数字，而是一个大概的估计（因为我们只是以财务报表披露的数据而不是账簿记录来进行分析的。账簿记录可以提供准确的数据）。

由于母公司预付款项的规模较小，且合并报表的数字远远大于母公司报表的数字，因此，该公司通过预付款项向子公司提供资金的情形要么不存在，要么规模很小。

海尔智家控制性投资撬动的资源是多少呢？我们用总资产的合并数减去母公司数，二者之差为 1 562.18 亿元，这表明海尔智家实现了用 396.89 亿元的资源增量撬动了子公司 1 562.18 亿元资产的扩张效果，实现了 3.93 倍以上的扩张效应，具体计算见表 5 - 9。

表 5 - 9　海尔智家控制性投资的扩张效应　　　　　单位：元

项目	合并数 (1)	母公司数 (2)	差额 (3)＝(1)－(2)
资产总计	235 842 254 827	79 624 684 350	156 217 570 477

注：差额为合并数大于母公司数，即为控制性投资增量撬动的子公司资源。

比较一下迈瑞医疗与海尔智家母公司控制性投资的资产扩张效

果，我们自然会看到两家公司扩张效果的差异：海尔智家母公司控制性投资是扩张效果更好的一方。

一般来说，企业控制性投资的对外扩张效应主要取决于子公司这样几个方面的状况：

第一，子公司吸纳其他股东入资的状况；

第二，子公司取得贷款的状况；

第三，子公司的业务规模、业务能力以及对上下游的商业信用状况（即"两头吃"的能力）；

第四，子公司的盈利能力。

或者是上述几个方面共同作用的结果。请读者自己比较分析一下。

这就是说，企业通过控制性投资实现跨越式增长的主要手段是：**第一，吸纳少数股东对子公司入资**，少数股东入资的累积权益表现在报表上，就是合并资产负债表中的"少数股东权益"。**第二，子公司的贷款**，比如合并报表的各项贷款类负债总规模大于母公司相应项目的总规模。**第三，子公司的业务规模**，比如合并报表的应付账款、应付票据和预收款项等总规模大于母公司相应项目的总规模。**第四，子公司经营的结果还会产生利润**，从而引起子公司净资产增长，比如合并报表的盈余公积和未分配利润的总规模大于母公司相应项目的总规模。

 总结

至此，我们已经能够对企业的资产进行如下分析：

（1）区分资产总额中的经营资产和投资资产。

（2）在经营资产中考察行业特点对企业资产结构的影响，重点关注固定资产原值的规模和结构与存货或者企业业务的规模和结构的匹配性。

（3）在投资资产中进一步识别企业的控制性投资所占用的资源规模（用长期股权投资、其他应收款和预付款项的母公司报表数与合并报表相应项目的数据之差来确定）。

（4）利用合并资产负债表的资产总额与母公司自己报表资产总额之差来确定企业对外控制性投资的撬动效应。

特别提示

请读者注意：有些企业的对外控制性投资并不一定是为了实现多元化战略或地区布局的战略而谋求跨越式发展，而是为了通过企业经营活动的系统整合而实现盈利能力的最大化。

此时，基于资产负债表对企业控制性投资资源的扩张效应进行分析就不一定能够揭示企业的控制性投资（此时不是扩张，而是盈利）的效应。此时，应该把分析重点集中在合并利润表与母公司利润表所展示的盈利能力的变化上。

有兴趣的读者可以考察一下贵州茅台等酒类上市公司的报表。

5.5　从资产负债表看战略之三：企业的资本引入战略

5.5.1　负债和股东权益与企业发展的动力机制

在前面的分析中，我将资产按照对利润的贡献方式划分为经营资产与投资资产，并据此展开了对企业资源配置战略的分析。

在现有的财务报表分析方法中，针对资产负债表将重点主要放在对资产的个体与整体的分析上，如对债权回收状况的分析、存货周转状况的分析、固定资产周转状况的分析等，主要考察相应资产的周转状况；而对流动资产周转率、流动比率、速动比率以及总资产周转率和总资产报酬率的分析等，则考察了企业资产的部分结构性或整体性的能力或者质量。与对资产的分析方法比较丰富相比，对负债和股东权益的分析就显得非常简单了。这方面比较常见的主要有对企业资产负债率、利息保障倍数的分析，借以考察企业的财务风险。

我们在前面虽然对企业资产的战略内涵进行了挖掘，但并没有对决定企业战略的机制进行挖掘。**实际上，企业的竞争优势与发展潜力不仅取决于现有的资源结构及其运用状况，还与融资环境、资本结构、公司治理等在企业发展过程中具有决定意义的因素关系密切。**

〤 总结

这就是说，企业发展的真正动力不在于资产的规模和结构，不在于我们看到的资源结构所反映出来的战略信息，而在于支撑企业发展、决定企业战略及其方向的动力机制。而这个动力机制是由企业资产负债表的右边——负债和股东权益来决定的。

在决定企业发展前景和方向的关键性因素中，相比于资产的规模与结构，资源的来源结构（即负债与股东权益的结构）更具有全局性和决定性作用。

5.5.2　负债和股东权益：企业的资本引入战略

1. 对负债与股东权益按照来源结构进行分类

如果我们不考虑负债的流动性和股东权益的概念，对企业的负债与股东权益按照其来源结构做进一步考察就会发现：企业负债和股东权益的主要部分可以分成四类，即经营性负债、金融性负债、股东入资和留存利润。对这些资本来源的系统利用，体现的就是企业的资本引入战略。

（1）经营性负债。**经营性负债是指企业通过经营性活动所产生的负债，也可以称其为商业性负债。**在资产负债表的负债方，反映经营性负债所带来资源（即商业信用资源）的主要项目包括应付票据、应付账款、预收款项与合同负债等[①]，在会计核算上反映的是企业与上下游企业或者用户进行结算时所产生的债务。但其实质是企业对商业信用资源的引入或者利用。

一方面，在企业具有较强的获取商业信用能力的条件下，企业通常具有较强的"两头吃"[②] 的能力——企业利用上下游企业的资金来支持企业自身发展的能力较强；反之，在企业具有较弱的获取商业信用能力的条件下，通常意味着企业"两头吃"的能力较弱，竞争地位较低。

另一方面，商业信用资源通常具有综合成本低（综合成本往往低于贷款的平均成本）、综合偿还压力低于账面金额（与预收款项

---

① 实际上，企业的应付职工薪酬和应交税费也属于经营性负债带来的资源，为聚焦分析，我们忽略对这部分内容的讨论。

② 一头"吃"企业的上游，往往是供应商；一头"吃"企业的下游，往往是经销商或者消费者。

及合同负债对应的偿还资源为商品或劳务的账面成本）以及固化上下游关系等特点，最大限度地利用与上下游关系所形成的资源就成了具有显著竞争地位企业的主要资源引入战略。

因此，企业对于商业信用资源的利用绝不是被动、自然形成的，而是积极主动的，具有战略意义的——企业往往将最大限度地利用商业信用资源作为其优先选择的经营战略与财务战略。这就是说，企业对于商业信用资源的引入或者利用，不仅仅是企业上下游关系管理的局部问题，还是企业的战略选择问题。当然，企业利用商业信用资源的战略选择还取决于其竞争地位或竞争优势。

（2）金融（有息）性负债。**金融性负债也叫有息负债，是指企业通过各种债务融资渠道所产生的负债，一般是指企业从资本市场或者金融机构获得的债务融资。金融性负债既包括各类贷款，也包括具有融资性质的债务资本来源。**金融性负债除了主要来源于传统的金融机构以及资本市场外，还应该具有财务代价（即利息因素）的特点。在长期负债中因融资租赁而引起的债务也应该属于金融性负债。因此，在资产负债表上，除了典型的金融性负债项目如短期借款、交易性金融负债、一年内到期的非流动负债、长期借款、应付债券等外，还应该包括具有利息因素的长期应付款。本章所指的金融性负债包括短期负债、交易性金融负债、应付利息、一年内到期的非流动负债、长期借款、应付债券和长期应付款等。

如果我们仅仅考察企业金融性负债的规模和结构，就容易关注不同的来源结构所引起的资本成本的差异以及所支持的企业扩张的具体项目，而不会考虑金融性资源的结构和规模对企业发展的战略含义。这就是会计思维对我们的束缚。

实际上，影响企业选择利用或者引入金融性负债来支撑企业发展的因素很多，包括融资环境、融资成本、企业自身盈利能力、企业集团的资金管理体制、企业负债的整体规模以及现有资产负债率等。为了实现现有股东利益最大化，在企业具有较强的盈利能力、不能进一步利用商业信用资源或者经营性负债的规模不能满足企业扩张需求的情况下，企业会主动选择借款或者发行债券。在股东入资的条件下，即使企业的经营性负债趋于零，引入金融性资源也可以保证企业在一定时期的扩张得以实现。企业在集中统一管理企业集团内部资金的机制下，母公司为了整个集团的融资效率与效益（不是母公司自身的经营活动）而进行借款或发行债券，尽管会增加母公司利润表上的财务费用，但由于可能降低整个集团的整体融资成本、提高整个集团的融资效益而成为很多企业集团财务战略的首选。

因此，对企业金融性资源的利用或引入状况进行分析和考察，可以看出企业集团的财务战略意图和整体战略规划。

（3）股东入资。在资产负债表上，反映股东入资的项目包括股本（实收资本）和资本公积①，它是企业发展的原动力。股东对企业的入资具有极强的战略色彩。

第一，股权结构、股东范围、资本规模与企业战略。不同的股权结构设计、股东范围的选择以及资本规模的安排均是企业设立阶段初始战略的直接反映。需要注意的是，企业的战略除对企业的发展具有较强的引领性和根本性影响外，还具有动态性特

---

① 这里仅讨论资本公积中所包含的股东入资部分，其他因素引起的资本公积的变化暂不涉及。

征。随着企业经营环境、竞争地位、融资环境以及宏观政策等因素的动态变化，企业战略不可能是稳定不变的，一定是动态调整的。

尽管如此，企业股东入资仍然反映了企业设立阶段的初始战略意图。一方面，股权结构的分散程度、股东范围的广泛程度直接影响了企业控制权的表现形式，而恰恰是企业的控制权主导了企业的战略。另一方面，资本规模也直接制约着企业的发展战略。股东入资所形成的资本规模与企业的融资能力密切相关，进而制约企业的战略与实施。

第二，股权结构、公司治理、核心人力资源与企业战略。一般来说，公司治理要处理的是股东大会（或股东会）、董事会与企业经理层之间的关系，并确保公司在满足各利益相关者的正常利益的基础上实现持续健康发展。在公司治理的过程中，股东依其持有的股份份额在股东大会行使投票权，产生董事会。董事会决定公司的战略目标并决定核心人力资源；以核心人力资源为主导的管理团队负责实施公司的战略。而这一切的关键点在于，股权结构决定了公司治理的基本架构。

（4）留存利润（累积利润）。留存利润是指企业实现的利润中，股东没有分配而留存在企业的权益部分。这部分股东留存利润在资产负债表上主要表现为盈余公积和未分配利润，也是企业的累积利润。留存利润的规模既取决于企业的盈利能力，也取决于企业的股利或者分配政策。

留存利润对企业的战略含义在于，在一定的盈利规模下，企业可以通过制定不同的股利分配（如现金股利、股票股利或者是二者的组合等）政策，在一定程度上改变企业的财务结构（如改变企业的资产负债率），并对企业的战略特别是融资战略形成支撑。

在企业处于高负债率或投资支出压力较大、现金资源相对紧张的条件下，企业可以通过选择股票股利或者股票股利与现金股利相结合的分配方式，尽力降低现金股利支出的规模，使企业的股东权益在进行利润分配后仍然维持较高的规模，从而对降低企业的现金流出量、提高企业的债务融资能力起到战略支撑的作用；反之，当企业负债率较低、资产负债率虽高但金融性负债规模较低、现金流量充裕、投资现金支出压力不大的条件下，企业可以选择激进的股利分配政策，提高现金股利的分配规模。

上述分析清晰地表明，当我们把企业的负债结构、股东权益结构与企业战略联系起来时，企业负债和股东权益的组合状况就具有深远的战略含义——表明企业主动利用什么资源来实现企业的发展。显然，处于不同发展阶段、不同竞争地位的企业，可以采用的资源利用战略可能显著不同。

需要说明的是，从战略角度对企业的资产负债表进行分析，我们**专注于整体性和框架性的战略信息挖掘**。我们不可能也没必要将每一个项目与企业战略联系起来。我们现在的分析忽略了与企业战略分析关联度较低的项目，如资产方的应收利息、应收股利、其他流动资产等，负债方的应付职工薪酬、应交税费等。

2. 对企业按照资本引入战略进行分类

我们可以按照企业经营性负债、金融性（有息）负债、股东入资以及股东留存利润在负债和股东权益总规模中的比重大小，将企业按照资本引入战略分为几种类型：**以经营性负债为主的经营驱动型、以金融性负债为主的债务融资驱动型、以股东入资为主的股东**

驱动型、以留存利润为主的利润驱动型以及均衡利用各类资源的并重驱动型。

当然，在很多情况下，企业会综合利用各类资源谋求自身发展。显然，不同类型的企业资源驱动模式展示了不同的资源驱动战略。

（1）以经营性负债为主的经营驱动型企业发展战略的内涵。

以经营性负债为主的经营驱动型企业，往往处于同行业竞争的主导性地位，经营性负债在负债中的占比较高，这类企业的战略内涵十分清晰：**利用自身独有的竞争优势，最大限度地占用上下游企业资金支撑企业的经营与扩张。**

经营驱动型企业的战略效应如下：第一，企业经营与扩张所需资金大量来自没有资金成本的上下游企业，从而最大限度地降低了企业的财务成本；第二，在一定程度上固化了企业与上下游企业的业务与财务联系，使其成为整体上的经济联盟体；第三，预收款项的负债规模包含了毛利因素，因而具有高预收款项企业的实际负债规模并没有计算出来的资产负债率高；第四，由此引起的企业高负债不一定表明企业的风险高，反而可能反映了企业的竞争优势。

特别提示

当然，有一种情况例外。当企业的经营活动缺乏市场竞争力，资金周转不灵、难以为继时，在资产负债表上也会表现为经营性负债长期居高不下。此种财务状况的形成就不能被认为是企业的资本进入战略的结果，而应该是经营出现严重困难的结果。

（2）以金融性负债为主的债务融资驱动型企业发展战略的内涵。

以金融性负债为主的债务融资驱动型企业，其金融性负债通常在负债总规模中占比较高。这类企业往往处于快速扩张、股东入资和经营性负债难以满足扩张资金需求的发展阶段。此时，企业的快速发展或者扩张所需资金只能通过金融性负债来解决。其战略内涵十分清晰：**在一定的融资环境下，最大限度地利用企业的融资能力获得资金支持企业的经营与扩张，使企业能够在较短时间内实现快速发展。**

债务融资驱动型企业的战略效应如下：第一，企业扩张所需资金大量来自金融机构，从而最大限度地加快企业的发展速度；第二，债务融资均存在一定的资本成本因素，企业的财务负担会成为最佳融资结构的重要考量因素；第三，为降低融资环境不确定性的影响，企业通常会出现过度融资问题。

（3）以股东入资为主的股东驱动型企业发展战略的内涵。

以股东入资为主的股东驱动型企业，往往处于企业发展的初级阶段。在这个阶段，企业债务融资活动和经营活动还难以带来企业经营与发展所需的资金。在资产负债表上的表现是：股东权益中的"实收资本"（或者股本）和"资本公积"这两个项目的规模占企业负债与股东权益之和的比重较高。应该说，在企业发展一段时期以后，这种情形就会消失。

特别提示

当然，如果在经营一段时期后企业的财务表现仍然是股东驱动型，则可能意味着企业的产品经营持续不能获得理想利润，企业的债务融资能力较弱，或者企业在债务融资方面没有作为。

股东驱动型企业的战略效应如下：第一，为了维持企业的生存与发展，股东对企业的入资资产的实物形态必须符合企业发展战略对资源实物形态的要求；第二，在非现金入资的情况下，股东用于入资资产估价的公允性，既决定了企业未来资产的报酬率，也调节了股东间的利益关系；第三，股东入资资产的规模、实物形态及其结构，还显著影响企业的治理结构以及企业的发展方向。

（4）以留存利润为主的利润驱动型企业发展战略的内涵。

以留存利润为主的利润驱动型企业，其盈余公积和未分配利润的规模之和通常占企业负债与股东权益之和的比重较高。这种情况的出现，往往是企业发展到一定阶段并累积了相当规模的利润（至少其盈余公积和未分配利润的规模之和大于实收资本或者股本与资本公积之和）的结果。

从本质上来说，用留存利润支持企业的发展，等同于股东对企业的再投资。因此，利润驱动型企业发展战略的内涵与股东驱动型企业发展战略的内涵是一致的。

（5）均衡利用各类资源的并重驱动型企业发展战略的内涵。

均衡利用各类资源的并重驱动型企业，是那些在发展的任一阶段都综合利用各种资本资源进行发展的企业。实际上，大多数企业属于此类。企业之间、企业在不同的发展阶段，不同类型资本资源的贡献度有明显差异。因此，均衡利用各类资源的并重驱动型企业发展战略的内涵也随着不同类型资本资源的贡献度的差异而不同。

案例 ▷ 5-6

迈瑞医疗的资本引入战略分析

下面我们考察一下迈瑞医疗 2022 年度报告的资产负债表。我们以母公司资产负债表为基础进行分析，看看公司整体实施的是怎样的资本引入战略。

迈瑞医疗母公司 2022 年 12 月 31 日的资产负债表显示：在全部负债和股东权益合计 429.68 亿元中，负债合计为 124.75 亿元，不足资产总额的 50%，这说明支撑企业资产的多数资源来自股东权益。在 124.75 亿元的负债中，明显具有融资色彩的短期借款、长期借款、应付债券等年初与年末均为零。唯一具备有息负债色彩的项目是租赁负债和一年内到期的非流动负债①，规模也很小。

这说明占据迈瑞医疗负债主体的并不是金融性负债，而是经营性负债。

与此同时，迈瑞医疗坚持长期不进行任何形式的债务融资。这至少说明如下两点：

第一，迈瑞医疗经营活动产生的现金流量净额完全可以满足企业日常经营需要。其既有现金存量完全可以满足企业购建固定资产、无形资产等扩张性资金需求。

第二，迈瑞医疗抵御住了各种金融机构主动向不需要贷款企业提供贷款的压力和诱惑。现实中往往有这样的企业：明明现金存量和增量根本用不完，还在不断增加各种贷款。在我国资本市场上经常可以看到那些竞争优势明显、根本不需要进行债务融资的企业不断进行大量债务融资的案例。当然，并不是所有存量货币资金充裕条件下的债务融资都是不当融资，但企业长期超出正常需求所进行的债务融资，除了导致企业利息费用增加、总资产周转率下降、总资产报酬率下降等后果外，不会对企业的财务状况做出任何积极贡

---

① 由于企业年初年末债务融资均为零，因而一年内到期的非流动负债不应该是贷款，而应该是租赁负债一年内需要支付的部分。

献。当然，到底是什么原因导致企业过度债务融资，恐怕只有当事企业自己明白了。

此外，企业的股本和资本公积两个项目之和约为 67.83 亿元，盈余公积和未分配利润之和约为 247.09 亿元，其中，母公司未分配利润 2022 年 12 月 31 日的规模是 241.02 亿元。

可由此见，支撑企业发展的资源结构依次为累积利润、经营性负债和股东入资。也就是说，迈瑞医疗母公司发展到今天，支撑其发展的主要资源结构是靠长期积累起来的企业利润和与公司竞争地位和竞争优势有直接关系的经营性负债。

这说明企业的发展不是靠融资，而是靠自己持续不断的高质量经营活动。

5.6 从资产负债表看战略之四：立场

看到这个标题，有的读者可能会觉得很奇怪：战略怎么与立场联系在一起了？

我在进行财务报表分析的早期也没有这样的意识。后来发现，有的报表按照常规的逻辑根本看不懂，难以对企业的行为进行解释，是自己考虑问题的立场导致的。因此，在看财务报表中所包含的战略信息时，要站在不同的立场进行分析。这时就不是看企业自己所声称的战略，而是要看企业实际在执行什么战略。

站在全体股东立场和站在控股股东立场看企业的战略，得出的结论可能一样，也可能不一样。

1. 站在全体股东的立场看战略

当我们站在全体股东的立场看企业的战略时，首先要求**企业的**

资产结构必须是系统性优化的。所谓系统性优化，并不是个别优质资产的最优化、最大化，而是注重资产整体的协调化，仅仅关注个别资产的最优化是没有意义的。

其次，**要避免不良资产长期大量存在和占用**。一提到不良资产，读者可能马上会想到一些积压的存货、收不回来的债权等。但这里要强调的不良资产是指不能按照预期利用、不能发挥应有效用的资产。最典型的不良资产是长期闲置的固定资产，这并不是指资产的物理质量很差，而是指相应的资产不能为我所用。另外，单位产能成本过高的固定资产也是不良资产，它会导致企业的盈利能力下降。当然，公司大股东或者兄弟公司对企业资产的长期占用（如合并资产负债表中"其他应收款"）更是典型的不良资产。

最后，**资产的变化方向应该是盈利导向的**。企业资产的变化应该朝着有利于企业利润增长的方向发展。

2. 站在控股股东的立场看战略

如果控股股东与全体股东对企业战略所形成的认识是一致的，就不会存在问题。但是，如果控股股东看待企业战略的立场与全体股东的立场不一致，就会出现控股股东利用企业实现其自身战略的情况。此时，控股股东利用企业进行的战略实施就可能与其他股东的利益相冲突：正是对其他股东利益的伤害才成就了大股东利用企业的战略！

案例 ▶ 5-7

控股股东与全体股东立场不一致

有这样一家企业，大股东持股 70%，是董事长；二股东持股

30％，是总经理。公司设立以后，董事长一直控制着公司的财务部门，整个财务部门全听董事长的。董事长不管经营，经营交由总经理负责。在过去的几年中，经过总经理的努力，企业的经营活动取得了显著成效：企业的核心利润以及经营活动产生的现金流量净额均处于良好状态。但是，发展良好的企业最近遇到了麻烦。

董事长通过财务部门找到银行，以公司的名义先后贷款 2 亿元，然后通过公司的财务部门直接把钱打出去了。这些活动反映在公司的账目上，就是贷款增加（负债增加）和其他应收款增加（不良资产增加）。

请注意，这项贷款不是被子公司拿走了。如果是给了子公司，这项其他应收款是优质的还是不良的就取决于子公司的经营业绩。因此，在子公司拿走钱的时候还不能确定其质量优劣。

若款项给了本公司的母公司或控股股东，那肯定就是不良资产了，企业一般情况下看想要回来，因为多数大股东在拿走的时候就没想还回来。读者可能会问：大股东拿钱干什么去了？告诉大家吧：董事长将钱用于自己的其他业务发展了。但非常不幸的是，董事长的业务亏损得一塌糊涂。

于是企业的麻烦来了：钱是从银行贷来的，虽与本公司的经营无关，利息却是由公司来支付的。总经理也聪明：贷款利息跟我和公司没有关系，是公司替董事长还的。他要求财务部把贷款的利息也计入其他应收款。这样一来，企业的利润得以不受影响。

在上述例子中，大股东实际上是在伤害小股东——总经理的利益。如果该公司的这种状况继续发展，就会出现企业经营好→大股东提款→小股东受到实质伤害→企业财务负担加重的情况。

有的读者可能为银行的贷款担心。我也问该公司的总经理：董事长这样做，银行不担心吗？这钱显然很难还回去！

总经理告诉我：银行关心的是程序问题，且银行的相关人员与董事长关系良好。银行的贷款是借给企业的，只要企业能够按期支付利息，并以企业的整体对贷款提供保障，银行就不会考虑进一步的风险。

这就是一个典型的控股股东利用企业全体股东资源为自己另外的发展战略服务的案例。

在上市公司中，这样的案例就更多了。

案例 ⊙ 5-8

新生飞翔：关联方长期占用资金

2022 年 12 月 8 日，中国证监会发布了《中国证监会行政处罚决定书（新生飞翔及相关责任人员）》，其中有这样的内容：

经查明，海南新生飞翔文化传媒股份有限公司（以下简称ST 新生）存在以下违法事实：

2018 年 11 月至 2020 年 1 月（以下简称涉案期间），海南航空集团有限公司（以下简称航空集团）持有 ST 新生 5.73%的股份，与 ST 新生受同一最终控制人海航集团有限公司（以下简称海航集团）控制，海航集团、航空集团为 ST 新生关联方。根据海航集团内部管理制度，海航集团对 ST 新生等下属公司的财务、资金等事务实行垂直化控制与管理。涉案期间，在海航集团及航空集团的决策、指令下，ST 新生与关联方航空集团发生多笔非经营性资金往来，形成关联方占用资金，ST 新生未按规定披露上述事项，相关临时报告、定期报告存在虚假记载。

2018 年 10 月 8 日，海南证监局因 ST 新生存在关联方航空集团占用资金情形对其作出责令改正的行政监管措施。2018 年 11 月 16 日，为应对监管检查和年底"关账"需要，根据海航集团的指示，航空集团以资金循环的方式将占用的 86 731 万元资金分批转给 ST 新生，然后于当日以 ST 新生向上海睿银盛嘉资产管理有限公司（以下简称上海睿银）购买理财产品的方式，将资金回流航空集团。

2019 年 8 月 12 日，ST 新生根据航空集团指令向其转款 100 万元，用于垫付航空集团给 ST 新生相关股东的股权回购款。

2019 年 11 月 15 日，因 ST 新生前述购买理财合同到期，航空集团以资金循环的方式通过上海睿银向 ST 新生转入理财本金及收益款 91 068 万元。2019 年 11 月 22 日 ST 新生将 91 068 万元转回航空集团。

2019 年 12 月 31 日至 2020 年 1 月 3 日，为回填资金缺口，航空集团分两笔向 ST 新生转入 91 168 万元，ST 新生于 2020 年 1 月 8 日将 91 168 万元转回航空集团。

请思考一下，ST 新生的上述资金操作是不是对上市公司 ST 新生的资金使用以及实施其自身的发展战略构成了较大的不利影响？

诚然，ST 新生是海航海航集团的子公司，其资金被占用是源于实际控制人的资金管理体制要求。但是，ST 新生不是实际控制人的全资子公司，上市公司的资产属于上市公司的全体股东。

本案例中 ST 新生的资金被占用，生动说明了 ST 新生的实际控制人所进行的资金占用行为在满足了控股股东利益、符合控股股东发展战略的同时，伤害了其他股东的利益：ST 新生被占用的资金不可能按照 ST 新生全体股东所希望的那样，在充分利用全部资金的基础上最大限度实现尽可能多的营业收入和利润，在分红能力、市值管理等方面让全体股东满意。

上述例子表明：站在控股股东立场，能看到公司战略的另外含义。如果控股股东立场与其他全体股东立场一致，企业的战略就会得到落实；如果立场不一致，大股东战略的实施一定会导致本公司资产被长期占用，从而形成资产质量持续恶化的情形。

这听起来似乎不可思议，但现实就是如此。虽然企业是全体股东的，却由实际控制人控制。在很多情况下，企业的行为不受全体股东支配，而受实际控制人支配。

5.7　从资产负债表看战略之五：集团管理

通过报表来考察集团管理，我们主要关注母子公司的集权管理与分权管理。

5.7.1　债务筹资管理

在母子公司债务筹资管理上，常见的有三种模式。

1. 母公司筹资为主，子公司筹资为辅

采用此种管理模式的企业，其母公司往往具有较强的债务筹资能力。子公司需要资金的时候，不是首先自己从金融机构或其他途径举债，而是首先求助于母公司，由母公司利用自己积累的货币资金或者对外举债筹集资金，然后通过其他应收款等项目交由子公司去补充经营活动或者投资活动现金流量的不足。

在财务报表的表现上，由于母公司主要承担了债务筹资的业务，母公司报表中的各类贷款性项目（如短期借款、交易性金融负债、一年内到期的非流动负债、长期借款、应付债券等）的总规模就与合并报表相应项目的总规模差异不大。受此债务筹资管理模式的影响，利息费用将主要发生在母公司报表上，合并报表中的利息费用不会比母公司的利息费用高出很多。

这种模式的好处是：**由母公司主导对外进行债务筹资，会最大限度降低整个公司的筹资成本。但这种模式的债务筹资规模会因母公司债务筹资能力而受到制约。**

2. 子公司筹资为主，母公司不筹资或筹资为辅

采用此种管理模式的企业，其母公司往往专注于集团的投资管理业务，子公司自己所需债务筹资主要由子公司自己来解决。这样，子公司需要资金的时候，首先考虑的是自己从金融机构或其他途径举债，而不是首先求助于母公司。在子公司没有债务筹资能力或者子公司债务筹资能力不足的时候，再由母公司利用自己积累的货币资金或者对外举债筹集资金，然后通过其他应收款等项目交由子公司去补充经营活动或者投资活动现金流量的不足。

在财务报表的表现上，由于子公司主要承担了债务筹资的业务，母公司报表中的各类贷款性项目（如短期借款、交易性金融负债、一年内到期的非流动负债、长期借款、应付债券等）的总规模就会较小，与合并报表相应项目的总规模差异就会较大。受此债务筹资管理模式的影响，利息费用将主要发生在子公司并反映在合并报表上，合并报表中的利息费用会比母公司的利息费用高出很多。

这种模式的好处是：**由子公司根据自己的需求对外进行债务筹资，会最大限度调动子公司管理层的积极性，树立其全面的成本概念。但这种模式的债务筹资会由于分散在子公司进行，而可能出现整个企业集团债务筹资规模过大而导致整个企业集团筹资成本过高的问题。**

3. 母子公司各自为战，谁缺钱谁去筹资

采用此种管理模式的企业，其母公司和子公司均专注于自身的经营活动与投资管理活动，母子公司所需债务筹资主要由自己来解决。这样，子公司需要资金的时候，考虑的主要是自己从金融机构或其他途径举债；母公司需要债务筹资也会是因为自身业务需要而不是子公司资金需要。

在财务报表的表现上，由于母子公司各自承担了自身债务筹资的业务，母公司报表中的各类贷款性项目（如短期借款、交易性金融负债、一年内到期的非流动负债、长期借款、应付债券等）的总规模与合并报表相应项目的总规模差异就会出现较为复杂的对应关系：其规模差异主要取决于母子公司各自的债务筹资规模。

受此债务筹资管理模式的影响，利息费用将发生在出现债务筹资一方的利润表上。合并报表中的利息费用规模与母公司的利息费用规模差异也取决于母子公司各自的债务筹资规模。

这种模式的好处是：**母子公司根据自己的需求对外进行债务筹**

资，会最大限度调动母公司和子公司管理层的积极性，树立各自全面的成本概念。但这种模式的债务筹资会由于分散在母子公司进行，而可能出现整个企业集团债务筹资规模过大而导致整个企业集团筹资成本过高的问题。

采用这种管理模式，由于极大调动了母公司和子公司进行债务筹资的积极性，极有可能出现企业合并报表中的"三高"现象：货币资金存量高、短期借款高和财务费用高，从而极大提高整个集团的筹资规模和合并利润表上的利息费用规模。

> ### 🔍 特别提示
>
> 需要注意的是：子公司往往不是一家，可能是多家。所以根据母公司报表与合并报表之间的数据差异，我们是不能分析出特定子公司的筹资状况的。
>
> 在筹资管理模式上，大量企业的财务报表显示，企业所采用的债务筹资管理模式往往不是上述三种管理模式的任何一种，而是三种模式结合在一起。

案例 ▶ 5-9

海尔智家的债务筹资管理分析

我们在前面分析了海尔智家的资产负债表，现在再看看海尔智家的利润表（见附录 2 中的附表 5），分析一下该公司的债务筹资管理。

以海尔智家的资产负债表和利润表为基础，我们聚焦一下该公司几个与筹资管理相关的项目，见表 5-10 和表 5-11。

表 5 - 10　海尔智家部分资产、负债数据　　　　单位：元

项目	2022 年 12 月 31 日		2021 年 12 月 31 日	
	合并数	母公司数	合并数	母公司数
货币资金	54 138 815 683	5 747 356 591	45 857 170 275	4 043 535 735
其他应收款	1 867 609 246	13 341 408 141	1 660 702 724	12 577 807 696
…				
短期借款	9 643 374 732		11 226 212 134	
交易性金融负债			6 294 014	
衍生金融负债	104 594 041		80 212 433	
一年内到期的非流动负债	6 294 750 667		9 623 014 848	877 996
长期借款	13 590 866 873	2 195 000 000	3 038 573 825	
应付债券			334 730 049	

表 5 - 11　海尔智家利润表部分数据——利息费用　　　　单位：元

项目	2022 年		2021 年	
	合并数	母公司数	合并数	母公司数
利息费用	984 142 709	33 870 759	712 448 120	7 328 998

从上述财务数据的对应关系来看，海尔智家的短期借款、一年内到期的非流动负债、长期借款等主要债务融资项目和利息费用等主要发生在合并报表，母公司报表中的上述项目金额相对较小。同时，母公司还通过其他应收款通道向子公司提供了一定规模的资金。从母公司债务筹资的规模以及母公司向子公司通过其他应收款项目提供一定规模的资金来看，以上市公司为主体的企业集团内，债务筹资活动主要集中在子公司，母公司并不进行大量的债务融资。

母公司对子公司的资金支持，主要来自海尔智家年度内的投资收益及其他投资途径和部分债务筹资。

从对上述几个数字之间的关系所进行的分析中，我们推断该公司所采取的管理模式应该是以子公司债务筹资为主、母公司为辅的分权管理模式。

案例 ▶ **5-10**

金隅集团的债务筹资管理分析

下面我们以金隅集团的资产负债表和利润表（见附录 3）为基础，对该公司的债务筹资管理进行分析。金隅集团 2022 年的资产负债表和利润表信息见附表 6 和附表 7。

以金隅集团的资产负债表和利润表为基础，我们聚焦一下该公司几个与筹资管理相关的项目，见表 5-12 和表 5-13。

表 5-12　金隅集团部分资产、负债数据　　　　单位：元

项目	2022 年 12 月 31 日		2021 年 12 月 31 日	
	合并数	母公司数	合并数	母公司数
货币资金	15 996 435 858	5 576 380 942	21 921 968 520	7 179 017 854
其他应收款	7 122 498 863	65 246 742 749	9 395 220 101	74 801 042 282
…				
短期借款	25 482 825 771	19 132 310 000	25 140 608 000	20 712 310 000
一年内到期的非流动负债	16 724 946 326	22 834 140 952	15 125 801 960	9 657 162 217
长期借款	32 637 155 002	17 066 570 000	29 001 712 450	28 569 769 282
应付债券	26 493 958 938	19 482 734 796	33 499 674 505	27 270 685 513

表 5-13　金隅集团利润表部分数据—利息费用　　　　单位：元

项目	2022 年		2021 年	
	合并数	母公司数	合并数	母公司数
利息费用	4 445 390 609	3 449 207 185	4 970 126 409	3 776 039 940

从上述财务数据的对应关系来看，金隅集团的短期借款、长期借款、应付债券、一年内到期的非流动负债和利息费用等金额中，从整体上看母公司的数字占合并报表相同项目的数字超过 50%，这意味着从整体上看，以上市公司金隅集团为母公司的企业集团，其

筹资活动主要集中在母公司。至于一年内到期的非流动负债，母公司的数字竟然大于合并报表数字，意味着母公司的一部分贷款是与子公司发生的。

这就是说，从财务数据看，企业的债务筹资活动是以母公司为主来进行的。

此外，母公司还通过其他应收款通道向子公司提供了大量资金——母公司年初和年末均有巨额其他应收款，而合并报表数字显著低于母公司数字。这就是说，母公司的债务筹资主要不是自己使用，而是支持需要资金的子公司发展。

逻辑关系是不是很清晰：母公司自己没有什么经营活动，经营活动主要发生在子公司（利润表中母公司营业收入与合并报表营业收入的差异说明了这一点）；为了支持子公司发展，母公司进行了大规模的债务融资以支持子公司发展。由于母公司进行了大规模债务融资，导致其自身利润表上出现高规模的利息费用。而利息费用虽然发生在母公司，其主要使用者却是子公司。

这是采用投资主导型发展战略的企业经常采取的管理模式。

5.7.2　货币资金管理

在母子公司货币资金管理上，常见的有三种模式。

1. 母公司集中统一管理为主

采用此种管理模式的企业，其母公司往往具有较强的货币资金管理和统筹能力。子公司暂时闲置不用的资金，均需及时汇总给母公司。母公司再将自己整合的整个集团的资金进行统一调度使用。在子公司需要资金时，母公司再通过其他应收款的通道将子公司所需资金交由子公司使用。

在财务报表的表现上，由于母公司汇集了整个集团中子公司的大部分货币资金，因而母公司报表中的货币资金规模与合并报表货币资金规模就会较为接近，母公司报表中反映整合集团子公司资金的其他应付款项目就会很高。这种高又会与合并报表中的其他应付款较低形成反差，母公司其他应付款与合并其他应付款的差额就是母公司整合子公司资金的基本规模。

这样，在母公司的资产负债表上，就形成了两个通道：（1）反映母公司整合子公司资金、子公司向母公司汇总货币资金的通道是母公司的其他应付款；（2）反映母公司向子公司提供资金、子公司从母公司获得货币资金支持的通道是母公司的其他应收款。发生了母子公司之间资金整合与运用的上述两个项目将表现为合并报表的数字小于母公司数字，其差额反映的就是母公司整合子公司资金的基本规模（其他应付款）或者子公司获得母公司资金的基本规模（其他应收款）。

这种模式的好处是：**由母公司整合整个集团的货币资金，会最大限度降低整个公司的筹资成本。但这种模式会在一定程度上压制子公司管理层拥有一定货币资金存量的冲动，对子公司管理者的心理造成影响。**在子公司少数股东权益规模较大的情况下，大股东把子公司货币资金集中起来使用，在一定程度上侵害了少数股东的利益——子公司的股份由全体股东持有，而货币资金却被大股东集中管理，用于可能与本公司业务无关的其他领域。

2. 分散管理

采用此种管理模式的企业，母子公司各自保有自己的货币资金。其母公司和子公司的账上均有一定规模本公司的货币资金。母公司不对子公司货币资金进行集中整合。

在财务报表的表现上，由于母公司和子公司均保有自己的货币资金，合并报表货币资金可能显著大于母公司货币资金，其差额反映了子公司整体所拥有的货币资金规模。

采用这种模式的好处是：**母公司充分尊重子公司管理层的存在感和保有自己货币资金的心理预期，能够在一定程度上调动子公司管理层的积极性。但由于母公司不进行子公司的货币资金集中统一管理，一定会造成整个集团融资成本的增加。**

3. 集权与分权相结合

这种模式的特点是母公司整合部分子公司货币资金，子公司保有一部分货币资金。这种模式综合了前面两种模式，母公司既可以在一定程度上集中统一管理整个集团的货币资金，降低整个集团的债务融资成本，还能够调动子公司管理层的积极性，提高整个集团的凝聚力。

实际上，在企业集团管理中，采用什么样的管理模式，并不是一个学术问题或者理论问题，而是一个实践问题。

在企业管理实践中，影响资金管理模式的因素很多，很多非财务因素直接影响了货币资金管理模式的选择。比如，企业的股权结构、高管之间复杂的人际关系、子公司管理层与母公司管理层之间的利益关系，以及以不同方式取得的子公司之间的企业文化冲突（如新并购企业与原企业集团管理模式的冲突）等，均对企业货币资金管理模式的选择有直接的制约。

案例 ▶ **5-11**

迈瑞医疗的货币资金管理分析

下面我们聚焦迈瑞医疗资产负债表上的几个项目（见表 5－14），对该公司的货币资金管理进行分析。

表 5－14 迈瑞医疗部分资产、负债数据   单位：元

项目	2022 年 12 月 31 日		2021 年 12 月 31 日	
	合并数	母公司数	合并数	母公司数
货币资金	23 185 663 305	16 103 578 216	15 361 062 758	7 954 682 464
其他应收款	149 105 941	2 655 251 043	126 035 180	2 842 154 142
...				
其他应付款	1 901 416 886	1 880 278 032	1 309 047 185	1 427 840 230

从数据关系来看，无论是年初还是年末，迈瑞医疗母公司其他应付款的规模与合并报表其他应付款的规模比较接近：2021 年 12 月 31 日，母公司其他应付款大于合并报表其他应付款的规模，但差额不大；2022 年 12 月 31 日，母公司其他应付款小于合并报表其他应付款的规模，但差额也不大。

一般来说，**企业其他应付款的规模与企业经营活动的规模是相适应的**：如果企业的业务规模比较大，则企业其他应付款的规模往往较高；反之，如果企业的业务规模比较小，则企业其他应付款的规模往往也较低。

我们此前展示的迈瑞医疗利润表的信息显示，迈瑞医疗母公司的营业收入规模比合并报表营业收入规模小的并不多，且母公司销售费用规模占合并销售费用规模的比重超过了 50％。这意味着企业有较为完备的销售体系，因此，母公司其他应付款的规模较高是有业务基础的。

　　但是，迈瑞医疗合并利润表中的营业收入与母公司营业收入相比，有一个显著的增量，且子公司也发生了一定规模的销售费用，因此，母公司的其他应付款规模不应该与合并报表数如此接近，且母公司其他应付款的规模在 2021 年 12 月 31 日还比合并报表的规模大。这里面应该有经营活动以外的其他原因。

　　假设一个母公司不从事任何经营活动，其他应付款的规模是零。但母公司所控制的子公司有大量闲置的货币资金，如果母公司把子公司闲置的货币资金集中到母公司，就可以在其所控制的集团内进行整体资金调度：需要货币资金的公司可以从母公司这里得到资金支持，同时还可以降低集团的债务融资规模和债务融资成本（因债务融资所产生的利息）。

　　如果母公司把子公司的货币资金集中到自己的账户上，假设是10 亿元，对于母公司和合并报表的项目将有哪些影响呢？

　　对于合并报表而言，货币资金只是从子公司"位移"到了母公司，因而对合并报表的项目没有任何影响。

　　对于母公司报表而言，货币资金因此增加了 10 亿元，负债项目——其他应付款也相应增加 10 亿元。这样，资产总额和负债总额同时增加 10 亿元。

　　强调一下：合并报表其他应付款的规模不会因为货币资金集中管理业务而出现变化，但由于母公司增加了其他应付款，从而导致合并报表与母公司报表其他应付款的金额差距出现了变化——母公司的其他应付款由于资金整合而增加，从而缩小了母公司与合并报表的数据差。

　　如果子公司货币资金太多，母公司整合的也多，多到母公司的其他应付款规模大于合并报表的其他应付款规模，就会出现迈瑞医疗 2021 年 12 月 31 日的情形：母公司其他应付款规模大于合并报表其他应付款规模。这至少说明，母公司其他应付款大于合并报表其他应付款的部分是母公司整合子公司资金的结果。

那么，母公司到底整合了多少子公司的资金呢？

简单从财务报表上，我们很难精准分析出来，但可以有大概的估计。

如果母公司基本没有经营活动，则正常的其他应付款规模会很小。此时，母公司的其他应付款如果规模较大，即使规模小于合并报表其他应付款数字，也应该将母公司其他应付款的规模整体上归于母公司整合子公司资金的基本规模。

如果母公司有较大规模的经营活动，则正常的其他应付款规模会比较大，但一般不会比合并报表其他应付款的规模还大。在迈瑞医疗的案例中，由于母公司经营活动的规模较大，因而母公司其他应付款的规模也应该较大，但极其接近合并报表的数字甚至大于合并报表的数字，显然其中包含了母公司整合子公司资金的内容。至于母公司整合了多少子公司资金，仅仅依据报表数据是不可能进行精准分析的，但我们仍然可以对母公司整合子公司资金的状况做出基本判断。

以迈瑞医疗 2022 年 12 月 31 日的数据为例：迈瑞医疗母公司报表中其他应付款的规模是 18.8 亿元，这意味着即使母公司经营活动不产生其他应付款，母公司整合子公司资金的最大规模也就是 18.8 亿元，而合并报表货币资金达到了 231.9 亿元，远超母公司货币资金 161.0 亿元。这意味着，母公司对集团资金的管理是弱整合，子公司大量的货币资金并没有集中到母公司这里。

从其他应收款的规模来看，2022 年 12 月 31 日，子公司从母公司获得的资金支持大概为 25.06 亿元（26.55－1.49）。这意味着，母公司既没有从子公司那里整合很多货币资金，也没有向子公司提供更多货币资金。

从整体来看，该公司在货币资金管理上所采用的是母公司弱整合、对子公司资金弱支持、子公司保有较多货币资金的管理模式，这在一定程度上考虑了子公司希望保有一定规模货币资金的预期。

从迈瑞医疗的财报数据来看，企业基本上没有进行债务融资。这意味着，以上市公司迈瑞医疗为母公司的企业集团基本不缺钱，也没有进行不必要的债务融资。

案例 ▶ **5-12**

海尔智家的货币资金管理分析

下面我们聚焦海尔智家资产负债表上的几个项目，见表 5－15，对该公司的货币资金管理进行分析。

表 5－15　海尔智家部分资产、负债数据　　　单位：元

项目	2022 年 12 月 31 日		2021 年 12 月 31 日	
	合并数	母公司数	合并数	母公司数
货币资金	54 138 815 683	5 747 356 591	45 857 170 275	4 043 535 735
其他应收款	1 867 609 246	13 341 408 141	1 660 702 724	12 577 807 696
...				
其他应付款	17 511 771 663	32 659 845 830	17 524 160 066	34 484 355 763

从数据关系来看，无论是年初还是年末，海尔智家母公司其他应付款的规模均显著大于合并报表其他应付款的规模。千万不要忘了，海尔智家母公司基本上没有什么经营活动。这说明，母公司其他应付款的规模基本上就是母公司整合子公司货币资金的基本规模。

从其他应收款的规模来看，2022 年 12 月 31 日，子公司从母公司获得的资金支持大概为 114.73 亿元（133.41－18.68）。这个规模远远小于母公司整合子公司资金的基本规模。这意味着，母公司整合的资金用于支持子公司业务发展是有富余的。

通过整合子公司资金，母公司的债务融资成本得以降低。而从母公司与合并报表货币资金存量的差异来看，子公司拥有远超母公司的货币资金。

这是一个有趣的情景：母公司进行了大规模的子公司资金整合，并将部分整合的货币资金提供给需要资金的子公司使用（在报表上我们看不到是谁接受了母公司的货币资金支持）。但与此同时，子公司仍然拥有较大规模的货币资金。

这在一定程度上可能说明，企业在组织结构、企业文化、地区布局上，存在着容易整合、可以整合货币资金的子公司以及难以整合或不能整合的子公司。对于那些难以整合或不能整合的子公司，母公司可能既不整合其货币资金，也不对其货币资金需求提供支持。如果真是这样，则整个集团的债务融资成本就可能提高了（海尔智家合并报表的利息费用远超母公司的利息费用，可能验证了这一点）。

~~~~~~

案例 ▶ 5-13

金隅集团的货币资金管理分析

我们再以金隅集团的资产负债表为基础，对企业的货币资金管理进行分析。表 5－16 的数据来自该公司 2022 年财务报告（见附录 3）。

表 5‒16　金隅集团 2022 年度部分资产、负债数据　单位：元

项目	2022 年 12 月 31 日		2021 年 12 月 31 日	
	合并数	母公司数	合并数	母公司数
货币资金	15 996 435 858	5 576 380 942	21 921 968 520	7 179 017 854
其他应收款	7 122 498 863	65 246 742 749	9 395 220 101	74 801 042 282
...				
其他应付款	9 241 191 495	4 038 122 523	9 701 552 655	4 117 386 653

年末其他应付款的基本构成见表 5‒17。

表 5‒17　金隅集团 2022 年度其他应付款的构成　单位：元

项目	2022 年 12 月 31 日	
	合并数	母公司数
其他应付款（合计）	9 241 191 495	4 038 122 523
应付利息	1 403 033 226	1 113 953 832
应付股利	317 934 964	248 921 653
其他应付款	7 520 223 305	2 675 247 038

从数据关系来看，无论是年初还是年末，母公司其他应付款的规模均显著小于合并报表其他应付款的规模。千万不要以为母公司其他应付款规模小于合并报表其他应付款规模，就认为母公司没有整合子公司货币资金，还要看母公司是否从事经营活动。

金隅集团利润表显示，母公司 2022 年的营业收入不足 10 亿元，而合并报表中的营业收入达到 1 000 多亿元，这说明母公司只从事极小规模的经营活动，经营活动不应该导致较大规模的其他应付款。

这样，我们可以粗略估计，2022 年 12 月 31 日金隅集团报表中母公司其他应付款的规模 26.75 亿元基本上是由整合子公司资金引起的。

从其他应收款的规模来看，2022 年 12 月 31 日，子公司从母公司获得的资金支持大概为 581.25 亿元（652.47－71.22）。这意味着，母公司所整合的子公司货币资金远远不能满足子公司的资金需求，母公司还通过其他渠道（经营活动、投资活动和筹资活动等）

筹集资金支持子公司业务发展。

从货币资金存量来看，子公司整体拥有大量的货币资金，其规模远超母公司货币资金保有量。

从整体来看，该公司在母子公司货币资金管理上所采用的是母公司弱整合、对子公司资金强支持的管理模式。

5.7.3　业务关系管理

在母公司拥有一定的经营资产、从事实质性产品或服务经营活动的情况下，母公司与子公司之间的业务关系管理就是企业集团管理的重要组成部分了。这也是基于财务数据对企业进行战略分析的重要内容。

在母子公司业务关系管理上，常见的有三种模式。

1. 母公司向市场提供产品或服务为主，子公司为母公司提供配套支持

采用此种管理模式的企业，往往是经营主导型企业，其母公司往往具有较强的市场业务能力。子公司所开展的业务，首先不是自己向市场销售，而是销售给母公司。在母公司消化吸收子公司业务后，如果子公司还有余力，可以向市场上销售其产品或者服务。

在财务报表的表现上，由于母公司主要承担了开拓市场的业务，母公司报表中的各类经营性项目[①]的总规模就与合并报表相应

---

① 经营资产项目包括应收账款、应收票据和应收款项融资以及预付款项等商业债权、存货、固定资产和无形资产；经营负债项目如应付票据、应付账款、预收款项等；利润表项目如营业收入、营业成本、税金及附加、销售费用、管理费用、研发费用和利息费用等。

项目的总规模差异不大。

受此管理模式的影响，由于子公司的主要经营活动是向母公司提供配套产品或服务支持，母公司的营业成本可能会高于合并报表中的营业成本——合并报表的营业成本反映的是整个集团对外采购所形成的营业成本，母公司的营业成本反映的是母公司对外采购所形成的营业成本。

也就是说，在这种管理模式下，**子公司的价值和贡献不在于向市场提供产品或者服务，增加整个集团的营业收入，而是降低整个集团的营业成本，提高毛利水平，并最终为增加企业集团的利润贡献力量。**

2. 母公司和子公司各自有自己的产品或者服务向市场提供，双方业务关联度较低

采用此种管理模式的企业，往往是多元化发展，如宁波联合。母公司和子公司均具有一定的市场业务能力。子公司所开展的业务，不是向母公司销售，而是向市场销售。母子公司各自在市场上发展自己的业务。

在财务报表的表现上，由于母公司和子公司各自开拓自己的市场，母公司报表中的各类经营性项目的总规模就与合并报表相应项目的总规模有显著差异——合并报表的数据大于母公司相应数据的差反映了母子公司在业务规模上的差异。

也就是说，在这种管理模式下，**子公司的价值和贡献在于向市场提供各自的产品或者服务，增加整个集团的营业收入和盈利能力。**

3. 母公司向子公司提供产品或服务为主，子公司向市场销售母公司的产品

采用此种管理模式的企业，往往是经营主导型企业，其母公司往往具有较强的产品生产或业务提供能力，但出于提高整个集团盈利水平的考虑，母公司首先不是向市场提供产品或者服务，而是由母公司控制的子公司统一对外提供产品或服务。子公司所开展的业务，不是向市场销售自己的产品或者服务，而是承担了将母公司的产品或者劳务走向市场的桥梁，是对母公司业务的延伸。

在财务报表的表现上，由于母公司并不主要承担开拓市场的业务，因而母公司的销售费用会显著低于合并报表的销售费用。由于母公司的产品或服务经子公司对外销售，母公司的毛利率与合并报表所反映的毛利率会有显著差异：母公司的毛利率所反映的是其对子公司销售所确认的毛利率，合并毛利率则在相当程度上反映了母公司产品的毛利率水平。

受此管理模式的影响，由于子公司的主要经营活动是向外部市场销售母公司提供的产品或服务，因此，母公司的核心利润并不能反映母公司面对市场的盈利水平。此时，只能借助合并报表来分析整个集团的盈利水平。

实际上，在企业母公司与子公司的业务关系中，可能是多种情况交织在一起，只不过在一定时期某些业务特征更加鲜明。

案例 ⊙ 5-14

迈瑞医疗的业务关系管理分析

下面我们聚焦迈瑞医疗利润表上的几个项目，体会一下该公司母子公司之间的业务关系，见表 5-18。

表 5 - 18 迈瑞医疗部分利润表数据 单位：元

项目	2022 年		2021 年	
	合并数	母公司数	合并数	母公司数
营业收入	30 365 643 811	25 422 092 418	25 269 580 818	20 937 437 210
营业成本	10 885 289 458	13 853 584 238	8 842 715 216	11 641 235 126

数据显示，无论是 2021 年还是 2022 年，合并报表的营业收入与母公司的营业收入相比都增加不多。这一般意味着企业的子公司对外销售业务规模并不大，子公司营业收入的相当一部分应该是对母公司的销售。

营业成本数据显示，合并报表的数据低于母公司数据。这意味着，子公司对整个集团的价值主要在于提高整体的毛利水平和盈利水平，不在于扩大自身的对外市场销售。

案例 ▷ 5-15

科大讯飞的业务关系管理分析

我们再看看开展多方面业务的科大讯飞股份有限公司（以下简称科大讯飞）。我们聚焦科大讯飞利润表上的几个项目，体会一下该公司母子公司之间的业务关系，见表 5 - 19。

表 5 - 19 科大讯飞部分利润表数据 单位：元

项目	2022 年		2021 年	
	合并数	母公司数	合并数	母公司数
营业收入	18 820 234 053	10 734 227 192	18 313 605 606	10 472 505 107
营业成本	11 136 385 573	6 287 915 042	10 780 348 465	6 465 998 430
税金及附加	112 113 272	35 451 872	121 071 384	48 932 444
销售费用	3 164 396 675	1 961 897 608	2 692 844 411	1 483 492 835
管理费用	1 226 783 087	994 583 465	1 101 759 621	1 009 499 799
研发费用	3 111 297 144	1 601 019 767	2 829 840 978	1 639 906 252

　　数据显示，无论是 2021 年还是 2022 年，合并报表的营业收入与母公司的营业收入相比都增加了很多。与此同时，合并报表中营业成本、销售费用和研发费用与母公司相同项目规模的差异，与营业收入规模的差异是较为一致的。这一般意味着企业的子公司主要从事直接对外销售活动，虽然部分子公司的部分业务有可能是对母公司的配套销售，但从整体来看，子公司直接对外销售是其营业收入的主体。

　　上述财务数据支持母子公司各自过自己的日子，一致对外销售的情况：合并报表的多个项目数据高于母公司数据的规模与营业收入的差异比例基本相当。

　　这意味着，子公司对整个集团的价值主要在于开拓各自的产品或服务市场，提高整体的营业收入、毛利水平和盈利水平。

5.7.4　销售活动管理

　　在销售费用的管理上，我们要特别注意付款者和受益者的脱节问题。会计的权责发生制和会计分期假设保证了每一项业务能在其发生的期间在报表中表现出来，但是没有解决付款者和受益者的脱节问题。

　　我们在分析时经常会使用销售费用率，即销售费用除以营业收入所得到的比率。在分析自己公司的数据时，你很清楚这个数字是怎么回事儿——是怎么得到的，说明什么问题。但是在分析其他公司时，我们单纯看数字就可能会有问题，这涉及营销活动的管理问题。

案例 ⑨ 5-16

贵州茅台的销售活动管理分析

下面我们以贵州茅台股份有限公司（以下简称贵州茅台）2022年度报告中的相关信息为基础进行分析，见表5-20。

表 5-20　贵州茅台利润表部分数据——销售费用　　单位：元

项目	2022 年		2021 年	
	合并数	母公司数	合并数	母公司数
营业收入	124 099 843 772	71 301 796 877	106 190 154 844	37 344 898 964
营业成本	10 093 468 617	10 420 242 137	8 983 377 810	8 991 912 828
税金及附加	18 495 818 534	17 592 050 587	15 304 469 070	14 172 007 647
销售费用	3 297 724 191	838 175 269	2 737 369 435	562 890 060
销售费用率	2.66	1.18%	2.58%	1.51%

注：销售费用率＝销售费用/营业收入×100%。

如果我们简单用数据说话，就会得出这样的结论：母子公司各自对外销售，而母公司的销售费用率很低；合并报表显著高于母公司销售费用率，意味着子公司对外销售活动导致的销售费用效率远不如母公司。

但这样认识可能是不正确的。请仔细考察一下企业的税金及附加。在合并报表营业收入显著高于母公司营业收入的情况下，合并报表的税金及附加增加的非常少！子公司发生相当规模的销售费用，应该意味着母子公司销售活动的组织主要集中在子公司——正是子公司的对外销售活动才没有导致企业整体税金及附加的大幅度提高。

贵州茅台子公司的价值在于两个方面：第一，增加企业的营业收入；第二，降低企业整体的税金及附加。由此增加企业整体的盈利能力，因此，我们有理由判断：作为生产企业的上市公司并没有直接对外销售，而是首先将其生产的白酒卖给自己的子公司，然后再由子公司对外销售。

那么，为什么子公司销售就没有导致税金及附加增加呢？感兴趣的读者可以看一下相关税法对白酒生产企业与白酒销售企业在税收方面的规定。

如果贵州茅台母公司对外销售规模不多，怎么会有一定规模的销售费用呢？可能的原因是：有一些影响企业整体的销售活动需要上市公司来组织和协调，从而发生了一定的费用，但不能简单理解为为了获得上市公司自身的营业收入所发生的营销费用。

如果把贵州茅台合并报表的销售费用率与其他白酒企业或任何需提供消费品企业的销售费用率作比较，你会发现贵州茅台的销售费用率极低。这是贵州茅台独有的竞争优势。

现在总结一下企业集团母子公司之间的销售或者营销活动的管理模式问题。

营销管理涉及很多方面，比如渠道、广告、人力和设施安排等。在实行集团管理的条件下，一般会有三种不同的安排。

我们以大学的广告宣传为例，第一种情况是母公司花钱、子公司受益。比如每年 3 月很多大学由学校统一印制一些宣传材料，笔墨均衡地介绍所有学院和专业，但是各专业录取分数不一样、招收人数不一样，因此各学院的实际受益程度不一样，但各学院并不支付宣传费用。

第二种情况是子公司花钱、子公司受益。比如各大学商学院的 MBA、EMBA 中心有个性化的宣传需求，学院会印一些材料，有自己的增量广告支出等，在这个过程中基本上是学院付款、学院受益。

第三种情况是子公司花钱、母公司受益。既然母公司可以为子公司支付营销费用，子公司也完全有可能为母公司支付相关费用。当然，学校和学院的关系并不简单等同于母子公司之间的关系，这里只是为了说明问题。

因此，在实行集团化管理的条件下，销售费用的支出和受益的具体情况与特定企业的内部管理体制相关，不能简单地说母公司或子公司的销售费用效率高或者低。

这就是我前面讲的子公司与母公司之间业务关系的复杂之处。因此，企业集团的业务管理模式、集团内部子公司业务之间的协同性与关联度以及子公司的分权程度等均会影响数据在报表上的表现。

5.7.5　管理费用管理

如何分析集团内管理费用的关系呢？可以从权力划分和制定依据两方面来考虑。

案例 ▶ 5-17

迈瑞医疗的管理费用管理分析

看一下迈瑞医疗 2022 年度报表中的相关信息，见表 5-21。

表 5-21　迈瑞医疗利润表部分数据——管理费用　　单位：元

项目	2022 年		2021 年	
	合并数	母公司数	合并数	母公司数
营业收入	30 365 643 811	25 422 092 418	25 269 580 818	20 937 437 210
管理费用	1 320 052 334	809 765 913	1 105 683 090	703 809 101
管理费用率	4.35%	3.19%	4.38%	3.36%

注：管理费用率=管理费用/营业收入×100%。

表 5 - 21 中的管理费用信息显示：无论是 2021 年，还是 2022 年，管理费用发生的主体均在母公司。这与整个集团的营业收入实现主要在母公司是一致的。但是，从管理费用率的角度来考察，我们就会有另外的体会：连续两年，母公司的管理费用率显著低于合并报表的管理费用率。如果我们简单以管理费用率高低直接得出结论，认为子公司的管理费用显著高于母公司，子公司需要控制管理费用的规模，就可能过于草率。

确实，以现有的信息披露内容，我们不可能获得母公司管理费用的结构，只能获得合并报表管理费用的结构，但是，对管理费用规模与管理费用率的考察，要考虑的不仅仅是母子公司的营业收入差异，还要考虑母子公司从事的业务结构与业务规模的差异、子公司的地域布局以及母子公司之间的业务联系等因素。

🔍 特别提示

请读者注意：千万不要一见到数据就急于分别计算本年度、上年度母公司和合并报表的管理费用率（用管理费用除以营业收入），然后对管理费用率进行直接比较，并依据数据得出管理费用有效性的评价，应该更多地考虑企业管理的实际情况。

在公司的发展中，许多费用是固定的，比如人头费、折旧费、车辆维护费、租金等。业务增长需要管理系统的支撑，管理费用会有所增长。一般情况下，管理费用通常不会大量减少，除非有较大变故。比如，企业年度间出现新的并购，新企业的业态会影响费用的发生；整个集团分拆，换了大股东后大规模削减管理人员，重大股权结构变化导致团队变化，或者业务萎缩，精简机构；等等。

子公司人力资源的薪酬管理、子公司的地域布局（境内外布局）等也会对子公司的管理费用规模产生影响。

思考

我们在考虑管理费用时，还要问问：子公司的管理费用预算是谁来完成的，是子公司完成的，还是子公司与母公司共同完成的？管理费用预算制定的依据是什么？管理费用和什么挂钩，是和业务规模挂钩还是和利润挂钩？如果与利润挂钩，是什么利润决定了管理费用的规模？如果子公司的管理费用过高，是否意味着集团管理的某些方面需要改进？

下面我们看一下迈瑞医疗 2022 年度报表附注披露的管理费用构成信息，见表 5‑22。

表 5‑22　迈瑞医疗 2022 年合并利润表管理费用　　单位：元

项	本期发生额	上期发生额
职工薪酬费用	765 676 627.00	610 972 368.00
咨询及顾问费	152 544 343.00	152 554 517.00
折旧费和摊销费用	126 371 878.00	117 891 886.00
办公费用	94 090 495.00	87 107 354.00
租赁及物业管理费	45 181 377.00	23 041 743.00
股份支付费用	27 315 512.00	
招聘及培训费	20 878 699.00	13 918 916.00
商业保险费	18 380 308.00	24 672 928.00
其他费用	69 613 095.00	75 523 378.00
合计	1 320 052 334.00	1 105 683 090.00

迈瑞医疗2022年度管理费用的构成表明，企业管理费用的一半以上是管理部门员工的薪酬，且在2022年有了显著增长，构成了企业管理费用上涨的主要推动力。这种变化应该与企业的人力资源政策有关。

除了租赁与物业管理费出现大幅度增长，其他费用项目基本稳定，有些项目的规模还在降低。这意味着企业整体上管理费用的控制是较为有效的。

5.7.6 研发活动管理

自2018年以来，上市公司被要求在利润表中单独披露研发费用。此前，研发费用是与管理费用融合在一起披露的。

应该说，研发费用单独披露以后，企业在研发方面的投入会更加清晰地展示在信息使用者面前。这种信息在同行业的不同企业之间进行比较时意义重大。

在存在母子公司关系的情况下，研发活动的管理至关重要。有的企业的研发中心设在业务发生的各个公司，有的企业有单独的研发中心，统一负责整个集团母子公司的各种研发活动。

对研发费用在母子公司之间的分布进行分析，就可以体会企业对研发活动的管理状况。

案例 ▶ 5-18

迈瑞医疗的研发活动管理分析

我们看一下迈瑞医疗2022年度报表中的相关信息，见表5-23。

表 5 - 23　迈瑞医疗利润表部分数据——研发费用　　单位：元

项目	2022 年		2021 年	
	合并数	母公司数	合并数	母公司数
营业收入	30 365 643 811	25 422 092 418	25 269 580 818	20 937 437 210
研发费用	2 922 614 427	1 950 355 734	2 524 177 625	1 655 382 541
研发费用率	9.63%	7.67%	9.99%	7.90

注：研发费用率＝研发费用/营业收入×100%。

表 5 - 23 中的研发费用信息显示：无论是 2022 年，还是 2021 年，研发费用发生的主体都在母公司。这与整个集团的营业收入实现主要在母公司、研发活动应该与母公司高度契合的内在要求是一致的。但是，从费用率的角度来考察，我们就会有另外的体会：连续两年，母公司的研发费用率均显著低于合并报表的研发费用率，但这并不意味着子公司的研发费用率更高或者子公司更重视研发。

从现有的信息披露来看，我们确实不能获得母子公司之间业务结构与研发费用之间对应关系的详细信息，也不能获得企业内部的研发管理是怎样的组织等相关信息。

对研发费用的分析，需要考虑的相关因素是：整个企业的业务结构中，有哪些业务需要更多的研发，哪些业务需要较少研发或者根本不需要研发？企业的业务结构与研发之间的具体数量对应关系是怎样的？企业与营业收入相关的结构性研发费用率与行业内其他企业相比处于什么水平？

此外，研发费用和研发费用率的高低还取决于企业通过研发获得竞争优势的战略选择，以及企业在研发上投入的人力资源质量。

从迈瑞医疗合并报表展示出来的研发费用率来看，企业整体的研发费用率并不低。

看经营资产管理与竞争力

下面我们看看报表所揭示的企业经营资产的管理质量方面的信息。

6.1 货币资金存量管理

货币资金存量的恰当性是财务管理中经常讨论的问题。企业的货币资金应该保有多少？有答案吗？这还真不好说。比如，各位读者能否不经清点就说出自己随身携带了多少现金？我相信几乎没有谁可以做到。这很正常。管理货币资金的存量和我们管理随身携带的现金一样，在很多情况下做到"差不多"就行。更重要的是，每个人需要随身携带的现金数必定不一样，但是心中应该有个大概的数字，即需要随身带多少现金，以备多大的支出。

讨论企业到底应该保有多少现金，必须了解企业的备用现金有什么用途。除了融资后被限制用于募集资金的特定投向的部分外，企业的现金用于两种支付，一种是用于资本性支出（比如买地买房，或者购买大型设备），另一种是为了维持日常周转。

6.1.1　资本性支出管理

资本性支出主要用于固定资产、无形资产、对外投资等。关于资本性支出的决策，主要取决于企业的战略安排，由企业的战略决定。

西方财务管理中有一个术语叫作"自由现金流量"，一般指的是一定时期经营活动产生的现金流量净额与当期资本性支出之差。这个概念如果用于衡量企业在特定时期的融资需求是有意义的。但如果用于衡量企业经营活动现金流量的充分程度，意义就不大了。

这是因为企业的经营活动现金流量主要取决于企业核心利润获得现金流量的能力，资本性支出则取决于企业的战略安排。

从根本上说，除了经营活动现金能力超强的极少数企业外，企业资本性支出所需的资金绝对不能靠经营活动现金流量来支持，必须有另外的融资安排，而这个安排又取决于企业长期的发展计划和长期的战略安排。经营活动产生的现金净流入量有很多用途：经营活动现金净流入量要解决简单再生产问题，然后要补偿折旧，补偿无形资产摊销，支付利息，还要分红……所以资本性支出一般不能靠经营活动产生的现金净流入量来解决，要通过融资来另行安排。

6.1.2　日常周转管理

只有用于日常经营周转的资金才存在存量控制问题。日常周转资金的存量问题取决于企业的管理能力和竞争力，这里的竞争力指的是企业经营活动获取现金流量的能力。货币资金要在保证自身周转不中断的条件下做最恰当、资金额最低的安排，因为货币资金没有太大的增值幅度。但是只要让货币资金运动起来——买点存货去卖，或者购买固定资产用于经营，它的增值能力一般会更强。

在日常周转中，企业的管理能力和竞争力必然会转变为两个内容——一个是获得利润表中的核心利润，另一个就是产生现金流量表中的经营活动现金净流量。简单地说，核心利润就是利润表中纯经营的部分，也就是毛利减掉税金及附加再减四项费用（销售费用、管理费用、研发费用和利息费用）的部分。用公式表示如下：

$$\frac{核心}{利润} = \frac{营业}{收入} - \frac{营业}{成本} - \frac{税金及}{附加} - \frac{销售}{费用} - \frac{管理}{费用} - \frac{研发}{费用} - \frac{利息}{费用}$$

核心利润必须带来相应的现金净流量。如果企业的核心利润很好，现金能力很强，就根本不用担心这个企业经营活动的现金周转有问题。稍后，我们会详细探讨核心利润和经营现金净流量之间的关系。

我在一些财务管理教材中看到，在一定假设基础上企业可以计算最佳现金存量，但国内很多企业几乎不计算最佳现金存量。实际上，现金存量的结构较复杂，与环境的关系很大，很难用数学公式计算。

6.1.3 融资环境

融资环境对货币资金存量也有影响。先讲一个故事。

我教过的一个 30 多岁的学生告诉我，他与夫人两个人的月工资收入是 3 万元左右，买房和买车的月供加在一起是 2.5 万元，每个月剩余的 5 000 元经常会入不敷出。在入不敷出的情况下，他会选择用信用卡消费。有临时的急需时，再找朋友借钱应付过去。这种状况已经持续几年了。我们的问题是：他为什么要做这样一个经常会出现赤字的资金收支安排？

我们换一种说法来分析这个学生的安排：月工资收入 3 万元就是两个人的劳动所得，属于经营活动现金流入量。使用信用卡和找朋友临时借钱是融资工具，体现其融资能力。这表明，这个学生一定对自己全家未来的经营活动现金流入量的持续增长有信心，同时对自己的融资环境和融资能力有信心。

对于企业而言也是如此。如果一个企业的经营资产可以产生预期规模的核心利润，而核心利润又可以产生较为理想的经营活动现金净流入量，则较小规模的现金存量不会导致企业周转困难；同时，如果企业的融资环境很好，企业的融资能力很强，则现金存量规模较小也不会带来什么问题。

当然，在一般情况下，现金存量稍微高一点儿比较好，可以应对临时性的情况。也就是说，用于经营周转的现金存量的规模取决于核心利润的现金能力和融资环境，以及管理者的特质。

下面我们看两个企业货币资金存量管理情况。

〰〰〰〰〰〰〰〰〰〰〰〰〰〰〰〰〰〰〰〰〰〰〰〰〰〰〰〰〰

案例 ▶ 6-1

迈瑞医疗的货币资金存量管理分析

我们看一下迈瑞医疗 2022 年度资产负债表和现金流量表中的相关信息，见表 6-1 和表 6-2。

表 6-1　迈瑞医疗资产负债表部分数据——货币资金管理 单位：元

项目	2022 年 12 月 31 日		2021 年 12 月 31 日	
	合并数	母公司数	合并数	母公司数
货币资金	23 185 663 305	16 103 578 216	15 361 062 758	7 954 682 464
其他应收款	149 105 941	2 655 251 043	126 035 180	2 842 154 142
一年内到期的非流动负债	97 216 877	10 342 959	85 084 923	9 544 197
短期借款	0	0	0	0
其他应付款（合计）	1 901 416 886	1 880 278 032	1 309 047 185	1 427 840 230
长期借款	0	0	0	0
应付债券	0	0	0	0
租赁负债	139 307 612	7 713 565	152 152 581	9 483 931

表 6-2　迈瑞医疗现金流量表部分数据——货币资金管理 单位：元

项目	2022 年 12 月 31 日		2021 年 12 月 31 日	
	合并数	母公司数	合并数	母公司数
经营活动产生的现金流量净额	12 141 147 876	7 322 206 100	8 998 649 175	4 421 964 996
购建固定资产、无形资产和其他长期资产支付的现金	1 915 528 356	822 638 957	1 402 493 907	789 565 706

从迈瑞医疗的上述数据，我们可以看到母公司报表与合并报表均显示企业的自由现金流量较为充分（经营活动产生的现金流量净额远大于当期购建固定资产、无形资产和其他长期资产支付的现金）。在这种情况下，母公司并没有对子公司的货币资金进行大规模的资金集中整合（母公司有自己的经营活动，从而会有一部分正常的其他应付款，且母公司其他应付款的规模只有十几亿元，即使全部是集中整合子公司的资金，规模也并不大）。

在对子公司通过其他应收款提供资金方面，年初和年末应该有二十几亿元的规模，这意味着母公司对子公司的资金支持规模并不大（应该与子公司整体上不缺资金有关）。

与此同时，我们还看到，无论是母公司报表还是合并报表，企业都没有进行债务融资（短期借款、长期借款和应付债券均是零）。在不缺钱的情况下，企业并没有进行不必要的债务融资。这样的公司在资本市场并不多见。

至于一年内到期的非流动负债，应该不可能是债务融资导致的，而是由租赁负债引起的。

案例 ⊙ 6-2

海尔智家的货币资金存量管理分析

我们看一下海尔智家 2022 年度财务报表中的相关信息，见表 6-3和表 6-4。

表 6-3　海尔智家资产负债表部分数据——货币资金管理 单位：元

项目	2022 年 12 月 31 日		2021 年 12 月 31 日	
	合并数	母公司数	合并数	母公司数
货币资金	54 138 815 683	5 747 356 591	45 857 170 275	4 043 535 735
其他应收款	1 867 609 246	13 341 408 141	1 660 702 724	12 577 807 696
短期借款	9 643 374 732		11 226 212 134	
其他应付款（合计）	17 511 771 663	32 659 845 830	17 524 160 066	34 484 355 763
一年内到期的非流动负债	6 294 750 667		9 623 014 848	877 996
长期借款	13 590 866 873	2 195 000 000	3 038 573 825	
应付债券			334 730 049	
租赁负债	2 824 477 671		1 960 894 981	

表 6 - 4　海尔智家利润表和现金流量表部分数据——货币资金管理

单位：元

项目	2022 年 12 月 31 日		2021 年 12 月 31 日	
	合并数	母公司数	合并数	母公司数
营业收入	243 513 563 671	424 661 926	227 556 143 618	353 798 249
经营活动产生的现金流量净额	20 153 505 783	388 960 911	23 129 640 418	5 112 805 326
购建固定资产、无形资产和其他长期资产支付的现金	8 204 474 537	29 560 476	7 372 428 832	39 508 055

从海尔智家的上述数据，我们可以看到母公司报表与合并报表均显示企业的自由现金流量较为充分（母公司报表与合并报表均显示经营活动产生的现金流量净额远大于当期购建固定资产、无形资产和其他长期资产支付的现金）。

在母公司资金整合方面，母公司有巨大的其他应付款，并显著高于合并报表的数字。考虑母公司并没有很多的营业收入，不可能有大规模因业务引起的其他应付款。因此，可以基本确定，母公司 2022 年 12 月 31 日 326.60 亿元的其他应付款基本上就是对子公司的资金集中整合。应该说，这个力度是比较大的。

与此同时，我们应该看到，合并报表货币资金的规模显著大于母公司货币资金的规模。这说明，母公司在进行较大力度的资金集中整合的同时，还为个别子公司或者全部子公司留有一定规模的货币资金。这或者是由于子公司所处的地域环境不能进行资金集中管理，或者是由于子公司是新近并购进来的企业采取了例外管理，或者是由于个别子公司的少数股东强烈抵制母公司的资金整合等。

在对子公司通过其他应收款提供资金方面，年初和年末应该有

100 多亿元的规模，这意味着母公司对子公司支持资金的来源从逻辑关系来讲是来自母公司对子公司的资金集中整合。

此外，我们还要注意，无论是母公司报表还是合并报表，企业均进行了一定规模的债务融资（短期借款、一年内到期的非流动负债和长期借款是有数字的）。这意味着，企业在不缺钱的情况下，母公司和子公司均进行了一定规模的债务融资。从规模来看，子公司债务融资规模显著高于母公司。这意味着，企业在债务融资管理上采取了具有分权意味、由子公司为主进行债务融资的管理模式。

总结

综上所述，货币资金存量取决于很多因素，有理财理念问题，有盈利能力问题，有融资环境问题，有企业集团资金管理和债务融资管理体制的选择问题……所以保存多少现金存量是没有最佳答案的。有一种非常好的管理现金流量的方法就是现金流量预算管理。

6.2　以存货为核心的上下游关系管理

以存货为核心的上下游关系管理，就是与存货有关的收付款过程的管理，表现在资产负债表上，就是经营性的债权债务和存货的动态关系管理。下面分别加以分析。

6.2.1　购货付款安排

值得注意的是，尽管我们是在讨论看报表的问题，但千万不要陷到数字里面去，要注重挖掘数据背后的东西。

下面看看企业采购的付款是怎么安排的。

大家买东西都怎么付款呢？不同的付款方式在报表上的对应关系是怎样的呢？如果在货物到达之前先付款，在报表里就会形成一个项目叫"预付款项"，货到了以后就形成企业的存货；如果存货来了企业还没有付钱，那么企业在存货增加的同时会形成同等规模的"应付票据"或"应付账款"。

🔍 特别提示

这里要说明两个问题：第一，预付款项、应付账款、应付票据这三项有时未必是由于存货采购而引起的，可能是买设备、付工程款等原因引起的，但经常性的购买一定是存货购买。

第二，制造企业报表上的存货金额是不是一定引起这几个项目（预付款项、应付账款、应付票据）的变化？当然不是，我们所讲的产品成本的"料、工、费"，除了原材料之外，还包括折旧（不需要现在就花钱的）和人工费用（通过应付职工薪酬来反映）。报表上的存货金额多大程度来源于上述几个项目（预付款项、应付账款、应付票据），取决于存货的加工转换成本有多大。

我们从付款安排来考察企业的欠款能力。需要说明的是，下面要讨论的分析方法既可以用于母公司报表，也可以用于合并报表。只不过在对合并报表进行分析时，所反映出来的是以上市公司为母公司的企业集团整体的对外付款状况。

案例 ▶ **6-3**

迈瑞医疗的购货付款安排分析

下面基于迈瑞医疗 2022 年度的合并报表信息进行分析。[①] 表 6-5 是迈瑞医疗 2022 年度报表的相关信息。

表 6-5　迈瑞医疗合并资产负债表部分数据——采购付款安排

单位：元

项目	2022 年 12 月 31 日		2021 年 12 月 31 日	
	合并数	母公司数	合并数	母公司数
存货	4 024 915 834	2 277 062 186	3 565 329 699	2 136 627 811
预付款项	289 434 034	251 707 860	237 870 214	277 098 209
...				
应付票据	0	0	0	0
应付账款	2 290 617 795	3 169 223 027	2 281 108 321	2 631 129 833

合并报表的数据显示，企业年末的存货约为 40.25 亿元，而预付款项是 2.89 亿元，这意味着企业的预付款采购规模不大。

与存货采购相对应的负债——应付票据和应付账款，则出现了这样的情况：第一，企业没有应付票据，只有应付账款。这就意味着企业在货物采购过程中拒绝采用商业汇票方式结算。这在相当程度上显示出企业对供应商的强势地位。第二，企业应付账款的规模是 22.91 亿元，几乎是存货规模的一半。这意味着企业的存货有一半左右是通过预付款项和即时（这里的即时不能理解为交易发生当时，而应该理解为 2022 年内）的现金支付来完成的。

---

① 之所以选择合并报表信息，也是为了尽量剔除选用母公司报表时可能出现的母子公司内部往来对分析的干扰。如果母公司通过预付款项的方式向子公司提供资金支持，就会对我们分析母公司对外实际付款的情况形成干扰。

案例 ⏵ **6-4**

海尔智家的购货付款安排分析

下面基于海尔智家 2022 年度的合并报表信息进行分析。表 6-6 是海尔智家 2022 年度报表的相关信息。

表 6-6 海尔智家合并资产负债表部分数据——采购付款安排

单位：元

项目	2022 年 12 月 31 日		2021 年 12 月 31 日	
	合并数	母公司数	合并数	母公司数
存货	41 542 713 112	9 245 508	39 863 171 040	1 139 135
预付款项	1 120 756 200	3 116 793	857 233 123	275 052 865
...				
应付票据及应付账款	66 974 639 721	521 733 556	67 368 095 551	183 690 890
应付票据	25 090 945 421		25 023 238 407	
应付账款	41 883 694 299	521 733 556	42 344 857 144	183 690 890

合并报表的数据显示，企业年末的存货约为 415.43 亿元，但应付票据与应付账款之和约为 669.75 亿元。基于前面对于制造业存货构成的分析，当企业的存货余额为 415.43 亿元时，需要支付给供应商的金额一定少于 415.43 亿元。企业不应有这么多欠款，实际情况却是企业出现了与存货相对应的负债远远大于存货规模的情况，这是什么原因呢？

举个例子来加以说明。比如企业采购了 10 亿元的存货，在购买时没有付款，此前也没有支付预付款。为了便于说明，我们忽略增值税。此项采购业务的发生对报表有两个方面的影响：在资产方面，存货增加了 10 亿元；在负债方面，企业的应付账款（用商业汇票结算时则是应付票据）增加了 10 亿元。

在存货采购入库的第二天，企业卖出 4 亿元，此时存货就变成 6 亿元。但是，不管企业是否收到货款，按照约定，企业还没有到供应商付款的时间——企业卖货的速度快于对外支付货款的速度！如果这种状况成为一种常态，就是与供应商谈判能力强的表现，或者说是一种在付款安排上有竞争优势的表现。

现在我们继续分析，与存货采购付款相关的项目中还包括预付款项：合并数字期末是 11.21 亿元，比年初的 8.58 亿元有所增加，但预付款项的整体规模不大。

那么，怎样看待一般意义上预付款项的规模呢？

一般来说，预付款项会涉及下面几种情况：

第一种情况，向子公司提供资金型。此时，合并报表预付款项的规模远远小于公司自己的规模，呈现出越合并越小的态势，其差额就是向子公司提供资金的基本规模。这实际上相当于我们在前面分析过的其他应收款，母公司通过预付款项这个项目为子公司提供资金。

第二种情况，经营拉动型。企业由于经营需要而对外支付预付款。海尔智家可能属于这样的例子：海尔智家年末存货比年初有所增加，预付款项增加是符合一般逻辑的。

该公司合并报表的数字远远大于母公司的数字，呈现出越合并越大的态势，表明母公司和子公司一致对外支付预付款。

第三种情况，关联方占用型。企业的控股股东和关联方在从企业提走现金或者占用企业其他资源时，一般是通过"其他应收款"项目来反映的。但是，由于越来越多的人对其他应收款的过大规模（尤其是合并报表中其他应收款的过大规模）保持较高警惕，一些单位为了掩盖关联单位占用公司资源的情况，把被占用的资源反映在"预付款项"上。如果企业的预付款项属于此类，则其质量在很大程度上属于不良。

综合来看，本案例合并报表预付款项的增加应该属于正常采购的预付款。

从比较数字来看，海尔智家年末存货比年初增长了 16.80 亿元（415.43－398.63），但应付票据与应付账款之和下降了 3.93 亿元（673.68－669.75）。存货增加、预付款项增加、应付票据和应付账款下降，这些因素叠加在一起，构成了对企业经营活动产生现金流量的小冲击，但造成的冲击并不大。

必须肯定的是，海尔智家 2022 年底仍然保持了期末存货规模远远小于应付票据和应付账款规模的基本态势，这已经彰显了企业在货物采购方面的竞争力。

6.2.2　销售回款安排

谈到销售回款安排，很多人习惯计算应收账款周转率。计算公式如下：

$$应收账款周转率＝\frac{营业收入}{平均应收账款}$$

请读者注意：不要使用这个公式计算，因为无论怎样计算都是不正确的。原因在于：

首先，企业的应收票据、应收账款、应收款项融资、预收款项与合同负债共同推动了企业的营业收入，而不仅仅是应收账款。应收票据是以商业汇票为结算方式形成的赊销债权，应收账款是以合同约定为基础形成的赊销债权，应收票据加应收账款才是企业对外赊销而引起的债权总规模，应收款项融资主要是从应收票据转移而来的。另外，企业的销售活动不仅有赊销，还有预收款销售。自2018 年度报告后，原属于预收款项的部分内容被划分到了一个新的项目——合同负债。对于读者来讲，只需要把这个合同负债视同预收款项进行分析就可以了。

也就是说，这五个项目共同推动了营业收入，因此不能将应收账款与营业收入相比较。在现有信息不能确定哪些营业收入是由应收账款引起的条件下，仅仅用被夸大了的由应收账款推动的整个公司的营业收入与应收账款对比计算，完全歪曲了企业应收账款的周转速度。我们不可能假设企业的应收票据和预收款项为零或者忽略不计。

其次，即使企业的应收票据和预收款项为零，该公式也是错误的。大家都知道，企业的营业收入是不含增值税销项税额的。但是，企业在收取销售款项的时候，要向买方收取增值税，在营业收入为 100 元、增值税税率为 13％的情况下，企业收到 113 元（100×1.13）时，就实现了一次债权周转。但是，在前面的公式中，营业收入是不包括增值税的。显然，这个比率是错误的。有的读者说，这好办，营业收入×（1＋增值税税率）不就解决问题了吗？但是，还会出现其他问题。

再次，2019 年报中出现了一个新的项目：应收款项融资。这是针对一些企业在周转过程中因资金不足而可能对其应收票据进行融资而新增加的一个项目。

从我的观察来看，已经披露这个项目的企业，应收款项融资大多是从应收票据转过来的，其在报表中披露的金额是将应收票据原值减去未来融资可能发生的融资成本后的净额。

因此，应收款项融资仍然属于商业债权的范畴，可将其视为应收票据。

最后，报表披露的应收账款是减去坏账准备以后的净额，很多企业的坏账准备规模在报表和附注中都看不到。而企业债权周转的是原值，不是净值。

有的读者可能会说，坏账准备不会太高，直接用应收账款净额计算不会有太大差异。千万别这样想。企业间坏账准备的估计差异极大。有一个上市公司，某年末应收账款净值为3亿元，比年初显著下降。我一看很高兴：企业债权显著降低。结果在审计报告中我看到了注册会计师对这个处理的意见是：企业报表的应收账款原值为9亿元，企业估计有6亿元难以收回，进行了计提减值准备的会计处理，于是就剩3亿元净值。注册会计师对此有异议。9亿元与3亿元的差距太大！

所以，上述应收账款周转率的计算方法都不正确。有的读者说：我就是要计算这个比率，怎么才能计算正确呢？我认为，可以用应收账款推动的营业收入计算。计算公式为：

$$\frac{应收账款}{周转率} = \frac{应收账款推动的营业收入 \times (1 + 增值税税率)}{平均应收账款原值}$$

由此可见，企业的结算方式是适应市场而作出的安排。所有结算方式的安排不是为了展示周转速度，而是为了把存货卖掉。存货卖掉了，企业才可能有利润。因此，存货周转与结算方式是一种动态关系。不能脱离存货周转去讨论结算方式和债权周转问题。

特别提示

我想再次强调：赊销是手段，而不是目的。企业赊销的目的是获得利润。保持存货周转、货款回收和盈利规模之间的动态平衡关系，这是企业管理的艺术问题，不可能计算出来，只能在实践中摸索。

思考

怎样考察企业的销售回款状况呢？很简单，我们就看与回款有关的各项目的年末、年初的变化状况，看一定时期期末与期初的差额。

比如，如果年初和年末的债权规模大体相同，说明企业当年的赊销货款全部收回了；如果年初的债权是 1 亿元，年末变成了 1.2 亿元，说明企业当年少收回赊销款 2 000 万元。

案例 ▶ 6-5

迈瑞医疗的销售回款分析

我们以迈瑞医疗 2022 年度报告的相关信息为基础分析，见表 6-7 和表 6-8。

表 6-7 迈瑞医疗资产负债表部分数据——收款安排　单位：元

项目	2022 年 12 月 31 日		2021 年 12 月 31 日	
	合并数	母公司数	合并数	母公司数
应收票据（1）	2 094 202		131 697 681	128 842 000
应收账款（2）	2 658 711 527	4 346 160 973	1 658 675 548	2 430 341 380
应收款项融资（3）	0	0	0	0
商业债权合计 (4)＝(1)＋(2)＋(3)	2 660 805 729	4 346 160 973	1 790 373 229	2 559 183 380
存货	4 024 915 834	2 277 062 186	3 565 329 699	2 136 627 811
预收款项	300 851	300 851	231 787	231 787
合同负债	4 142 767 341	3 200 572 005	2 408 192 187	1 370 771 903

表 6-8 迈瑞医疗利润表和现金流量表部分数据——收款安排

单位：元

项目	2022 年		2021 年	
	合并数	母公司数	合并数	母公司数
营业收入	30 365 643 811	25 422 092 418	25 269 580 818	20 937 437 210
信用减值损失	−36 814 207	−31 023 581	5 813 969	7 154 235
其中：应收账款坏账损失	−37 137 746.00	未披露	6 676 456.00	未披露
销售商品、提供劳务收到的现金	34 571 634 884	28 264 766 175	26 136 465 139	21 319 871 774

我们还是采用合并报表的数据进行分析。

第一，看债权的回款情况。应收项目——商业债权合计从年初约 17.90 亿元增加至年末约 26.61 亿元，增加了约 8.71 亿元，也就是说当年的赊销款中至少少收回 8.71 亿元的货款。这意味着企业在一定程度上放松了赊销的回款条件，从而支撑了企业利润表的营业收入持续增长。当然，以企业 2022 年营业收入 303.66 亿元比 2021 年 252.70 亿元有显著增长的发展态势来看，企业年末商业债权增加中有一部分是由于营业收入增长从而导致商业债权增长的正常成分。

第二，看债权结构的变化。观察应收项目的结构，我们会发现这个公司应收项目的主体是应收账款，只有少量应收票据，没有应收款项融资。从项目的内在质量来说，应收票据的回款质量高于应收账款，企业的应收款项融资一般也是由应收票据转来的。企业这两项债权规模很小甚至为零，一方面说明企业的赊销交易很少采用商业汇票的结算方式，也不需要通过商业债权进行融资（一般来说，企业现金能力较强的情况下是不需要用商业债权进行融资的）。

那么，相对回款质量较低的应收账款的质量到底高不高呢？我们看一下企业的信用减值损失。

企业 2022 年在合并利润表中对企业的各类债权进行了减值计提，导致当年计提的信用减值损失为 0.37 亿元，这个规模基本上是由于商业债权引起的。而上年该项目是一个正数——意味着本年应收账款的质量比年初有所下降。但从整体规模来看，企业的应收账款质量还是比较高的。

至此我们可以得出结论：企业的赊销债权规模有所增加、质量有所下降。但从整体上来看，赊销债权质量较高，可回收性较强。

第三，考察预收款项与合同负债之和年末与年初的变化。无论是年初还是年末，企业的预收款项规模很小，合同负债的规模较大。我们只需考察合同负债的变化就可以了。企业的合同负债从年初 24.08 亿元增至年末 41.43 亿元，增加了 17.35 亿元。这表明企业的预收款能力得到显著增强（在一般性分析中，读者不用考虑合同负债与预收款项之间的差异，将合同负债视同预收款项即可）。

需要强调的是：从与企业销售有关的商业债权与商业债务的规模来看，企业赊销债权的规模小于预收款项与合同负债的规模之和，这应该意味着企业的销售大部分采用的是预收货款方式。这种销售收款方式的安排既可以保证企业销售回款的稳定性，也彰显了企业在销售过程中的市场主动性和竞争力。

企业经营活动产生的现金流量净额的规模及与上年规模的差异，验证了我们前面的分析。

结合前面分析的迈瑞医疗的付款安排情况，我们可以得出结论：企业对其供应商具有一定的付款安排的竞争力，可以通过赊购采购存货。但企业年末存货显著高于年末应付票据与应付账款之和的对应关系，显示企业在存货采购上占用了一部分资金；在销售方面，企业在收款方面有所放松，占用在商业债权上的资金有所增长，但由于企业在预收款销售方面做得更好，从而导致企业的销售回款规模较大，这就为企业整体经营活动产生的现金流量净额规模较为理想奠定了基础。

案例 ⊙ 6-6

海尔智家的销售回款分析

我们以海尔智家2022年度报告的相关信息为基础分析，见表6-9和表6-10。

表6-9　海尔智家资产负债表部分数据——收款安排　　单位：元

项目	2022年12月31日		2021年12月31日	
	合并数	母公司数	合并数	母公司数
应收票据（1）	9 580 191 838		13 354 791 068	
应收账款（2）	15 913 691 537	913 643 071	14 631 018 397	546 532 443
应收款项融资（3）	0	0	0	0
商业债权合计 (4)=(1)+(2)+(3)	25 493 883 375	913 643 071	27 985 809 466	546 532 443
存货	41 542 713 112	9 245 508	39 863 171 040	1 139 135
预收款项				
合同负债	9 329 554 748	13 084 443	10 016 870 340	12 605 140

表6-10　海尔智家利润表和现金流量表部分数据——收款安排

单位：元

项目	2022年		2021年	
	合并数	母公司数	合并数	母公司数
营业收入	243 513 563 671	424 661 926	227 556 143 618	353 798 249
信用减值损失	−431 377 481	−3 315 123	−520 299 915	187 273

续表

项目	2022 年		2021 年	
	合并数	母公司数	合并数	母公司数
其中：应收票据坏账损失	1 901 562. 15	未披露	−55 738 551. 40	未披露
其中：应收账款坏账损失	−420 692 343. 10	未披露	−362 209 683. 09	未披露
销售商品、提供劳务收到的现金	258 086 116 120	72 931 789	259 627 755 398	5 372 947 748

我们还是采用合并报表的数据进行分析。

第一，看债权的回款情况。应收项目——商业债权合计从年初的 279.86 亿元减少至年末的 254.94 亿元，减少了约 24.92 亿元，也就是说企业当年的赊销款中至少多收回了 24.92 亿元的货款。以企业 2022 年营业收入 2 435.14 亿元比 2021 年 2 275.56 亿元有显著增长的发展态势来看，企业年末商业债权减少说明企业在商业债权回收方面做出了更多的努力，赊销货款的回收较多。

第二，看债权结构的变化。观察应收项目的结构，我们会发现这个公司应收项目的主体是应收账款，且应收票据的规模比年初显著下降，没有应收款项融资。企业应收票据减少，应该与企业结算方式的改变有关。

在应收账款方面，我们还是要看一下企业的信用减值损失。

企业 2022 年在合并利润表中计提的应收账款信用减值损失为 4.21 亿元，比上年的 3.62 亿元有所增加，但增加的规模不大，且本年末企业的应收账款规模还有所增加。因此，从整体规模来看，企业的应收账款质量还是比较高的。

至此我们可以得出结论：企业的赊销债权规模有所下降，质量保持稳定。在营业收入增加的背景下，企业赊销债权下降应该意味着企业销售回款的力度在加大。从整体上来看，赊销债权质量较高，可回收性较强。

第三，考察预收款项与合同负债之和年末与年初的变化。

无论是年初还是年末，企业预收款项项目的规模均为零。这不能简单理解为企业不再采用预收货款的方式销售，而是企业在信息披露的选择方式上，把预收款销售所产生的负债归入了"合同负债"项目。

在合同负债的规模变化方面，很明显企业年末的合同负债规模（93.30 亿元）低于年初的规模（100.17 亿元）。虽然下降的规模并不大，但至少说明两点：第一，企业预收款项销售带来的现金流量在下降；第二，在营业收入增长的情况下，企业反而减少了预收款销售的业务规模。

需要强调的是：从与企业销售有关的商业债权与商业债务的规模来看，企业赊销债权的规模大于预收款项与合同负债的规模之和，这应该意味着企业的销售大部分采用的是赊销方式，少部分采用预收货款的方式。这种销售收款方式的安排主要着眼于企业市场规模——营业收入规模的扩大。

总结一下：在企业营业收入增长的背景下，企业赊销债权在减少，意味着企业强化了赊销债权的回收，这对企业经营活动现金流入量是积极信号；合同负债（预收款项）在下降，一般意味着企业为了维持市场增长而降低了预收款销售的规模，而这对企业经营活动现金流入量是消极信号。

销售商品、提供劳务收到的现金 2022 年的规模比 2021 年的规模略有下降，说明上述积极因素与消极因素作用的结果导致企业销售商品、提供劳务回收的货币资金有所减少。

　　结合我们前面分析的海尔智家的付款安排情况，我们可以得出结论：

　　在采购付款方面，企业对其供应商具有一定的付款安排的竞争力，可以通过赊购采购存货。年末存货规模显著小于应付票据和应付账款规模，说明企业存货周转速度快于与存货采购有关的平均付款速度，这可以为企业节约大量货币资金，从而为经营活动产生的现金流量做出积极贡献。但一个重要的变化也在悄然发生：企业年末的存货明显高于年初存货，年末应付票据与应付账款之和却低于年初应付票据与应付账款之和——企业存货规模更大了，欠账能力则略有下降，这对企业经营活动产生的现金流量产生不利影响。

　　在销售回款方面，企业在收款方面有所强化，占用在商业债权上的资金有所减少，但企业在预收款销售方面则有所放松，从而导致企业的销售回款规模整体略有下降。

　　上述两个方面的作用结果在很大程度上决定了企业 2022 年经营活动现金流量净额的充分性。

⋀ 总结

　　通过以上分析，我们不难发现采购、销售收付款分析的核心内容就是"两头吃"的能力。"两头"是指上游的供应商和下游的经销商或者买方。任何企业都想在上下游关系管理上实现"两头吃"，以最大限度地节约自己的资金，但实际上并不是每一个企业都能做到，因为每个企业的竞争力是不同的。

思考

　　关于这部分内容，我在不同地方遇到有人对于将应收票据与应收账款放在一起进行回款分析提出质疑：应收票据的变现能力很强，具有准现金的特点，在分析时将其作为债权对待是否恰当？实际上，如果在编制现金流量表和资产负债表时，把应收票据视同"现金等价物"而包括在"货币资金"项下，并将应收票据归入现金流量表的"销售商品、提供劳务收到的现金"，我们的债权分析就只能包括应收账款了。否则，还是要把应收票据作为债权来处理和分析。

　　另外，对于特定企业而言，应收账款周转速度的计算是非常简单的：直接计算应收账款的加权平均天数就会得出本单位的债权回收天数，根本不用考虑营业收入。

6.2.3　营运资本管理

　　营运资本（working capital），又叫净流动资产，即流动资产减流动负债，有时也译为营运资金。

　　1993 年会计改革以后，我们才开始引入这个概念，结果闹出了一些笑话。大概在 2000 年，一家房地产企业的总裁对我说：我们是搞房地产的企业，怎么会有营运资金呢？我反问他：你怎么不能有营运资金呢？他回答：我的概念里，只有铁路部门有营运的事情，我们房地产企业又不营运，哪来的营运资金？听了他的话，我哭笑不得。

　　那么，这个概念是从哪里来的？在美国，早期卖东西都是赶着马车去卖（在中国也是这样），马车上的货物以及与货物有关的东西就叫"working capital"。比如，货物卖出后得到的现金就是货币资金，赊出去的货物引起的债权就是应收账款，赊购进来的货物引起应付账款，预先对外付款还会形成预付款项等。总的来说，"working capital" 指的就是货币资金、应收账款、存货以及应付账款等经营性往来引起的项目。而车和马等被叫作 "fixed capital"，直接翻译就是固定资本，也就是我们所说的固定资产，与 "working capital" 相对应。

早期概念的产生过程对我们的最大启示是：营运资本管理的核心是以存货为核心的上下游关系管理。

现在，营运资本的概念更加复杂，加入了应收票据、交易性金融资产、应收款项融资、其他应收款、合同资产等资产项目，以及短期借款、应付票据、合同负债、应付职工薪酬、应交税费、其他应付款等。

营运资本的内容涉及四个方面：一是采购付款的安排，二是销售回款的安排，三是短期借款的安排，四是其他应收款的安排。把这四个方面的问题搞清楚了，就可以把企业的日常营运问题搞清楚，完全不用计算比率。

实际上，我们在前面对企业购货付款和销售回款的安排，就是营运资本管理分析的核心内容。

关于流动资产与流动负债的整体分析，我们在后面介绍财务状况质量分析的内容时再作讨论。

6.3　固定资产利用

6.3.1　关于固定资产周转率的计算

谈到固定资产的分析，很多人热衷于谈论固定资产的周转速度。固定资产周转速度的计算公式为：

$$固定资产周转率 = \frac{营业收入}{平均固定资产}$$

特别提示

很多书中故意不写明是固定资产原值还是净值，那么在计算固定资产周转率时，面对两个数据，一个是固定资产原值，一个是固定资产净值，你应该怎样选择？请记住：一定要用原值！

我们举一个例子，看看用净值计算周转率的后果。假设某企业的营业收入在一定时期比较稳定，固定资产原值在这个时期也比较稳定。在固定资产逐渐计提折旧的过程中，固定资产的净值越来越小——如果用净值计算，其周转率就会越来越大。在极端的情况下，当固定资产净值为零但还在使用时，它的周转速度就会无穷大。这显然不符合逻辑。

关键问题是：企业用的是固定资产原值，不是净值。因此，计算固定资产周转率一定要用原值。

6.3.2　固定资产的规模结构与效益及质量

接下来我们讨论与固定资产利用有关的第二个问题：固定资产的规模、结构及变化与存货的规模、结构及变化以及效益和质量之间的关系。

案例 ⊙ 6-7

迈瑞医疗固定资产的规模结构与效益、质量分析

迈瑞医疗 2022 年的部分数据见表 6-11。

表 6-11　迈瑞医疗 2022 年部分财务数据示意　　单位：亿元

固定资产 (原值)		存货		营业收入		营业成本		核心利润		经营净现金	
年末	年初	年末	年初	本年	上年	本年	上年	本年	上年	本年	上年
65	56	40	36	304	253	109	88	101	86	121	90

注：数据来自迈瑞医疗 2022 年年报。核心利润是作者计算的。

表 6-11 包括了资产负债表、利润表和现金流量表的部分内容。

固定资产一般是由业务引起的，所以固定资产的规模和结构变化应该与存货的规模和结构（或者业务的规模和结构）相关，并且与市场需求密切相关。而企业资源的运用是要产生效益的，持续发展的企业在获得核心利润的同时，还要产生相当规模的经营净现金流量。

从固定资产规模与存货规模之间的对应关系入手，我们可以在一定程度上考察企业固定资产的利用状况。对于存货，关键不在于存多少，而在于周转多少。但是存货的周转也只是手段而不是目的，企业的目的是要获取核心利润，并产生相应的经营净现金流量。因此，从存货、营业成本到核心利润，我们考察的是企业的效益状况。最后从核心利润的形成到经营净现金流量的获取，可以考察利润的质量状况。

我们可对上面的数字进行简单的分析：

第一，固定资产原值从年初约 56 亿元增加到年末 65 亿元（此数据来自报表附注），固定资产原值有所增长，一般认为企业的技术装备得到了一定的改善，生产能力有所提高。

第二，存货从年初 36 亿元增加到年末 40 亿元，存货的规模有所提高。一般意味着存货占用的资金在增加，可能是为未来的市场做准备。

　　第三，看存货的周转速度。在平均存货增加不多的情况下，企业当年的营业成本比上年的营业成本有大幅度增加，这意味着存货周转速度有所提升。周转速度提升对于企业而言是好消息。

　　第四，看效益——企业的核心利润在增加，且趋势明显。

　　效益增加较为明显的原因可能有两个：一是市场问题；二是内部成本与费用的控制问题。也就是说，原因主要在两个方面：一是企业随着营业收入的快速增长毛利有所增加（企业毛利确实增加了，请读者自己完成企业 2021 年和 2022 年的毛利计算）；二是企业三大费用——销售费用、管理费用和研发费用（企业利息费用很低，可以不予考虑）的增长规模不大，从而使得企业的核心利润出现了一定程度增加（实际上，企业合并利润表中的销售费用、管理费用和研发费用整体规模的增加不是很大）。

　　一般来说，固定资产原值增加了，结构就一定会有变化。需要注意的是，固定资产一次性增加太多，容易形成市场有效需求不足的情况，也就是说，固定资产太超前就容易形成固定资产闲置。本案例中的固定资产所引起的增加并不是非常大。

　　下面考察固定资产的利用状况。我们通常说营业收入与固定资产原值之间的关系表示了固定资产的利用状况。事实上，在企业技术水平没有显著变化的情况下，固定资产原值与存货规模之间应该有一定的联系。固定资产投入生产后所形成的不是产品的产值，而是存货的生产成本。

　　在本案例中，还要注意的是，企业固定资产规模增加的同时，存货的规模也在增加（虽然固定资产增加的幅度更大一些）。这在一定程度上意味着企业新增固定资产与营业收入之间存在着某种联系。

出现企业固定资产增长幅度较大、存货增长幅度较低的原因，通常有这样几种可能：一是固定资产技术水平有变化，或者企业在物流组织方式上有重大变化，企业不需要储存更多存货；二是固定资产增加了，但是市场在短时间内对产品没有更大的增量需求，导致企业的存货增加不多；三是企业的生产与市场出现脱节，造成存货生产不足；四是企业有盈余管理（利润调节）的嫌疑，通过存货的价值变化来调高当期毛利和核心利润。

那么，有哪些措施可以进一步提高企业核心利润与核心利润率（核心利润率＝核心利润/营业收入×100％）呢？

首先，改善产品的销售毛利率。就毛利率的提高途径而言，除了要强调产品的研发技术含量，提高企业固定资产的利用效率以降低产品的生产成本外，更要解决规模效益问题——通过更大规模的市场销售来降低单位产品分摊的固定费用，从而在一定的价格规模条件下提高毛利率。

在注重提高产品内在品质的同时，还应该注重适应市场需求的变化。某大学一名 EMBA 学员告诉我，他在尝试销售一种与园林绿化有关的小包装的产品。在开始的时候，产品卖 2 元一袋，根本卖不动。后来在不改变产品的情况下，把价格直接提高到 10 元一袋，没想到卖得很好。这就改善了毛利率。当然，我并不主张超越消费者的承受力和商业道德底线去卖高价。

其次，除了提高毛利率外，还要同时考虑降低销售费用、管理费用、研发费用的费用额和费用率。需要注意的是，在企业面临较大市场竞争压力的情况下，企业上述费用中的销售费用、管理费用和研发费用在规模上是很难减少的。降低费用率的主要途径仍是扩大市场容量。

第五，看效益的质量——核心利润产生经营净现金流量的情况。迈瑞医疗当年的核心利润为 101 亿元，经营净现金流量为 121 亿元，与上年核心利润为 86 亿元、经营净现金流量为 90 亿元的情况相比，核心利润获得现金的能力显著提升。

至于企业 2002 年经营活动产生现金流量净额较好的原因，我们在前面已经分析过了：主要原因是企业综合有效进行上下游关系管理的结果。

总的来看，企业取得的业绩是较好的：企业营业收入增长，盈利能力得以维持，核心利润带来现金流量的能力也在改善。

根据我的研究，一般而言，在存货整体周转速度超过每年 2 次且资产总额中的经营性非流动资产（固定资产和无形资产）的规模不是特别大（迈瑞医疗的资产已经够重的了）的情况下，企业核心利润（加其他收益）产生的经营净现金流量较为理想的规模是核心利润的 1.2~1.5 倍。按照这个经验数据，企业本年核心利润产生现金流量的能力恰恰属于这个较为理想的区间范围。如果企业的经营性非流动资产占总资产的比重较大，核心利润就应该有更高的获得经营活动净现金流量的能力。

讨论一下：如果企业的核心利润不对应货币资金的增加，那么对应哪些项目的变化呢？

根据会计学原理，增加的利润如果不能带来现金的增加，就一定会引起非现金资产，如应收票据、应收账款、应收款项融资和存货等项目的增加。

因此，对于那些有核心利润、没有较理想经营活动现金流量净额规模的企业，你一定要立即去看一下，这个企业年末应收票据、应收账款、应收款项融资和存货等项目是不是比年初有了显著增加？提醒一下：较为准确的考察，要看企业的报表附注，关注上述项目原值的变化。而资产负债表披露的数据是原值减去减值准备后的净值。如果企业故意过高计提相应项目的减值，资产负债表披露的数据就会失真。

6.4　资源管理的综合效应

企业的有形资产（如固定资产、存货等）与业务有内在联系。比如，固定资产投入多少就可能实现多少产值，酒店有多少客房就能容纳多少客人，等等。

但是，对于无形资产，我们却看到了一个有意思的现象：通常无形资产的范围广、内容多，入账的无形资产却很少。尤其是企业自行开发、研制的无形资产，在账面上就表现得更少了。

出现这种情况的原因在于，无论是自创无形资产的取得成本还是受益期，均具有较强的不确定性。在会计处理上，一般入账的无形资产仅仅是外部购入的部分。自创无形资产大多游离在报表之外。这样的会计处理使得我们很难将无形资产的规模和结构与企业的固定资产和业务等结合起来进行分析。但必须强调的是，无形资产与有形资产有机结合才能使企业产生利润。

因此，对企业资源管理的综合效应只能进行综合分析。总资产报酬率（息税前利润除以平均总资产）和净资产收益率（也可以叫股东权益报酬率，即净利润除以平均净资产），可用来考察企业资产管理的综合效应。

6.5　关于高商誉并购与企业集团整体的综合效益

在企业有融资能力尤其是有从资本市场上融资的能力时，企业可以通过融资并购来实现扩张。此时，如果企业的并购对价超过被并购企业的公允价值，则对价与被并购企业的公允价值之间的差额就形成并购企业合并资产负债表的商誉。

显然，商誉意味着卖方支付的对价高于被并购企业的公允价值，是买方的额外并购代价。

那么，高商誉并购意味着什么呢？以我的观察，至少有这些含义：

（1）意味着买方的高预期。这种预期既可能是财务方面的，如被并购企业未来的财务业绩；也可能是战略方面的，如被并购企业与并购方的现有产业不具有较好的战略协同性；还有可能是其他方面的，如提升并购方的社会声誉；等等。

（2）意味着卖方的高业绩对赌。在卖方承诺未来的业绩并有对赌安排的条件下，高商誉并购就有了证据依据。

（3）意味着买方的高风险。无论如何，高对价是买方已经付出的资源，但未来的业绩承诺和公司表现仍然具有变数。

〖案例〗▶ **6-8**

蓝帆医疗的并购分析

下面看一下蓝帆医疗股份有限公司（以下简称蓝帆医疗）2018年度报告的相关信息，其资产负债表和利润表分别见表 6-12 和表 6-13。

表 6-12　蓝帆医疗资产负债表

2018 年 12 月 31 日　　　　　　　　　　　　　　单位：元

项目	年末		年初	
报表类型	合并	母公司	合并	母公司
流动资产：				
货币资金	1 891 830 601	80 456 683	236 392 863	97 667 169
交易性金融资产	1 178 770		2 206 928	
应收票据	7 355 572		3 864 380	
应收账款	659 838 489	33 690 165	196 785 172	64 375 597
预付款项	58 431 556	28 791 972	51 008 177	15 281 079
其他应收款（合计）	111 741 302	140 355 593	4 120 387	2 696 110
应收股利				
应收利息	98 467 478			
其他应收款	13 273 824	140 355 593	4 120 387	2 696 110
买入返售金融资产				
存货	422 409 057	117 902 127	247 337 634	74 750 889
其他流动资产	90 968 855	30 847 830	23 517 901	13 801 618
流动资产合计	3 243 754 203	432 044 371	765 233 442	268 572 462
非流动资产：				
可供出售金融资产	155 046 096	93 625 000	83 125 000	83 125 000
长期股权投资	33 110 575	6 329 003 941	32 921 065	438 621 005
投资性房地产				
固定资产（合计）	1 483 467 909	630 556 846	686 778 437	330 944 281
在建工程（合计）	191 222 281	108 790 668	96 387 965	74 601 104
在建工程	184 859 651		91 247 798	72 076 910
工程物资	6 362 630		5 140 167	2 524 194
无形资产	974 956 591	90 009 292	76 846 666	38 198 119
开发支出	156 142 762			
商誉	6 378 955 565		17 611 823	
长期待摊费用	31 479 069	28 716 858	21 478 432	18 522 467
递延所得税资产	32 330 546	6 262 931	14 003 929	6 518 638
其他非流动资产	18 022 094	3 548 659	42 650 367	9 465 284
非流动资产合计	9 454 733 488	7 290 514 194	1 071 803 683	999 995 898

续表

项目	年末		年初	
报表类型	合并	母公司	合并	母公司
资产总计	12 698 487 691	7 722 558 565	1 837 037 125	1 268 568 360
流动负债：				
短期借款	149 288 376	100 000 000	61 257 167	
应付票据	50 000 000			
应付账款	483 200 520		229 316 737	133 110 471
预收款项	4 961 780	10 153 506	2 379 666	314 695
应付职工薪酬	102 709 954	16 725 811	33 461 069	15 633 156
应交税费	55 599 544	2 960 142	13 878 013	1 063 247
其他应付款（合计）	337 242 001	272 710 462	47 757 025	175 737 300
应付利息	15 509 249			
应付股利	2 499 000	2 499 000	3 585 000	3 585 000
其他应付款	319 233 752		44 172 025	172 152 300
一年内到期的非流动负债	1 122 327 424			
其他流动负债	1 205 742		3 179 352	1 047 000
流动负债合计	2 306 535 341	683 207 232	391 229 028	326 905 869
非流动负债：				
长期借款	2 435 817 142			
长期应付款（合计）	2 574 215			
长期应付职工薪酬	8 507 986			
预计负债	12 938 581			
递延所得税负债	113 080 228		51 124	
递延收益——非流动负债	19 144 850	7 762 450	17 448 400	6 066 000
非流动负债合计	2 592 063 003	7 762 450	17 499 523	6 066 000
负债合计	4 898 598 344	690 969 682	408 728 552	332 971 869
所有者权益（或股东权益）：				
实收资本（或股本）	964 031 086	964 031 086	494 355 000	494 355 000
资本公积	5 667 442 502	5 667 431 076	361 004 823	360 993 397
减：库存股	18 296 250	18 296 250	38 180 250	38 180 250

续表

项目	年末		年初	
报表类型	合并	母公司	合并	母公司
其他综合收益	329 147 710		781 685	
盈余公积	84 046 097	84 046 097	44 160 584	44 160 584
未分配利润	772 002 604	334 376 873	564 034 585	74 267 759
归属于母公司所有者权益合计	7 798 373 749	7 031 588 882	1 426 156 427	935 596 491
少数股东权益	1 515 598		2 152 146	
所有者权益合计	7 799 889 347	7 031 588 882	1 428 308 573	935 596 491
负债和所有者权益总计	12 698 487 691	7 722 558 565	1 837 037 125	1 268 568 360

表 6 - 13　蓝帆医疗利润表

2018 年度　　　　　　　　　　单位：元

项目	本年数		上年数	
报表类型	合并	母公司	合并	母公司
一、营业总收入	2 653 120 079	606 656 739	1 575 945 309	531 374 479
营业收入	2 653 120 079	606 656 739	1 575 945 309	531 374 479
二、营业总成本	2 301 223 486	614 555 688	1 324 591 830	487 203 761
营业成本	1 576 817 069	516 589 426	1 081 133 378	376 831 955
税金及附加	28 770 311	9 726 403	19 803 899	4 504 134
销售费用	359 530 079	15 876 442	61 147 705	16 953 100
管理费用	161 928 612	56 172 420	81 295 453	56 582 565
研发费用	133 471 034	19 707 275	49 724 366	18 220 609
财务费用	28 203 542	−9 093 852	23 175 579	7 459 763
其中：利息费用	75 684 773	7 516 515	1 978 770	1 115 127
利息收入	31 648 814	3 752 519	1 353 716	815 820
加：其他收益	10 415 396	2 473 721	4 427 303	1 683 085
投资净收益	3 685 227	401 659 358	1 883 794	16 017 490
公允价值变动净收益			7 165	
资产减值损失	12 502 838	5 577 574	8 311 451	6 651 635
信用减值损失				

续表

项目	本年数		上年数	
报表类型	合并	母公司	合并	母公司
资产处置收益	−2 272 185			
三、营业利润	363 725 032	396 234 130	257 671 741	61 871 292
加：营业外收入	740 685	426 720	3 732 192	3 311 227
减：营业外支出	6 549 002	364 492	7 780 140	6 983 263
四、利润总额	357 916 716	396 296 359	253 623 793	58 199 256
减：所得税费用	2 579 061	−2 558 768	51 649 696	4 513 264
五、净利润	355 337 655	398 855 127	201 974 097	53 685 992
持续经营净利润	357 132 682	398 855 127	199 203 621	53 685 992
终止经营净利润	−1 795 027		2 770 476	
减：少数股东损益	8 623 624		1 109 755	
归属于母公司所有者的净利润	346 714 031	398 855 127	200 864 342	53 685 992
六、其他综合收益	322 042 588		−1 501 923	
七、综合收益总额	677 380 243	398 855 127	200 472 174	53 685 992
减：归属于少数股东的综合收益总额	2 300 186		1 109 755	
归属于母公司普通股东综合收益总额	675 080 057	398 855 127	199 362 419	53 685 992
八、每股收益				
基本每股收益	0.47		0.41	
稀释每股收益	0.47		0.41	

1. 我们首先考察一下母公司自身的资产负债表

母公司资产负债表显示：公司年末资产总计比年初有较大幅度增加。资产负债表中的负债和股东权益显示，导致公司资产总计增加的主要因素是公司当年发行了股票。① 这表明公司年度内的资产

———————————

① 公司股本和资本公积年末之和与年初之和增加了约 58 亿元，这应该是发行股票了。读者可以考察其现金流量表来证实这一点。

增加是融资导致的。

我们再看一下母公司资产结构的变化。公司的经营资产虽有所增加，但令人印象深刻的资产变化主要集中在长期股权投资、可供出售金融资产和其他应收款等项目上。这说明公司的融资促进了这几个项目的整体增加：融资推动了投资，这是本年度公司资产变化的主旋律。具有战略意义的资产变化是长期股权投资。本年度增加了 58.9 亿元（63.29－4.39）。

下面我们粗线条地分析一下本年度控制性投资的变化。

年初母公司的长期股权投资为 4.39 亿元，合并报表的长期股权投资为 0.33 亿元，表明企业的控制性投资的规模为 4.06 亿元（4.39－0.33）；年初母公司的其他应收款极低，且合并报表数据显著大于母公司数据，意味着母公司没有通过其他应收款向子公司提供资金。因此，企业年初的控制性投资所占用的资产总规模约为 4.06 亿元。

年末母公司的长期股权投资为 63.29 亿元，合并报表的长期股权投资为 0.33 亿元，表明企业的控制性投资的规模为 62.96 亿元（63.29－0.33）；年末母公司的其他应收款为 1.4 亿元，合并报表的其他应收款为 0.13 亿元，表明企业向子公司通过其他应收款通道提供资金 1.27 亿元（1.4－0.13）。因此，企业年末的控制性投资所占用的资产总规模为 64.23 亿元（62.96＋1.27）。

这样，本年度新增加的控制性投资为 60.5 亿元（64.56－4.06）。

我们在前面已经谈到，当进行控制性并购时，若并购对价超过被并购方的公允价值，就会出现商誉。

合并资产负债表显示：商誉年初约为 0.18 亿元，年末约为 63.79 亿元，增加 63.61 亿元（63.79－0.18）。

这就是说，公司约 60.5 亿元的控制性投资，实现了并购商誉 63.61 亿元。商誉比企业的控制性投资增加的规模还大。

难道巨资收购的是公允价值为负数的企业？这是何方神圣呢？

蓝帆医疗 2018 年报显示，公司本年度收购 CB Cardio 公司（取得的股权比例为 93.37%）形成了 63.61 亿元的商誉，包括因并购直接形成的商誉 59.51 亿元和外币报表折算差额 4.1 亿元。

被收购企业的业绩承诺见表 6-14。

表 6-14　被收购企业的业绩承诺　　　　单位：万元

项目	2018 年	2019 年	2020 年
业绩承诺净利润	38 000.00	45 000.00	54 000.00
实际完成	39 024.17		

合并成本与商誉的计算见表 6-15。

表 6-15　合并成本与商誉的计算　　　　单位：元

合并成本	CB Cardio Holdings Ⅱ Limited 及 CB Cardio Holdings Ⅴ Limited
现金	1 908 957 490.45
发行权益性证券的公允价值	3 986 315 935.49
合并成本合计	5 895 273 425.94
减：取得的可辨认净资产公允价值份额	−52 405 916.29

合并成本公允价值的确定方法、或有对价及其变动的说明：以公司聘请的第三方评估机构按照收益法评估的 CB Cardio Holdings Ⅱ Limited 及 CB Cardio Holdings Ⅴ Limited 整体价值为基准确定。

大额商誉形成的主要原因：按照收益法评估的 CB Cardio Holdings Ⅱ Limited 及 CB Cardio Holdings Ⅴ Limited 整体价值远远大于其可辨认净资产公允价值。

实际上，被收购企业的净资产为 23.31 亿元，之所以净资产的公允价值被评估为一0.52 亿元，主要是由于账面上 27.84 亿元的商誉的公允价值直接被评估为 0。

当然，站在此次并购交易达成时的立场来看，被收购企业应该是有一定盈利能力的。这从业绩承诺的规模就看得出来。

特别提示

请读者注意的是：由于商誉没有期限，因此不进行摊销。企业应该定期对被并购企业进行评估，并对相关商誉进行减值测试。当出现减值时，就要计提减值准备。

2. 下面再看看利润表

我在前面讲过，在企业有控制性投资的情况下，考察企业的盈利状况应该看合并利润表。

合并利润表显示，企业的营业收入从上年的 15.76 亿元增加到本年的 26.53 亿元。并购使公司的业务能力得到极大改善。

营业利润从上年的 2.58 亿元增加到本年的 3.64 亿元，净利润从上年的 2.02 亿元增加到本年的 3.55 亿元。

从营业收入增长很多到营业利润、净利润增长的绝对额并不多的情况来看，我们对被并购企业能否实质性持续不断提升整个集团的盈利能力有理由持观望的态度。毕竟，此次并购所形成的商誉是巨大的。巨大到如果按照 10 年摊销，每年商誉的摊销额就有 6 亿元以上。换句话说，如果按照 10 年摊销商誉，则每年不摊销商誉前的利润即使能够达到 6 亿元，考虑商誉摊销因素后，企业则是亏损的。当然，现行准则不允许企业对商誉进行摊销，但要求企业在各年末对商誉进行减值测试。这就为企业出现大量的高商誉并购、较为随意地用商誉减值来调节各个年度间的利润奠定了基础。

总结一下这个案例的一些脉络：公司通过发行股票融资，通过高商誉并购实现扩张，当年营业收入有较大提高。但整个集团的销售费用、研发费用和利息费用大幅度提高，致使企业核心业务的盈利能力并没有显著改善。在公司利润表的主要项目（如营业收入、营业利润、净利润等）有所改善的情况下，发展趋势所展示出来的信息并不令人振奋。由于高商誉并购，公司的总资产周转率、总资产报酬率均有可能出现恶化的情况。当然，公司只要保持强劲的融资能力和扩张能力，利润表的维持应该是没有问题的。

3. 被收购企业并购后的业绩表现以及巨额商誉的未来价值走势

自2018年报披露该项收购以来，截至2022年底已经过去了四年。这四年中，这个被收购企业业绩承诺的实现以及未来盈利情况都已经在公司2019—2022年年报中揭晓了。下面我们就讨论相关的情况。

（1）被收购企业CB Cardio公司2018—2020年间业绩承诺实现情况与商誉减值，见表6-16。

表6-16　CB Cardio公司2018—2020年业绩承诺实现情况与商誉减值

单位：万元

	2018年	2019年	2020年
业绩承诺净利润	38 000.00	45 000.00	54 000.00
实际完成	39 024.17	46 192.89	33 994.47
当年计提的商誉减值	0	0	175 503.68

表6-16的数据显示，在收购发生后的2018年和2019年，这个CB Cardio公司中规中矩地超额完成了业绩承诺，因此商誉也不用进行减值处理。一切看上去是那么的完美！

但是，第三年 CB Cardio 公司的业绩就开始不行了：业绩完成情况很不理想！当然，收购方蓝帆医疗适时地进行了商誉的减值处理，直接计提商誉减值损失 17.55 亿元！

请注意，这个计提的规模比 CB Cardio 公司 2018—2020 年三年的净利润之和还多！

可以说，到 2020 年底，在对蓝帆医疗利润的累计贡献上，CB Cardio 公司已经是负数了：净利润贡献了 12 亿元左右，而商誉减值损失一次性就达到了 17.55 亿元。

那么，业绩承诺期三年以后的情况怎么样呢？

（2）被收购企业 CB Cardio 公司 2021—2022 年间商誉减值的情况见表 6 - 17。

表 6 - 17　CB Cardio 公司 2021—2022 年的商誉减值　单位：万元

	2021 年	2022 年
当年计提的商誉减值	169 844.98	31 527.91 （外币报表折算差额）

2021 年，蓝帆医疗继续对与 CB Cardio 公司收购有关的商誉进行减值处理，计提了 16.98 亿元的商誉减值损失！到了 2022 年，虽然没有进一步计提商誉减值损失，但外币报表折算差额导致商誉减值损失进一步增加了 3.15 亿元。

从 2021 年蓝帆医疗计提巨额商誉减值损失的处理来看，CB Cardio 公司 2021 年的财务业绩一定是令蓝帆医疗很不满意的。到了 2022 年，CB Cardio 公司的业绩似乎有所好转——企业没有进一步计提商誉减值损失。

这是不是意味着 CB Cardio 公司可以按照收购方蓝帆医疗的预期释放未来的财务业绩呢？真的很难说。有兴趣的读者，请继续关注蓝帆医疗收购 CB Cardio 公司有关商誉价值的后续变化。

这个案例告诉我们：不管在收购交易达成时，买卖双方对被收购企业未来的财务业绩及其他贡献多么有信心，如果收购方在收购过程中代价过大，产生了过高的商誉或者无形资产评估增值，则收购方未来的财务业绩压力将是巨大的；居高不下的商誉和无形资产评估增值的"纸面"价值对收购方持续高质量发展的财务业绩是一个巨大的威胁。

看效益和质量

7.1　如何看效益

企业的效益主要体现在利润表上。

如果认真看一下上市公司的利润表，你会发现大多数企业同时编制母公司利润表与合并利润表。这时候，你就可能产生这样的困惑：在有子公司的情况下，净利润怎么会有三个数字呢？一个是母公司报表的净利润，一个是合并报表的净利润，还有一个是归属于母公司所有者的净利润。那么，我们应该看哪个呢？

我们先来看一下企业集团的关系（见图7-1）。

在会计中，只要有控制性的关系，就会形成企业集团，母公司就要编制合并报表。因此，我们可以说：合并报表展示的是包括母子公司的企业集团的财务数据。

"母公司净利润"就是图7-1中A公司自己的净利润，"合并报表净利润"就是企业所有母子公司合在一起的净利润。

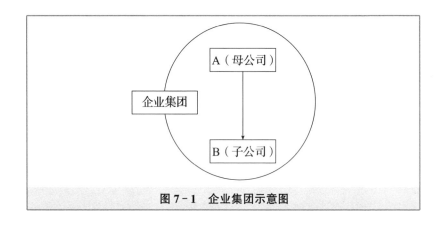

图 7-1　企业集团示意图

🔍 特别提示

　　一般来说，我们都会认为母公司加上子公司的利润应该比母公司自己的利润大一些。但实际情况经常不是这样的，比如子公司亏损得一塌糊涂。在这种情况下，在不包括子公司的利润时，母公司也许还有利润，但是合并后整个集团反而亏损了！后面我们会更具体地谈到这些问题。

　　另外我们要注意的是，如果母公司对子公司是 100% 控股，子公司的利润全部属于母公司，母公司利润全部属于母公司的所有者（也就是股东），从而企业集团的净利润全部是"归属于母公司所有者的净利润"。但当母公司对子公司的投资不是 100%，比如只有 80% 时，子公司的利润还全部归属于母公司吗？这时就只有 80% 是母公司的。[①] 那么子公司 80% 的净利润加上母公司所有的净利润就是"归属于母公司所有者的净利润"，剩下的子公司净利润的 20%

---

　　① 这里只是一种简化的、大概的说法。在实际操作中，合并报表净利润不仅仅是母子公司净利润的简单相加。

就叫作少数股东损益，也就是子公司的非控制性股东的损益。

在了解了上述三个利润概念的内涵后，再回到前面的问题：我们看效益的时候看哪个数字呢？按照现在的会计准则，整个集团的盈利能力要用合并报表的净利润进行分析。更具体地说，应该主要关注合并报表的核心利润（核心利润＝营业收入－营业成本－税金及附加－销售费用－管理费用－研发费用－利息费用），因为核心利润反映了整个集团经营活动的盈利能力。

在企业进行利润分配时，要用哪个净利润的数据呢？有时集团利润很高，母公司的利润表却显示亏损。从道理上讲，应该是谁分红就看谁的利润表，母公司分红就应该以母公司净利润为基础来考虑。在实践中，为了防止母公司过度分红，我国相关法规规定，上市公司在进行利润分配时，要以母公司净利润与合并报表中归属于母公司所有者净利润较低者作为母公司分红的利润基础。

案例 ▶ 7-1

迈瑞医疗的三个净利润分析

迈瑞医疗 2022 年度利润表的部分内容见表 7－1。

表 7－1 迈瑞医疗利润表部分项目

编制单位：迈瑞医疗　　　　　　　　　　　　　　　　　单位：元

项目	2022 年度 合并报表	2022 年度 母公司报表	2021 年度 合并报表	2021 年度 母公司报表
净利润	9 610 716 815	10 142 178 398	8 004 045 870	7 523 662 208
减：少数股东损益	3 542 721		2 492 264	
归属于母公司所有者的净利润	9 607 174 094	10 142 178 398	8 001 553 606	7 523 662 208
每股收益：				
基本每股收益	7.940 2		6.586 8	
稀释每股收益	7.936 9		6.586 8	

2022 年母公司净利润是 101.42 亿元，合并报表净利润是 96.11 亿元，合并报表中归属于母公司所有者的净利润是 96.07 亿元。

作为上市公司，迈瑞医疗母公司账上的净利润是 101.42 亿元。如果企业想分红，是可以按照这个数字作为当年分红的基础的。但是，由于企业对外有子公司，在这种情况下，根据相关规定，上市公司在进行分红时，要将两个利润数据做比较——看看母公司净利润与合并报表中归属于母公司所有者的净利润哪个低，以较低者作为上市公司分红的利润基础。

在迈瑞医疗的案例中，较低者是归属于母公司所有者的净利润，因此，迈瑞医疗 2022 年进行利润分配的净利润基础就不是自己的净利润 101.42 亿元，而是合并报表中归属于母公司所有者的净利润 96.07 亿元。

很多人不清楚这三个净利润是怎么发挥作用的，实际上，这三个利润各有自己的价值。

（1）母公司净利润。一般来说，母公司净利润是母公司（上市公司）向资本市场的股东分配现金股利的首要基础。因此，母公司净利润的高低直接影响母公司向资本市场股东分红的基本能力。当然，在有子公司的情况下，母公司的净利润主要取决于母公司的核心利润与子公司分回来的利润——投资收益，当然，有时还可以获得政府补贴（在其他收益中反映）。

（2）合并净利润。合并净利润则反映了包括母公司和子公司在内的整个集团的综合盈利能力。很多人觉得，不就是母公司的利润与子公司的利润加在一起得到的数据吗？实际核算过程要复杂得多。

一方面既有母子公司之间的内部业务要进行剔除的问题。例如，母公司把自己生产的产品加价卖给子公司的业务，对于母公司是一项销售活动，有营业收入，还可能导致母公司净利润增加，但从整个集团来看，母公司把产品卖给子公司，这个业务只是在集团内部折腾，根本没有出集团。因此，在编制合并报表时就要进行剔除。

另一方面也有上市公司收购其他公司所产生的公允价值的合并报表编制问题。被收购的其他公司在纳入集团合并报表时，并进合并报表的不是这些被收购企业的账面资产价值，而是被收购时由资产评估机构评估的资产公允价值。这样计算出来的资产、利润等与任何企业的资产、利润数字都是对不上的。当然，这不是假账，而是会计处理和报表编制要求产生的。

但是，无论如何，合并净利润还是可以作为反映整个集团整体盈利能力的重要指标来看待的。

（3）归属于母公司所有者的净利润。归属于母公司所有者的净利润的地位最显赫。在资本市场，对上市公司估值的一个重要指标是市盈率，就是每股市价和每股收益的比值。这个比值越高，说明资本市场对一个特定企业的未来越看好。当然也在一定程度上预示着股价偏高，投资者可能面临股价下跌的风险。每股收益的计算就是以归属于母公司所有者的净利润为基础来进行的。这意味着每股收益在上市公司股价确定（定价）方面有相当重要的价值。

归属于母公司所有者的净利润除了具有定价功能，还具有分红的功能。正如前面讨论的，上市公司用于分红的利润基础是母公司净利润与合并报表归属于母公司所有者的净利润两者较低者。

不同的净利润正是有不同的价值，有的公司就编制出了很有意思的财务报表。

案例 ▶ **7-2**

乐视网的利润表分析

附录 4 整理了上市公司乐视网信息技术（北京）股份有限公司（以下简称乐视网）2016—2018 年的利润表。

这是一个反映三个净利润之间对应关系的经典案例。

首先，我们看一下乐视网 2016 年年报中的母公司净利润与合并净利润的数据。

乐视网 2016 年母公司净利润为 10.71 亿元，合并净利润为 一2.2 亿元。也就是说，母公司自己的经营活动获得了利润，但子公司们太不争气了，不但自己不能取得利润，还把母公司辛辛苦苦获得的利润全部侵蚀掉，让整个集团整体形成了亏损。

有这种情况的企业很多：子公司全面陷入亏损状态，母公司回天无力。

值得注意的是：在整个集团整体陷入亏损的情况下，归属于母公司所有者的净利润却神奇地表现为 5.55 亿元！而更神奇的是有少数股东投资的子公司盈利能力更差。这些少数股东合力让他们参与投资的企业亏损至极，致使当年归属于少数股东的净利润达到了 一7.77 亿元。

真是只有想不到的，没有做不到的。

在企业出现营业收入和盈利能力整体不佳的情况下，财务报表反映出来的数据表明，企业心系资本市场上的股东：与股东分红有关的母公司净利润和与资本市场股票定价有关的归属于母公司所有者的净利润仍然有不俗的表现，至于没有什么资本市场标志性影响的合并净利润，亏就亏吧。

后来呢？充当搅局者的少数股东们还能搅局吗？

看一下该公司后续的财务报表就知道了。没有什么奇迹能够阻止企业往下走。当然，企业后续亏损的重要推手是巨额的资产减值损失。这说明，在 2017 年以前，企业已经蕴含了较大的资产不良问题，只是没有在报表中显示出来。

案例 ▶ 7-3

迈瑞医疗的利润表项目分析

迈瑞医疗 2022 年度利润表见附录 1 中的附表 2。迈瑞医疗母公司利润表与合并利润表显示，在合并报表营业收入大于母公司营业收入的情况下，合并净利润低于母公司净利润，这是不是意味着在整个集团的盈利能力方面，母公司的盈利能力很强，子公司对整个集团的利润贡献不大呢？不一定。这涉及集团内部的业务关系管理、整个集团的投资管理以及子公司利润分配的安排等问题。

仔细比较一下母公司与合并报表的营业收入、营业成本、销售费用、管理费用、研发费用与利息费用等项目，就会发现有的项目的合并报表数据（如营业成本）竟然比母公司还小，有的合并报表数据则与母公司差异不大，而有的项目则是合并报表的数据远远大于母公司。

关于这方面的差异问题，我们在"看战略"部分已经进行了分析。

这里再提示大家：在投资收益这个项目上，合并报表的数据为 −5 061 416 元，母公司数据为 4 572 072 741 元。之所以出现这么大的差异，应该是由于子公司向母公司支付了较高规模的现金股利，也就是说，母公司收取子公司的现金股利分红是要计入母公司的投资收益的。而合并报表的投资收益只包括企业的母公司和子公司对整个集团外的投资所获得的投资收益。

这就是说，母公司净利润高于合并净利润，并不意味着母公司自身的盈利能力强于子公司，而是由于子公司盈利能力强且分红给母公司巨额利润（投资收益）。当然，母公司自身也有一定的盈利能力。

我们刚刚讨论的案例说明，简单关注任何单一项目都难以对企业的利润表进行恰当分析。同时要注意，要了解效益质量，仅看利润表是不够的，还要结合资产负债和现金流量表。

首先，我们还是要介绍一些重要的利润概念，有些在前面的内容中已经涉及。

先看利润表的基本结构（参见本书案例资料中利润表的格式）。第一行营业总收入中的"营业"这一概念范围很广，既包括产品或者劳务的经营，也包括与管理、决策有关的对利润有直接影响的信息（如资产减值损失等），还包括通常不被视为营业活动的投资活动产生的投资收益以及公允价值变动收益等。这导致利润表里的营业利润与营业收入存在较大的不可比性。

因此，我们有必要分层次认识利润表。

第一，毛利，即营业收入减去营业成本，反映产品的初始盈利能力。这一概念非常重要。

第二，核心利润，可用来分析企业经营活动带来的利润。前面已经提到，核心利润＝毛利－四项费用（销售费用、管理费用、研发费用－利息费用）－税金及附加。核心利润是我们分析企业经营活动盈利能力的核心。相当多的利润表分析以核心利润的分析为主。

第三，营业利润，包括非传统经营活动的利润。这里所说的营业利润和资产负债表中经营资产的内涵不同，它包括反映政府补贴的其他收益、投资收益和资产处置收益等。

第四，利润总额和净利润。利润总额与营业利润之间的差异在于营业外收入和营业外支出。利润总额减去企业所得税费用就是净利润。

那么，对利润表的分析一般是怎样的呢？主要包括三个方面：一是规模分析，主要是对营业收入、各项费用、利润的规模情况进行计算和分析。二是结构分析，即对利润的结构进行细化分解，比较相关的项目，计算诸如毛利率、各项费用率等。三是趋势分析，查看企业在年度间的主要财务指标的变化及其趋势。

这种分析模式解决了一些问题，但有显著的缺陷——就利润表本身进行的利润分析视野太窄。

现在我们谈利润、看效益，就是要对利润的质量进行分析。

关于利润质量的概念，在国内的文献里有两种表达，一种表达是盈余质量，另一种表达是利润质量。盈余质量是由英文“quality of earnings”翻译而来的，利润质量是我在国内首次提出并进行系统论述的一个财务状况质量的概念。其实它们的含义基本相同。

看企业的利润质量，可以从三个方面入手：一是对利润的实现过程进行考察。利润表是一定时期的报表，反映了一定时期内与利润相关的项目情况，利润表中对利润的实现过程描述得很清楚。二是对营业利润的结构及其变化发展方向进行分析。三是对结果进行考察。

读者可能会问：企业的利润在哪里？企业利润的结果是什么？实际上，利润的结果是资产。因此，对资产质量的分析是对企业利润质量分析的应有内容。

利润表的基本关系可以用"收入－费用＝净利润"来概括。这是一种总括性的概括，收入和费用分别是一系列项目的统称。

下面简要介绍这两个统称的收入和费用的概念。

在这里，收入是指使利润增加的因素或项目，不管是叫收入、收益、利得，还是叫其他什么名目，如营业收入、营业外收入、利息收入、投资收益、公允价值变动收益等，只要是导致企业当期净利润增加，都属于我们这里所说的收入范畴。需要注意的是，收入和收益是有区别的，收入往往指的是总额，而收益往往指净值。

费用是指使利润减少的因素或项目，不管具体项目叫成本、费用、损失，还是什么都不叫（如所得税），只要是使得企业当期净利润减少的项目，如营业成本、税金及附加、销售费用、管理费用、研发费用、利息费用、资产减值损失、信用减值损失、营业外支出和所得税等，都属于我们这里所指的费用范畴。

实际上，费用、成本、支出、损失等概念的内涵是有差别的。但在使用时，读者可以不用理会这些概念的差异。限于本书的主题，在这里我们也不展开讨论。

强调一下：我们这里所谈的收入和费用一定是针对利润表的。

特别提示

必须注意的是，企业利润的核心既不是营业利润，也不是利润总额，更不是净利润，而是核心利润。因此，对利润实现过程的分析应从核心利润的实现过程入手。

7.2 核心利润实现过程的质量

7.2.1 营业收入的质量

关于营业收入的质量，主要涉及以下三方面的问题。

1. 卖什么

其一，看企业销售的产品或劳务的结构与竞争优势及其持续性。看企业的收入，必然要关注营业额的规模变化，但更重要的是观察企业销售的产品或者劳务的结构变化。产品或者劳务的结构及其变化应该与企业战略有非常清晰的关系。企业是干什么的，企业在行业的定位是怎样的，企业的产品有没有竞争优势，从利润表的营业收入状况中可以看出端倪。

利润表的后面一般还有分部报告，按产品结构、地区结构报告企业的收入情况。企业要保持持续的盈利能力，要靠战略、靠管理、靠技术、靠市场、靠服务等，总之，靠综合竞争优势。

其二，看企业的业务依赖与风险。企业的发展依赖什么业务？这种依赖在未来有没有风险？企业实施的是多元化战略还是专业化战略？海尔就是一个实施多元化战略的企业，格力电器则专注于空调，在空调内部实现多样化。很难说哪个战略更好。但是如果企业对某一类产品或者对某一个类型的产品过度依赖，会使企业对某些外界的变化因素特别敏感，这就是经营风险（不是财务风险）。

其三，看营业收入结构、规模变化的手段。这里的手段，是指企业是通过对外进行控制性的直接投资建厂实现，还是通过并购来实现的。如果是通过并购来实现的，就要进一步了解并购是发生在非同一控制人之间的并购，还是并购自同一控制人，以及并购代价是什么。

从企业管理的实践来看，企业通过并购来改变营业收入的结构和规模将在短时间内让利润表充实起来，但如果代价过大，企业未来将不可避免暴雷。

2. 卖给谁（哪个地区）

其一，考虑地区的经济发展后劲与企业业务发展前景的关系。有资料显示，中国有 1 000 多座资源枯竭型城市，这些城市必然会寻找替代产业。但是，替代产业的寻找需要时间，替代产业的培育更需要时间。很多地区都会出现替代产业很难与原有产业形成恰当补偿的情况，这意味着企业在选择产品市场时要考虑地区经济总量、经济结构的调整对企业未来市场的影响。另外，特定地区对特定产品的品牌偏好、特定地区的人文环境特征等都会影响企业在特定地区的营销策略和发展前景。

其二，考虑地区的政治经济环境。特定地区政治经济环境的不确定因素比较多（如行政领导人的更迭、特定地区经济政策的调整等），会对企业原有的发展惯性产生较大的影响。

其三，考虑国际政治经济环境的变化。比如战争导致某些地区动荡，金融危机导致某些地区的发展停滞，以及低碳经济等对企业所在地区和行业产生影响等。

3. 靠什么

其一，靠政府。这里指的是靠政府所营造的环境。政府应该在营造公平竞争的市场环境方面发挥作用，政府有时也会为企业拿到一些订单。但是，持续发展、有竞争力的企业主要靠市场。

其二，靠关联方。关联方的标准定义很复杂，简言之就是可以不依赖市场来"制造"业务的有关各方，如母子公司、兄弟公司，甚至是由人脉形成关联关系的各方。关联交易的最大特点就是可以反市场来制造业务。

一般认为关联交易的操纵性比较强。关联交易比重过大总是给人以不好的印象。

 思考

我们是不是一定要对关联交易"围追堵截"呢？

不一定。比如，我们到一所大学的商学院去上课，这个学院所有的英语课、数学课、政治课、体育课等都是学校其他学院提供的，其他学院需要的商学类课程则由商学院提供。大家都认为这些是极其正常的现象。假设某一天这个商学院上市了，这所学校所有的其他学院都是商学院的关联方，互相上课就是关联交易。难道就不能互相上课了吗？因此，有相当多的经常性关联交易具有恰当性，但是要警惕企业依靠关联关系操纵、调节业绩。

其三，靠市场。一般来说，在相同的市场环境下，参与竞争的各方最终会实现优胜劣汰——靠市场获得的竞争优势一般会有持久的生命力。

随着数字经济的发展，线上线下相结合的营销方式越来越被企业采用。单一的营销渠道或模式将越来越难以保证企业在市场中实现持续稳定发展。

案例 ▶ **7-4**

格力电器的营业收入分析

表7-2列示了格力电器2022年年度报告中与主营业务收入相关的信息。

表7-2　格力电器主营业务收入的相关信息　　　　单位：元

项目	2022年		2021年	
	收入	成本	收入	成本
制造业	153 165 839 566	105 573 859 862	144 840 537 602	101 021 238 222
按商品类型分类：				
空调	134 859 394 542	91 116 284 417	131 712 664 219	90 576 252 210
生活电器	4 567 901 238	3 051 711 250	4 881 607 694	3 262 705 849
工业制品	7 599 259 996	6 057 662 878	3 194 552 084	2 604 593 660
智能装备	432 085 871	303 247 853	857 741 121	606 116 653
绿色能源	4 701 188 531	4 077 474 678	2 907 445 770	2 729 740 203
其他	1 006 009 387	967 478 787	1 286 526 714	1 241 829 647
合计	153 165 839 566	105 573 859 862	144 840 537 602	101 021 238 222
按地区分类：				
内销	129 895 113 805	85 650 631 599	122 305 111 567	80 703 210 957
外销	23 270 725 761	19 923 228 263	22 535 426 035	20 318 027 264
合计	153 165 839 566	105 573 859 862	144 840 537 602	101 021 238 222

注：表中的数据做了四舍五入处理。

不知道你关注过格力电器的广告没有，我从21世纪初开始关注格力电器的广告。我记得早期的广告是"格力电器创造良机"，然后是"好空调格力造"，之后是"格力掌握核心科技·好空调格力造"，几年前出现了"让世界爱上中国造"，最新的是"好电器格力造"。

从战略与核心竞争力的角度来阐释格力电器的广告，可以将其划分为两个阶段：第一个阶段，通过几个关键字或者词——"良""好""核心科技"，来强化企业专业化（不是多元化）的产品空调电器的内在质量。

当格力电器的广告变为"让世界爱上中国造"和"好电器格力造"时，格力电器的战略格局明显有了升华："让世界爱上中国造"包含了全球化的市场（世界爱）格局与多元化的产品结构（中国造，不是格力空调。造既可以是制造空调，也可以制造其他产品），当然这个广告没有突出格力的品牌，应该是一个缺憾。而"好电器格力造"则突出了格力电器产品的内在质量与多元化的战略格局（不再强调空调，而是强调品牌）。

在我看来，格力电器的广告在相当程度上展示了格力电器对其发展战略的选择及企业核心竞争力的关键要素。

但是，企业的战略是需要财务数据来支撑的。我们看一下前面的财务数据展示了怎样的格力电器战略实施情况。

首先，我们看一下格力电器 2022 年年度报告中对主营业务的分类情况。从类别来看，格力电器确确实实把业务分成了六类，其中有五类具有明确的业务内容，一类是"其他"。但是，考察一个企业是不是真正具有多元化的格局，不能仅仅看其把业务分成几类，而是要进一步考察企业各类业务的营业收入规模占全部主营业务的比重。从营业收入的规模占营业收入的比重来看，显然，第二类到第六类业务营业收入加在一起也不到 200 亿元。这意味着格力电器的业务结构虽然勾画出了五大类业务，但实际上还是以空调为主的弱多元化的业务格局。换句话说，截至 2022 年 12 月 31 日，格力电器的业务结构还是以空调的专业化为主。

其次，我们看一下企业营业收入的地区结构。数据显示，格力电器的内销营业收入规模大、毛利率高；外销营业收入规模小、毛利率低（请自行计算企业内销和外销的毛利率）。这说明热爱代表中国造的格力电器主要是国人，企业在外销方面的竞争力还需要做长足的努力。

最后，我们没有看到企业关于线上销售和线下销售两种途径所带来的营业收入的规模情况。从媒体上展示的信息来看，格力电器在过去一段时间对线上销售的重视程度是越来越高了。可以预见，企业未来在线上销售的营业收入会更多。

案例 ▶ 7-5

美的集团的营业收入分析

表 7-3 列示了美的集团 2022 年年度报告中与营业收入相关的信息。

表 7-3　美的集团营业收入相关信息　　　单位：千元

项目	2022 年		2021 年	
	收入	成本	收入	成本
主营业务	316 464 774	237 007 098	308 297 360	235 092 045
其他业务	27 452 757	23 531 603	32 935 848	29 433 954
合计	343 917 531	260 538 701	341 233 208	264 525 999
主营业务（分产品）：				
暖通空调	150 634 586	116 234 025	141 879 146	112 012 603
消费电器	125 284 737	87 449 080	131 866 099	95 279 340
机器人及自动化系统	29 927 674	23 664 772	27 281 328	21 349 939
其他	10 617 777	9 659 221	7 270 787	6 450 163
合计	316 464 774	237 007 098	308 297 360	235 092 045
主营业务（分地区）：				
国内	201 272 589	151 542 264	203 579 380	156 825 853

续表

项目	2022 年		2021 年	
	收入	成本	收入	成本
国外	142 644 942	108 996 437	137 653 828	107 700 146
合计	343 917 531	260 538 701	341 233 208	264 525 999
主营业务（分销售模式）：				
线上	68 012 355	47 374 843	62 103 887	44 995 271
线下	275 905 176	213 163 858	279 129 321	219 530 728
合计	343 917 531	260 538 701	341 233 208	264 525 999

与格力电器的广告令人印象深刻不同，美的集团的广告我只记住了"原来生活可以更美的"。

从战略与核心竞争力的角度来阐释美的集团的广告，感觉这个企业广告强调的是要致力于提高消费者的多方面生活品质，而不在于突出特定的产品。正是不突出特定产品的表达，为企业多元化的产品结构留下了联想空间。

实际上，美的集团在市场展示出来的众多产品，已经在彰显企业多元化的本质。

财务数据也支持企业多元化的战略。我们看一下前面的财务数据展示了怎样的美的集团战略的实施情况。

首先，我们看一下美的集团财报数据中对主营业务的分类情况。从类别来看，美的集团把业务分成了四类，其中三类有明确的业务内容，一类是"其他"。在这三类中，企业把所有传统的家电产品归为两类——暖通空调和消费电器，业务规模上均达到了1 000多亿元，支撑起了美的集团2022年的业务主体。

而"机器人及自动化系统"业务则是企业于2017年为改变业务结构和企业估值基础而并购（收购了库卡集团）进来的。通过那次并购，企业的业务结构从2016年的"大家电""小家电""电机"

"物流"华丽转身为现在的"暖通空调""消费电器""机器人及自动化系统""其他"，实现了从传统家电制造企业向具有科技含量的高端制造业的华丽转身。

比较遗憾的是，这个"机器人及自动化系统"业务自从被并购进来，除了改善企业营业收入的形象和结构，在财务贡献上并不突出。当然，美的集团并没有对与收购库卡集团有关的商誉进行大规模的减值处理，说明美的对库卡集团未来的业务是充满信心的。

从大的格局来看，美的集团的多元化格局是很清晰的。

其次，我们看一下企业营业收入的地区结构。数据显示，美的集团国内销售所获得的营业收入显著高于企业在国外销售的，但规模的量级是较为接近的，且国内销售和国外销售的产品毛利率是比较接近的（国外销售的毛利率略低。请读者自行计算企业国内销售与国外销售的毛利率），2022 年企业在国外销售的营业收入和毛利率与上年相比是增长的。这表明虽然美的集团没有在广告中让外国人爱上美的产品，企业却用财务数据告诉读者：美的集团在国外的销售势头很不错，国外销售产品的盈利能力并不弱。

最后，我们看到了企业关于线上销售和线下销售两种途径所带来的营业收入对比。从企业展示的信息来看，美的集团虽然线上营业收入的规模比线下销售的营业收入规模小很多，但 2022 年企业线上销售的营业收入增长较多，抵消了线下销售下降所带来的对企业营业收入整体上的冲击。

因此，可以预见企业未来线上销售的营业收入会更多。

从上述两个国内家电巨头的财务数据展示出来的企业实质看，美的集团的多元化格局更加清晰，格力电器仍然是专业化为主的业务格局。

最后，再简单评论一下 2021 年和 2022 年美的集团的空调业务超越格力电器空调业务的问题。

财务数据显示，2021 年和 2022 年美的集团的空调营业收入均超过了当年格力电器的空调营业收入，且差距越来越大。

但是，企业的竞争地位除了看营业收入的规模外，还要看企业产品的毛利率——毛利率代表了企业产品初始盈利能力的竞争力。比较数据显示，虽然美的集团的空调业务的营业收入超越了格力电器，但无论是 2021 年还是 2022 年，格力电器空调业务的毛利额和毛利率均显著高于美的集团。这个比较数据说明格力电器空调业务的整体竞争力仍然是非常强的。

7.2.2 费用的质量

1. 简述费用与资产之间的关系

简单地说，费用是为实现收入而发生的资源消耗。而为购买资产（比如购买设备）消耗的资源变成资产的成本后，在被消耗之前属于资产，在未来还可以利用。因此，资产和费用是同性的。

前面我们提到，费用是使利润减少的因素或项目。费用按功能可以分为成本和费用（这个费用是狭义的费用）。营业成本是产品的进价或者生产成本。销售费用、管理费用、财务费用等明显反映了是在哪些方面发生的费用和消耗。

2. 费用质量

第一，费用的发生代表了一定的工作状态。

以前我们强调"少花钱，多办事"，但这不是规律，规律是

"花多少钱，办多少事"。

许多费用都是固定的，难以降低，比如与企业发展前景有关的费用、用于促销的广告费、研发费、人力资源开发费用等。虽然有些费用是可以通过决策来改变其规模的，但是不发生这些费用，又很难说企业是有前景的。所以在费用控制方面，不要片面强调节约，要强调效用，即观察费用发生后带来了什么效益。

第二，费用的发生与人的行为和心理的关系问题。

这里我们讨论一下预算管理问题。编制预算的方法有很多，在管理会计、财务管理中都有涉及。在预算编制过程中，我们应该明确预算编制的导向。单位的财务管理部门在编制预算尤其是经营预算①时想到的是什么？

普遍的情形是，财务部门首先是以企业确立的某个特定时期的财务目标尤其是利润目标为基础，去平衡各种预算因素。于是，预算过程就开始了：为了实现一定的盈利目标，就要确定目标销售收入或者营业收入，这就形成了销售预算；然后考虑生产预算；再考虑采购预算、人工预算、各项费用预算；等等。在平衡各种预算因素以后，预算就编制完成了。

这样编制预算对不对？当然有一定的合理性。但是，这种预算编制方法的最大缺陷在于：关注短期过多，关注经营过多，关注战略较少。

如果关注企业的战略，就有另外的预算编制思路：根据企业确立的发展目标，确定企业在未来预算期应该达到的市场地位；根据目标市场地位与现有资源之间的差距，动员或者增加相应的资源，

---

① 企业的预算除了经营预算，还包括资本性支出预算以及相应的筹资预算等。

为企业的发展目标奠定资源基础；根据企业的发展目标，对现有资源进行调整——有的需要增加，有的需要减少或者退出。由于调整涉及企业战略安排，因此会优先保证资源配置。

显然，这种战略导向的预算编制与经营目标导向的预算编制的最大差别在于，战略导向的预算更具有前瞻性。当然，在企业实际的预算编制过程中，不能完全割裂和对立上述两种预算编制方式。

在具体的预算编制过程中，普遍采用两种方法。

一种是刚性预算，也叫"铁预算"——预算一经确定，就要严格执行。这种预算方法的好处在于，其编制的着眼点一定是目标导向或者控制导向的。这种预算有其合理性，但是缺少动态的概念。因为预算必然不会十分准确，如果强行要求准确，就会造成由于预算博弈而带来的浪费。另外，如果预算控制过于严格，可能削弱员工的积极性和凝聚力，在控制成本的同时也控制了增量的收入。结果是不会带来效益，只能造成浪费。

另一种是弹性预算。弹性预算是指在预算编制过程中以业务量的变化为基础对预算进行弹性调整的预算编制方法。弹性预算比刚性预算改良了很多。但是，很多预算关注的往往是业务弹性，而在实际工作中应更注重心理弹性。心理弹性是指要考虑预算控制作用对象的心理反应以及特定环境条件下的行为特征问题。

比如，在差旅费的管理上，很多单位采用的是严格的等级管理：达到什么级别，就住什么样的酒店。因此，我们经常看到一些会议的主办单位为了让参会者回去报销方便，而在会议通知上注明有三种酒店可以选择，参会者可以根据自己单位的具体情况选择酒店。由于有的单位在差旅费的管理上过于严苛，使得参加会议的人在会议期间不是代表这个单位去展示形象、为这个单位争取利益，而是在同行面前不断抱怨自己的单位！

因此，适当宽松的费用可以提高员工工作的积极性、创造性和忠诚度，对企业是有益的。否则，看得见的费用控制住了，看不见的损失可能会更大。

也就是说，企业的预算管理应该更多地在一个动态的系统中进行。如果在企业的预算管理中考虑心理因素，一定的增量支出所带来的效用会远远高于增量的消耗。只要企业在发展，预算管理的目标就不应该是控制费用发生的绝对额。

这里提及预算管理中的心理弹性问题，并不是要给读者一个答案，而是想说明在很多情况下，只要企业在发展，费用一般会逐渐增长，很难下降。费用管理不是简单地控制一个绝对额的问题，而是要促进企业战略的实施。

案例 ⊙ 7-6

迈瑞医疗的销售费用分析

表 7-4 列示了迈瑞医疗 2022 年年度报告中与销售费用相关的信息。

表 7-4   迈瑞医疗销售费用相关信息   单位：元

项目	本期发生额	上期发生额
营业收入	30 365 643 811	25 269 580 818
销售费用合计	4 801 555 324	3 998 947 743
销售费用率	15.81%	15.83%
其中：职工薪酬费用	2 875 326 768	2 591 390 270
差旅及汽车费	471 917 593	327 829 890
保修费用计提	404 872 751	354 830 952
广告及推广费	288 694 106	223 681 227
折旧费和摊销费用	228 032 969	173 476 927

续表

项目	本期发生额	上期发生额
股份支付费用	125 088 444	
办公费用	91 258 316	86 994 255
招聘及培训费	34 506 293	39 858 998
租赁及物业管理费	29 491 323	33 621 491
运费	26 591 122	12 514 890
其他费用	225 775 639	154 748 843

从整体费用结构来看，占据销售费用第一大项的是职工薪酬。职工薪酬的规模超过了销售费用的 50%，这应该反映了企业业务的增长规模主要与营销人员的努力相关。

需要注意的是，2022 年是疫情管控非常严格的一年。就是在这样的情况下，企业的差旅及汽车费却出现了大幅度增长。这应该与企业的业务恰恰在疫情条件下应该得到更多拓展有关，同时也反映了企业的营销人员在疫情下努力工作的情景。

在销售费用率方面，企业 2022 年的销售费用率是下降的。这种下降一般意味着从整体上看，企业销售费用的有效性在提高。

案例 ▶ 7-7

迈瑞医疗的管理费用分析

表 7-5 列示了迈瑞医疗 2022 年年度报告中与管理费用相关的信息。

表 7-5　迈瑞医疗管理费用相关信息　　　　　单位：元

项目	本期发生额	上期发生额
营业收入	30 365 643 811	25 269 580 818
管理费用合计	1 320 052 334	1 105 683 090
管理费用率	4.35%	4.38%

续表

项目	本期发生额	上期发生额
其中：职工薪酬费用	765 676 627	610 972 368
咨询及顾问费	152 544 343	152 554 517
折旧费和摊销费用	126 371 878	117 891 886
办公费用	94 090 495	87 107 354
租赁及物业管理费	45 181 377	23 041 743
股份支付费用	27 315 512	
招聘及培训费	20 878 699	13 918 916
商业保险费	18 380 308	24 672 928
其他费用	69 613 095	75 523 378

从整体费用结构来看，占据管理费用第一大项的是职工薪酬，且职工薪酬的规模超过了管理费用的50%，这与一般企业的基本费用结构是一致的：很多企业管理费用中的第一大项就是职工薪酬，并超过管理费用总额的50%。

同样需要注意的是，2022年，企业的管理费用增长幅度比较大，而推动管理费用增长的最大推动力来自职工薪酬——职工薪酬的增长幅度显著大于管理费用的增长幅度。这应该与企业的人力资源政策有关。

在管理费用率方面，企业2022年的管理费用率是下降的。这种下降并不简单意味着从整体上看，企业管理费用的有效性提高了，而是显示企业百元营业收入所包含的管理费用下降了，企业的盈利水平会因此得以提高。

实际上，管理费用的发生规模不一定与企业的市场营业收入状况以及企业毛利率的状况有关：管理费用中的薪酬费用取决于企业对管理层和行政机关的人力资源政策。有的企业遵循"再苦不能苦领导、再穷不能穷机关"的思路，管理费用中的职工薪酬、差旅费、办公费、折旧费与摊销费等长期居高不下，从而其管理费用的规模不管营业收入高低，总能长期保持较高的规模；而有的企业遵循艰苦奋斗的工作作风，管理费用的诸多开支能降低就降低，办公条件能不改善就不改善，其管理费用就会在整体上长期维持在较低规模的水平。

当然，我在这里讲的是两种极端的企业管理风格。在实践中，管理费用的发生往往与企业发展的历史惯性、企业在行业中的自身定位、企业人力资源政策以及企业机关管理水平的追求等因素交织在一起。因此，并不能简单评价说管理费用规模小、管理费用率低的企业其管理水平就一定高。

案例 ▶ 7-8

迈瑞医疗的研发费用分析

表 7-6 列示了迈瑞医疗 2022 年年度报告中与研发费用相关的信息。

表 7-6　迈瑞医疗研发费用相关信息　　　　　单位：元

项目	本期发生额	上期发生额
营业收入	30 365 643 811	25 269 580 818
营业成本	10 885 289 458	8 842 715 216
毛利率	64.15%	65.01%
研发费用合计	2 922 614 427	2 524 177 625
研发费用率	9.63%	9.99%
其中：职工薪酬费用	1 940 153 347	1 846 451 266
耗材及低值易耗品	242 290 485	238 030 528
折旧费和摊销费用	306 694 997	229 013 344
办公费用	42 052 773	31 620 637
租赁及物业管理费	17 072 132	18 229 853

续表

项目	本期发生额	上期发生额
股份支付费用	155 601 837	
专利费	34 589 721	27 890 835
检测费	32 382 999	21 480 711
咨询及顾问费	30 283 024	28 661 629
认证注册费	30 101 426	30 111 437
差旅及汽车费	21 067 359	19 419 931
其他费用	70 324 327	33 267 454

注：毛利率＝毛利/营业收入×100%，毛利＝营业收入－营业成本。

从整体费用结构来看，占据研发费用第一大项的是职工薪酬且有所增长，职工薪酬的规模远远超过了管理费用的50%，这与一般研发驱动型企业的基本费用结构是一致的：高科技型企业科技进步的原动力来自研发投入以及核心科研人员积极性的调动。在这种情况下，企业研发费用中的职工薪酬就会呈现出持续增长的态势。这也是吸引人才、稳定核心研发团队的重要举措。

在研发费用率方面，企业2022年的研发费用率略有下降，但幅度不大。与此同时必须看到的是，企业研发费用的规模出现了显著增长的态势。在研发费用增长较多的同时，企业的研发费用率却出现了下降的态势，这与企业2022年营业收入增加较多有直接关系——营业收入的快速增长增加了分母，而处于分子地位的研发费用虽然也增加了，但增长比例没有营业收入增长得快。

研发驱动型科技企业的研发费用规模与企业的毛利率之间应该有关联——持续高效的研发投入必然导致企业研发所支持的产品有较高的毛利率，否则就是研发的不成功。

迈瑞医疗2022年的毛利率数据显示，企业毛利率基本保持稳定，且维持在较高水平。这在相当程度上提高了企业研发费用的有效性。当然，如果能够结合企业产品的销售结构、企业研发费用结构与产品销售结构之间的对应关系等信息，就可以更有效分析企业研发费用的有效性。

总体来看，迈瑞医疗的研发投入是比较高的，这种较高水平的研发投入取得了不错的成效——企业的毛利率保持在较高水平，并支持了企业盈利能力的不断改善。

7.3　利润的结构质量

下面我们来看看利润的结构质量。前面已经介绍了一些基本的利润概念，接下来具体分析。

7.3.1　利润表自身结构所包含的信息

我在本书前面已经展示过几家企业的利润表。实际上，在很多情况下，人们对利润表的分析主要关注三个主要比率，一个是毛利率，一个是营业利润率或者销售利润率，最后一个是销售净利率。

我们先看看毛利率的重要性。

在前面的案例讨论中，我展示了毛利率的计算公式：

毛利率＝毛利/营业收入×100％

毛利＝营业收入－营业成本

应该说，关注企业营业收入的毛利额和毛利率是非常正确和必要的。这是因为，一个企业只有保持一定水平的毛利率，才有可能解决在销售费用、管理费用、研发费用和利息费用等方面的支出，才有可能获得核心利润。

　　但是，继续进行望文生义的销售利润率或营业利润率的计算就可能出现重大错误。

　　在一般分析中经常把营业利润与营业收入进行对比的公式是：

销售（或营业）利润率＝营业利润/营业收入×100％

　　难道这个公式有问题吗？

　　还真有问题，问题可能还很大。为什么呢？

　　你认真看一下现在利润表的结构和内容就明白了：在利润表上，营业利润的营业内涵早就不是营业收入的营业内涵了。原来，此营业非彼营业！

　　请注意，利润表中的利息收入（与企业货币资金的平均规模和存款利息率有关）、其他收益（主要与特定时期的政策有关）、投资收益（与企业的对外投资规模和相应收益有关）、公允价值变动收益（与企业的相关投资有关）和资产处置收益（与企业处置的非流动资产如固定资产和无形资产等有关）等，与利润表第一行的营业收入基本上没有关系（其他收益在确定的过程中可能会考虑营业收入的规模和性质）。如果拿这些与营业收入对比，并冒充是营业收入的盈利贡献，将会严重扭曲企业营业收入应有的盈利能力。

　　你可能会说，别看这些与营业收入的项目有多个，但企业的主要活动不就是经营活动吗？这些项目加在一起不应该规模很大、不应该导致对企业营业收入的获利能力产生误导吧？

　　还真不能这样认为。这些项目既然存在，就时刻准备着为企业的营业利润做出重大贡献呢！

案例 ⊙ 7-9

科大讯飞的利润结构分析

表 7-7 是科大讯飞 2021—2022 年度的利润表。

表 7-7　科大讯飞 2021—2022 年利润表　　　　单位：元

项目	2022 年		2021 年	
	合并数	母公司数	合并数	母公司数
一、营业收入	18 820 234 053	10 734 227 192	18 313 605 606	10 472 505 107
减：营业成本	11 136 385 573	6 287 915 042	10 780 348 465	6 465 998 430
税金及附加	112 113 272	35 451 872	121 071 384	48 932 444
销售费用	3 164 396 675	1 961 897 608	2 692 844 411	1 483 492 835
管理费用	1 226 783 087	994 583 465	1 101 759 621	1 009 499 799
研发费用	3 111 297 144	1 601 019 767	2 829 840 978	1 639 906 252
财务费用	−78 550 981	18 666 529	−10 431 988	81 856 336
其中：利息费用	65 047 181	146 413 663	65 801 691	192 695 397
利息收入	132 781 675	120 157 421	91 908 088	116 663 321
加：其他收益	1 065 296 712	435 141 870	824 253 025	336 702 122
投资净收益	27 355 108	1 820 180 292	−7 583 044	14 469 300
公允价值变动净收益	−251 064 261	−260 504 656	331 410 438	309 863 393
资产减值损失	−81 143 815	−42 490 014	−75 570 557	−37 014 784
信用减值损失	−617 438 398	−144 880 588	−405 898 142	−128 048 000
资产处置收益	4 856 561	739 222	−348 943	
二、营业利润	295 671 190	1 642 879 035	1 464 435 514	238 791 044
加：营业外收入	48 171 465	18 170 048	146 324 710	23 605 605
减：营业外支出	96 090 924	32 779 772	114 072 594	99 043 036
三、利润总额	247 751 731	1 628 269 311	1 496 687 630	163 353 613
减：所得税费用	−250 876 346	−90 327 244	−114 030 690	−75 850 327
四、净利润	498 628 077	1 718 596 555	1 610 718 320	239 203 940

请重点关注合并报表数据。你只要稍微对营业利润的构成进行考察，就会发现企业的营业利润与其他收益（主要是政府补贴）之间的数量关系：其他收益占营业利润的比重非常高！2022 年如果没有其他收益，科大讯飞的营业利润就会是一个较大的负数了！

除此之外，还有两个有意思的项目，一个叫资产减值损失，一个叫信用减值损失。这两个项目如果发起威来，有可能把企业好不容易赚得的利润给亏损掉。

案例 ⊙ 7-10

辅仁药业的利润结构分析

表 7-8 是辅仁药业 2021—2022 年度的利润表。

表 7-8　辅仁药业 2021—2022 年利润表　　　　单位：元

项目	2022 年		2021 年	
	合并数	母公司数	合并数	母公司数
一、营业收入	1 468 671 641		1 512 499 260	
减：营业成本	730 055 637		885 747 096	
税金及附加	38 946 258		36 605 429	660
销售费用	579 424 749		470 440 264	
管理费用	353 280 849	4 356 488	353 266 590	1 429 223
研发费用	45 107 904		59 288 186	
财务费用	692 274 020	145 472 792	730 651 261	143 164 013
其中：利息费用	692 496 903	112 406 686	729 775 018	111 874 605
利息收入	271 232	695	107 172	296
加：其他收益	10 583 339		14 805 182	
投资净收益			25 879	25 879
资产减值损失	−48 377 532		−13 571 359	
信用减值损失	−1 829 462 536	−296 464	−1 926 645 147	−1 338 604

续表

项目	2022 年		2021 年	
	合并数	母公司数	合并数	母公司数
资产处置收益	214 890		5 092	
二、营业利润	−2 837 459 616	−150 125 744	−2 948 879 920	−145 906 621
加：营业外收入	16 198 851	15 153 200	13 826 926	
减：营业外支出	16 701 432	521 704	421 826 768	
三、利润总额	−2 837 962 196	−135 494 248	−3 356 879 761	−145 906 621
减：所得税费用	8 184 750		−107 335 466	
四、净利润	−2 846 146 946	−135 494 248	−3 249 544 295	−145 906 621

　　我们还是聚焦合并报表数据。你会发现，连续两年，信用减值损失对企业的亏损做出了举足轻重的重大贡献。实际上，信用减值损失（就是企业现有债权由于债务人不能清偿债务而导致的损失）与企业较早时期的相关活动有关，与当年的经营活动应该没有关系。

 总结

　　把企业的营业利润与营业收入做对比，并试图考察企业营业收入的获利能力，可能得不到你想要的评价。

　　同样道理，企业的净利润与营业收入做比较得出的所谓销售净利率也会由于净利润前面营业利润的构成问题而出现误导：

销售净利率＝净利润/营业收入×100％

　　当然，如果企业的营业利润和净利润与营业收入之间的关系较为简单，没有那么多项目干扰，则营业利润率和销售净利率都可以作为衡量企业营业收入盈利能力的指标。

但是，常规性分析不可能假设那些干扰项目的金额很小，在分析方法上必须要有新的解决方案。

下面就对企业利润表的结构进行分析和讨论。

首先我们剖析一下营业利润的构成。

从具有分析价值的角度来考量，营业利润的结构是我们分析的核心。以利润表中营业利润的构成为基础，我把企业营业利润的组成概括为"三支柱两减值"。

按照利润表自上而下的顺序，支持营业利润的三个支柱是：

1. 核心利润

在本书前面，我曾经提到过，核心利润的计算公式为：

$$核心利润＝营业收入－营业成本－税金及附加－销售费用$$
$$－管理费用－研发费用－利息费用$$

从计算公式来看，核心利润才是企业营业收入带来的利润。

需要注意利息费用与营业收入的关系。如果企业现金流量表中的经营活动产生的现金流量净额是大于零的，则在企业持续发展的状态下，企业的经营活动会不断创造货币资金。此时通常是不需要向企业的日常经营活动注入额外的货币资金的，因为企业的经营活动是能挣钱的。此时，利息费用就与营业收入没有关系。

当然，如果年度内的月度间或者日常经营活动中出现临时性周转困难，如集中购买需要大额采购资金付出或企业的应收账款与应收票据一时难以回收，则在短时间内就有可能需要消耗企业的货币资金或者通过债务融资等融资手段向经营活动提供资金支持，此时经营活动在整体上可以获得大于零的现金流量净额，但仍可能产生利息费用。

如果企业的经营活动产生的现金流量是入不敷出的状态，则需要通过融资或消耗已有货币资金存量来支持企业的日常经营活动。在这种状态下，企业的利息费用就与营业收入有关。

考虑到较为复杂的债务融资与企业经营活动的关系，本书在计算核心利润的时候直接减去利息费用。

请读者注意：在本质上，利息费用属于企业财务管理部门的债务融资代价，一般与经营活动关联较小。

就像我们在前面看到的，企业 2022 年的营业收入不足 15 亿元，而利息费用就将近 7 亿元。显然，与 15 亿元营业收入有关的经营活动不可能产生如此高的利息费用。如果把这种规模的利息费用与营业收入对比，就会误导我们对企业经营活动产生利润的评价。

请读者注意这一点。

顺便讲一下，核心利润率才是衡量企业营业收入带来利润能力的重要指标（不是销售利润率或营业利润率）：

$$核心利润率＝核心利润/营业收入×100\%$$

2. 其他收益

其他收益的构成基本上就是以政府各种类型的补贴为主的补贴性收入。

案例 ▶ 7-11

科大讯飞的其他收益分析

我们看下科大讯飞 2022 年利润表中其他收益的构成，见表 7-9。

表 7 - 9　科大讯飞 2022 年报中其他收益的构成　　单位：元

产生其他收益的来源	本期发生额	上期发生额
计入递延收益的与资产相关的政府补助摊销	14 021 877.16	16 772 227.37
计入递延收益的与收益相关的政府补助摊销	273 833 233.55	265 026 312.94
直接计入当期损益的政府补助	766 619 719.59	538 157 629.74
个税手续费返还	10 821 881.47	4 296 855.34
合计	1 065 296 711.77	824 253 025.39

在会计上，把企业获得的政府补贴分为与资产相关的政府补贴、与收益相关的政府补贴。

有意思的是，在上面这个表格中，出现了两个与利润有关的词汇，一个叫收益，一个叫损益。

收益的概念我在本书前面简略谈到过，一般指利润表中与投资相关的利润，其数据往往是净额，如投资收益、公允价值变动收益和补贴收益等。

损益的概念我在前面并没有提及，主要是这个概念在利润表中不是一个严谨的项目表达。但在实务中，一些人把利润表称为损益表。20 世纪 90 年代我参加英国特许公认会计师（ACCA）考试时，英国利润表的英文不是 Income Statement，而是 Profit & Loss Account，损益表大概来自 Profit & Loss Account。

因此，"计入损益"就是计入利润表的意思了。

本来，一个企业获得政府补贴的规模既取决于特定时期各级政府的相关政策，也取决于企业自身的经营状况以及企业对补贴政策的研究、申请以及被批准等多个环节。因此，一般而言，企业获得的政府补贴的规模是不稳定的，不应该成为企业利润的一个支柱。

但是，政府补贴成为营业利润支柱的企业还真有一些。当一个企业能够持续不断长期获得较为稳定的补贴收入时，这个企业应该在这方面有较强的能力（既符合相关政策，又能够及时申请并获得批准）。因此，代表政府补贴的其他收益可以称为企业营业利润的一个支柱。

3. 杂项收益

杂项收益是我对利润表中基本上与营业收入没有关系、与资产负债表中非经营资产有关系的利息收入（与平均货币资金的规模和利息率有关）、投资收益（与企业对外投资有关）和公允价值变动收益（与企业流动资产中交易性金融资产等有关）等三个项目的概括。

之所以做这样的概括，是因为我发现杂项收益对一些企业营业利润的贡献相当大，甚至超过核心利润的贡献。因此，将其称为支柱是可以的。

影响营业利润的两个减值是资产减值损失和信用减值损失。

2018 年以前，利润表上只有一个减值损失项目——资产减值损失。这个项目把企业资产中各个项目截至特定会计期末已经发生的减值损失归集到一起。

2018 年以后，资产减值损失一分为二，分为资产减值损失和信用减值损失。除了债权减值损失以外的资产减值损失继续由"资产减值损失"来扛，而与债权减值有关的损失则没有叫"债权减值损失"这样略显土气的名字，而是有了一个颇为文雅的名字——"信用价值损失"。

我刚开始见到这个信用减值损失项目的时候还真有点糊涂了：

资产减值损失是我（本企业）的资产出现减值，计入我（本企业）的利润表确认损失。照此理解，应该是我（本企业）的信用出现问题，计入本企业的利润表确认损失。但仔细研究才发现，原来不是我（本企业）的信用减值了，而是债务人的信用下降，导致我（本企业）的债权质量下降出现损失。原来是他（债务人）的信用下降导致我（本企业）的损失！

还是直观点吧：信用减值损失就是债权减值损失。

那么，减值损失是怎么回事呢？应该怎样看待呢？

按照现在的会计准则，到会计期末时，企业要对各项资产（包括债权资产）进行减值测试。除了货币资金，其他资产都要进行减值测试，这是根据稳健原则和配比原则进行的一种会计估计。比如，企业期末有 5 亿元的债权，如果企业估计有 2 亿元可能收不回来，就会把这 2 亿元作为坏账准备，同时确认减值损失。

我们可以把减值损失分为两种：正常的减值损失和异常的减值损失。

一种是正常的减值损失，表明企业特定资产项目由于各种原因（可能是治理原因、决策原因或者管理原因）出现了质量下降的问题。

例如，有一家成立了几十年的进出口公司，在该公司的财务报表上长期存在"三高"：短期借款高、财务费用高、存货高。这就意味着，从逻辑关系来看，存货对应着贷款本金。因此，从管理上讲，企业应该在存货的存量上加强控制。存货存量控制住了，贷款规模就控制住了，效益也就提高了。2008 年金融危机以前，该公司财务结构持续存在"三高"，幸运的是每年都有不错的利润。

2008 年金融危机来临，当年底该公司的大量存货出现了价格大幅下跌的情况。按照会计准则的要求，企业就要提取巨额的存货跌价准备。这个处理看上去是很正常的，因为金融危机属于不可抗力。该企业董事长却说：表面上看是金融危机不可抗力的影响，但是必须看到我们的管理出了问题。如果企业只有几年的历史，出现这样的情况是正常的。但是，我们是有几十年历史的企业，对经济周期应该是有感觉的。如果我们的管理水平再提高一点，是完全可以降低损失的。

这个例子对我们的启示是，很多表面上正常的事情，其实背后隐藏着企业管理不到位或者管理水平低的问题。

另一种是异常的减值损失。减值准备属于会计估计，那么很可能出现估计过高或者估计过低的情况，但是估计得异常高或者异常低就可能是对利润的操纵或者调节。

我国上市公司经常会出现集中计提减值损失的案例。请注意，从企业发展的一般规律来看，资产减值是一个过程，企业应该在资产不断出现减损的过程中进行渐进式资产减值的处理。但是，企业出于调节利润的需要，就有可能在企业缺乏利润的年份不计提或计提较低规模的减值损失，而在利润丰厚的年份集中计提减值损失，或在企业发生不可逆转的亏损年份集中计提减值损失，从而为未来财务业绩的"轻装前进"奠定基础。

需要强调的是：在企业财报信息披露过程中，并不是企业出现了资产减值，企业才进行减值损失的处理。在很多情况下，企业减值损失的处理还要顾及企业当年利润实现目标的"感受"。

所以，两个减值损失在很多情况下更像是企业营业利润的搅局者。

迈瑞医疗的营业利润结构分析

关于迈瑞医疗 2022 年利润表的内容，读者可以参阅附表 2。

我们以合并报表数据为基础进行分析。从 2022 年迈瑞医疗合并利润表的数据结构来看，企业的两个减值规模并不大，加在一起为 1 亿元以上，与营业利润 110 亿元的规模相比是非常小的。这表明企业的资产包括债权资产的整体质量是高的，且对营业利润的冲击较小。

在三个支柱方面，代表政府补贴的其他收益不足 6 亿元，对营业利润的贡献也并不大。

构成杂项收益的利息收入、投资收益和公允价值变动收益中的后两项居然是负数，说明企业合并资产的投资规模要么不大，要么投资管理能力不强。由于投资收益和公允价值变动收益规模不大且为负数，所以企业杂项收益的规模还小于利息收入。结论：杂项收益对企业营业利润的贡献较小。

核心利润就不用计算了。从营业利润中两减值、其他收益和杂项收益的表现可以判断：支撑企业营业利润的主体是由营业收入带来的核心利润。核心利润在企业营业利润中处于核心地位，是企业产品具有市场竞争力的表现，也是从事生产经营企业核心竞争力的体现。

科大讯飞的营业利润结构分析

请考察一下本章前面表 7-7 关于上市公司科大讯飞 2022 年年报中利润表的部分数据，对企业营业利润的结构进行分析。

我们还是以合并报表数据为基础进行分析。从科大讯飞合并利润表 2022 年的数据结构来看，企业的两个减值规模加在一起是比较大的，其中，信用减值损失的规模已经超过了营业利润的规模，且上年信用减值损失的规模也很大。这表明企业的资产尤其是债权资产的质量是存在问题的，企业应该在这方面加强管理。

在三个支柱方面，代表政府补贴的其他收益达到了创纪录的 10.65 亿元，对营业利润的贡献是重大的。

构成杂项收益的利息收入、投资收益和公允价值变动收益加在一起是负数。这倒不是企业的利息收入和投资收益不争气，而是企业的公允价值变动收益出现了 2.5 亿元的负数，与上年 3.3 亿元的正数形成了极大反差。真是应了那句话：常在河边走，哪有不湿鞋！正是企业投资中不具有战略意义的短期投资形成了对杂项收益乃至营业利润的较大冲击。

结论：杂项收益对企业营业利润的贡献是负数。

核心利润不用计算。从营业利润中两减值、其他收益和杂项收益的表现可以判断：支撑企业营业利润的主体是由政府补贴为主的其他收益，营业收入带来的核心利润几乎对企业的营业利润没什么贡献。在营业收入增长、且具备一定规模的状态下，企业的营业收入居然对企业的营业利润没有什么贡献，应该意味着企业的产品没有显著的市场竞争力。

〜〜〜〜〜〜〜〜〜〜〜〜〜〜〜〜〜〜〜〜〜〜〜〜〜〜〜〜〜〜

案例 ▶ 7-14

蓝帆医疗的营业利润结构分析

表 7-10 列示了蓝帆医疗 2020—2022 年年报中利润表的部分数据。

表 7 - 10 蓝帆医疗 2020—2022 年营业利润结构

单位：元

项目	2022 年 合并报表	2022 年 母公司报表	2021 年 合并报表	2021 年 母公司报表	2020 年 合并报表	2020 年 母公司报表
一、营业总收入	4 900 477 570	243 576 285	8 108 586 465	2 968 321 856	7 869 425 144	2 773 339 597
营业收入	4 900 477 570	243 576 285	8 108 586 465	2 968 321 856	7 869 425 144	2 773 339 597
二、营业总成本	5 524 116 278	381 771 081	5 727 871 760	2 144 039 528	4 088 484 623	1 639 137 354
营业成本	4 398 973 475	242 621 083	4 301 551 055	1 727 521 447	2 801 369 948	1 220 453 632
税金及附加	36 917 960	7 959 373	55 154 313	32 850 250	34 386 394	13 557 630
销售费用	370 591 528	11 771 548	373 422 251	19 530 743	436 403 566	107 483 701
管理费用	331 272 798	66 899 203	391 730 638	115 666 527	244 770 318	84 188 361
研发费用	352 487 638		438 523 396	92 561 835	291 443 163	87 453 262
财务费用	33 872 880	52 519 873	167 490 105	155 908 726	280 111 234	126 000 767
其中：利息费用	129 476 886	99 990 591	133 319 561	105 889 059	189 919 152	111 100 692
利息收入	36 732 072	20 863 607	56 748 727	24 556 792	64 014 706	21 347 163
加：其他收益	63 100 528	375 377	49 222 558	22 615 322	31 117 948	11 788 553
投资净收益	257 711 883	1 104 985 673	24 308 684	12 827 979	36 100 123	−2 975 916
公允价值变动净收益	−6 741 686	−4 967 685	1 098 472 037	1 098 138 001	1 056 689	1 080 740
资产减值损失	−82 338 009		−2 117 249 309	−2 950 363 464	−1 769 164 219	−2 516 228
信用减值损失	−10 245 260	−5 349 656	−42 940 690	−2 762 433	−45 519 571	−176 522
资产处置收益	72 350	770	−1 980 031		3 947 561	
三、营业利润	−402 078 902	956 849 683	1 390 547 954	−995 262 268	2 038 479 051	1 141 402 870

我们继续以合并报表数据为基础进行分析。2022 年，蓝帆医疗实现了合并报表上的净亏损。

从蓝帆医疗合并利润表 2022 年的数据结构来看，企业的两个减值规模加在一起并不大，但对企业的营业利润仍然形成了较大的冲击——加深了企业的亏损程度。

如果从 2021 年和 2020 年的合并利润表数据考察，你很容易会发现企业的资产减值损失在 2021 年和 2020 年对企业的营业利润造成了巨大冲击！这意味着企业在某些资产的重大决策上出现了严重失误（有兴趣的读者可以考察一下蓝帆医疗 2021 年和 2020 年资产减值损失的构成以及企业的解释）。

在三个支柱方面，代表政府补贴的其他收益虽然只有 6 300 多万元，但对企业的营业利润还是具有雪中送炭的效应。

构成杂项收益的利息收入、投资收益和公允价值变动收益加在一起是 2.9 亿元。在风雨飘摇的 2022 年，杂项收益能对企业的营业利润有这样的贡献真是不容易！而在 2021 年，公允价值变动收益对企业营业利润的贡献将近 11 亿元。这意味着，企业在资本市场中进行的非战略性投资一直是比较活跃的。

结论：2022 年，杂项收益对蓝帆医疗营业利润的贡献是很高的。

核心利润不用计算。从营业利润中两减值、其他收益和杂项收益的表现可以判断：蓝帆医疗的核心利润是一个显著小于零的负数——营业收入并没有带来核心利润。

这就是说，支撑蓝帆医疗营业利润的主体是由非经营资产的货币资金及各种投资带来的杂项收益，政府补贴也为企业的营业收入贡献了正能量。而营业收入带来的核心利润是负数，拖了企业营业利润的后腿。在营业收入虽然下跌但仍具备一定规模的条件下，企业的营业收入居然不能产生核心利润，应该意味着企业的产品在市场竞争中的竞争力在迅速下降。

最后，再简单说一下资产处置收益。到现在为止，我一直没有提及这个项目。主要原因是这个项目不可能持续对企业的营业利润产生正的贡献——企业的非流动资产处置一项就少一项。这个项目不具有更多的分析价值，在分析中做一个偶发因素看待即可。

可见，营业利润"三支柱两减值"的结构分析对考察企业盈利能力的竞争力非常有效。

7.3.2　几个利润表项目或比率的讨论

1. 毛利率的走势

毛利率的走势是我们首先应该关注的问题。毛利率在很大程度上反映了企业产品的竞争力，而产品的竞争力又是企业竞争力最重要的表现。这里主要强调两方面的内容：

第一，存货管理和利润操纵。

前面我们谈到一种现象，企业的利润有时无法带来现金流量。这时利润的增加往往伴随着另外两个重要项目的变动——应收账款和存货的增加。我们看下面两组基本关系：

期初存货＋本期增加存货＝期末存货＋营业成本

毛利＝营业收入－营业成本

这两个关系特别重要。在报表上，存货只可能有两种情况：已经卖掉的存货变成企业利润表的营业成本，没有卖掉的部分则留在资产负债表的期末存货中。销售行为产生了营业收入，销售的代价就是存货成本。因此，从会计的角度看，被卖掉的存货转化为营业成本。

从前面的关系式可以看出，在"期初存货＋本期增加存货"已经确定的情况下，如果会计处理导致存货增加或积压，将致使营业成本下降。在营业收入已经确定的情况下，毛利、毛利率一定会上升，进而导致当期利润增加。另外，在制造业，积压的存货中摊销了许多折旧费等生产费用，所以，制造业存货实物的积压也会导致当期利润增加。更恶劣的是，为了操纵利润，有的企业仅仅在账面上"积压"了存货，实际上已经卖出存货，但是账上没有及时结转成本（账上的存货金额已经没有了对应的实物），这也会导致当期利润增加。

总结

总结一下：如果出现了实物积压，就要考虑应该改善的管理问题；但如果是数字"积压"，并没有对应的实物存货，则是会计造假和利润操纵问题。

特别提示

需要注意的是：存货积压虽然会导致当期利润增加，但从根本上来说对企业未来不利。今天积压的存货可能就是未来企业亏损的助推器。

 案例 7-15

某电器集团的存货管理分析

某电器集团某年的情况见表 7-11。

表 7 - 11　某电器集团某年部分财务数据　　　单位：亿元

存货		营业成本		核心利润		经营净现金流量	
年初	年末	上年	本年	上年	本年	上年	本年
29.5	42.5	55	78	4.4	5.2	（未编制）	1.9

我们在前面谈到过，在周转速度超过 2 次的情况下，比较理想的状态是：经营净现金流量与核心利润的比在 1.2～1.5 的范围。也就是说，在企业经营良性发展的时候，有利润更应该有现金净流量。如表 7－11 所示，企业经营净现金流量应该在 6.2 亿～7.8 亿元，而实际的经营净现金流量只有 1.9 亿元，有 4 亿～5 亿元的缺口，出现了有利润没有现金流量的情况。

那么利润在哪里呢？我们在前面的分析中也提到过，在有利润没钱的情况下，企业的利润一般对应两个项目的增加：应收账款与应收票据（该公司应收账款与应收票据年末与年初相比没有显著增加，预收款项变化也不大），以及存货。该企业上一年存货共卖出 55 亿元，年底存货达 29.5 亿元。按照上年的销售水平，年底有这么多存货能让企业踏踏实实在未来卖半年！当年卖出 78 亿元，年底又有存货 42.5 亿元，继续让企业踏踏实实在未来卖半年！如果按照年底的存货来计算，该企业的存货年度周转速度不到 2 次！按照平均存货计算，存货年度周转速度刚刚超过 2 次。

为什么会这样呢？由于企业的回款是正常的，因此很可能的情况是：利润在一定程度上来自存货积压，甚至有可能企业当年年末的存货不是 42.5 亿元。企业利润与经营净现金流量的缺口基本上表明存货积压的程度。

该电器集团在第二年勉强维持盈利，第三年就巨亏 7 亿元。

第二，存货周转和毛利率之间的关系。

比较好的现象是：产品毛利率较高，表明该产品有较强的市场
竞争力，产品可能较畅销，从而存货周转率也更高。

Q　**特别提示**

> 要特别警惕的现象是：毛利率下降，存货周转率也下降——
> 降价不能有效地促进存货周转。出现这种情况，一定是产品卖
> 不动了，这时要注意识别这种现象是阶段性的还是根本性的。
> 如果是阶段性的，可能是政策原因、产品批次原因等，还可以
> 再观望一下。如果是根本性的，产品可能已经被市场淘汰了。

2. 费用额和费用率

我们在前面对销售费用率、管理费用率和研发费用率进行了讨
论，现在再进行补充讨论。

进行费用的数额分析，要注重从以下三个方面思考：

第一，集团管理问题。费用的发生必然与集团管理方式有关
系。例如，人力资源成本在销售费用、管理费用和研发费用中的占
比水平，与企业集团指定的集团总部与子公司在人力资源政策上的
权力划分以及决定机制有关。有的企业高一级的管理层实施限薪计
划，而子公司则采取较为市场化的人力资源薪酬机制。又如，企业
集团制定的靠研发驱动还是靠营销驱动的战略选择会显著影响企业
研发费用与销售费用的规模和结构。

第二，企业组织结构和业务结构的变化。当企业在年度内出现
重组、并购、分拆等重大变化而导致其组织结构和业务结构出现较
大变化时，企业的费用额在年度间可能会出现显著变化。

第三，控制权变化的影响。有的时候不用分析报表，只要对企

业控制者的风格、习惯和个人偏好有一些了解，就能对企业的运营有比较清晰的认识。从费用中我们经常会看到管理者的影子。大股东变化会导致企业费用结构的变化。有的时候大股东不变，但是有其他人事变动，也会对企业的费用结构有一定的影响。

读者可能注意到了：有一年，格力电器宣布给每位员工每月上调工资 1 000 元。这个决定一旦实施，该公司在实施后的人力资源成本就会上升。而人力资源成本的上涨将影响营业成本、管理费用和销售费用等的上涨。显然，这种上涨与董明珠董事长在企业、股东、员工之间的利益关系的思考有关。

费用率反映的是同样的费用所带来的不同效用。在实行集团管理的条件下，由于企业集团战略管理、组织结构等问题的影响，母公司的相关比率（如销售费用率、管理费用率和财务费用率等）不能说明任何问题。这时合并报表的相关比率更能说明问题，至少能够说明集团的管理效率。

3. 公允价值变动收益

我们在前面多次看到过这个概念。那么，什么是公允价值变动收益呢？举个例子来说，年初 10 元购入的股票，年底涨到 18 元了——年底的 18 元就叫公允价值了。在会计上，这 8 元增值就是公允价值变动收益。请注意，仅仅因为股票价格上涨就有了利润。这种利润是不是太虚了？此时根本就没有现金流量的跟进。所以，我说公允价值变动收益是最虚的利润。

4. 小项目的大贡献

什么是小项目？

第一种是性质上的小项目，比如其他业务收入、资产减值损失、营业外收入、公允价值变动收益等，这些在性质上都是小项目，在正常情况下不应该成为利润的主体。但是，我们可能经常在上市公司的利润报表上看到小项目在"力挽狂澜"——小项目对企业盈利能力有支撑性的贡献。最典型的是其他收益和资产处置收益。

读者可能已经听说过：有一年，某上市公司通过变卖几套学区房实现盈利。这种变卖学区房的利润属于资产处置收益，按照现在的利润表格式，资产处置收益应该归属于营业利润。有兴趣的读者可以去看一下上市公司的年报，靠其他收益、资产处置收益实现盈利的企业并不是个别现象。需要强调的是，当企业靠这些小项目维持利润时，一定意味着核心业务的盈利能力出现了问题，企业的持续盈利能力也会有问题。

第二种是资源占用少的小项目。这可能是企业新的利润增长点、新的竞争优势的增长点，极有可能显示了公司持续发展的一种新的潜力。

7.3.3　利润结构与资产结构

对企业利润结构与资产结构之间的对应关系展开分析，应以合并报表为基础。由于母公司对外控制性投资采用成本法核算，因而导致母公司资产结构与利润结构之间的对应关系并不清晰。

为有效进行资产的结构性盈利能力分析，我把合并资产分为经营资产与非经营资产，请读者特别注意。

1. 合并资产负债与合并利润表之间的结构性联系

从合并资产负债表与合并利润表的结构来看，两表之间存在清晰的对应关系。

（1）经营资产与营业利润和其他收益之间的关系。

企业合并资产中的经营资产[①]整合在一起产生利润表中的营业收入，并进一步产生利润表中的核心利润。如果企业所从事的生产经营活动恰恰符合各类补贴政策，企业又积极申请了相关补贴，那么企业的经营活动还能带来补贴收入。[②]

总结

总结一下，合并资产中的平均经营资产推动了营业收入与核心利润（加补贴收入），企业核心利润与补贴收入（即其他收益）之和与平均经营资产之比所反映的经营资产报酬率，反映了企业经营资产的盈利能力：

$$经营资产报酬率 ＝（核心利润＋其他收益）/平均经营资产 \times 100\%$$

（2）非经营资产与营业利润中的杂项收益之间的关系。

企业合并资产中的非经营资产[③]产生利润表中营业利润中的杂项收益——利息收入、投资收益和公允价值变动收益等。

---

① 包括应收票据、应收账款、应收款项融资、合同资产、预付款项、存货、固定资产、在建工程、使用权资产、无形资产、开发支出、商誉和长期待摊费用等。

② 从企业获得的补贴收入的情况来看，其原因大多可以追溯到企业的经营活动——要么与经营活动本身有关，要么与服务于经营活动的经营资产购建有关，要么与提高企业产品或服务竞争力的活动有关，如研发活动等。

③ 包括经营活动产生的现金流量净额充沛条件下的货币资金、交易性金融资产、衍生金融资产、一年内到期的非流动资产、债权投资、其他非流动金融资产以及长期股权投资等。

总结

这就是说，合并资产中的平均非经营资产带来了杂项收益，而杂项收益与平均非经营资产之比所反映的非经营资产报酬率，反映了企业非经营资产的盈利能力：

$$非经营资产报酬率 = \left(利息收入 + 投资收益 + 公允价值变动收益\right) \Big/ 平均非经营资产 \times 100\%$$

（3）关于两个项目的讨论。

在上述结构性对应关系的分析中，还有影响营业利润的两个因素没有被包括进去：一是资产处置收益，二是两项减值损失。

从资产与营业利润项目的对应关系来看，资产处置收益应属于经营资产带来的收益。但资产处置收益具有临时性的特点，在常规条件下不可能对企业持续盈利能力产生影响。因此，在资产结构性盈利能力分析中，资产处置收益不作为常规分析的因素纳入考虑。

两项减值损失是年度内资产减值的结果。从逻辑关系来看，已经减值的资产不可能对本期利润做出贡献，而已经减除减值因素的年末资产总额所带来的利润就应该是前述营业利润的三个支柱。

2. 结构性盈利能力差异与企业竞争力及企业风险

在企业对经营资产与非经营资产的管理能力均较强的情况下，企业的全部资产将"齐心协力"创造出各方所预期的价值。

（1）较高的结构性盈利能力与企业竞争力。

企业资产的结构性盈利能力通常会表现出一定的差异性。一般来说，具有较高盈利能力的资产板块的质量较高，反映了企业在相应资产区域的管理能力和管理质量较高。

如果企业经营资产的盈利能力较强，则一般意味着企业的产品或服务具有一定的市场竞争力，企业经营资产的运转效率较高，不存在大的结构失衡。从影响核心利润的因素来看，企业在营销活动、研发活动以及运用综合影响力拓展产品或服务市场方面具备竞争力。

如果企业非经营资产的盈利能力较强，则一般意味着企业将闲置货币资金迅速应用于各类投资并对现有投资进行管理的能力较强。

（2）较低的结构性盈利能力与企业风险。

如果企业经营资产结构失衡或者质量较差，其经营资产的盈利能力就可能出现问题；如果企业的非经营资产整体质量不高，其资产报酬率也可能较低。反之，过低的结构性盈利能力意味着企业相应资产质量的下降，企业风险会因此上升。

由于合并报表中经营资产的规模往往高于非经营资产的规模，因此，正常情况下，企业经营资产所带来的核心利润以及与经营活动有关的补贴收入应当是合并营业利润三支柱的主体。在合并报表中经营资产较多、而核心利润与补贴收入之和在营业利润三支柱中的占比较低的情况下，基于企业获得子公司方式的不同，企业的经营资产结构可能存在不同风险。

例如在企业以自建方式设立子公司的情况下，如果经营资产的建设周期过长（在建工程规模大、建设周期长）、经营资产的经营色彩不强（如大量与经营活动无关的资产购置与建设），企业的资产结构与业务结构出现严重失衡，则企业的经营资产很难产生较好的投资回报——这种情况在一定程度上表明企业在固定资产及其他非流动经营资产的购建决策过程中可能存在问题。而决策失误导致的风险很难通过未来经营活动的努力来消除。

在企业以并购方式获得子公司并发展业务的情况下，如果在并购过程中被收购企业的资产评估增值过高、并购企业支付的对价过高导致商誉过高，那么由此导致的合并报表中的高额商誉和高额无形资产（评估增值导致的）会成为企业经营资产盈利能力的阻碍：商誉和无形资产的评估增值不可能推动子公司的经营活动并带来持续盈利。

在某些情况下，企业合并资产中的非经营资产会超过经营资产的规模，但其对营业利润的贡献可能显著不足。出现这种情况，要么是企业没有对货币资金进行有效运用，进而导致企业货币资金形态的资产长期规模较大，要么是企业在非经营资产管理尤其是对外投资管理上存在较大欠缺。

案例 ⊙ 7-16

复星医药与爱美客的资产结构比较盈利能力分析

下面根据两家上市公司 2021 年年度报告中的财务数据，对企业资产结构的盈利能力进行分析。

1. 复星医药

上海复星医药（集团）股份有限公司（以下简称复星医药）2021 年年报中的相关数据如表 7-12 和表 7-13 所示。

表 7-12　复星医药 2020—2021 年资产的结构性信息 单位：亿元

	2021 年 12 月 31 日	2020 年 12 月 31 日	平均资产
经营资产	546.36	357.02	451.69
非经营资产	386.58	479.84	433.21
资产总计	932.94	836.86	884.90

注：该公司其他流动资产主要为税金等经营性项目，其他非流动资产主要为非流动经营资产预付款，均归入经营资产。

表 7 - 13　复星医药 2021 年利润表的结构性信息及资产的结构性报酬率

单位：亿元

指标	2021 年度
核心利润＋其他收益	20.23
平均经营资产	451.69
经营资产报酬率	4.48%
杂项收益	52.10
平均非经营资产	433.21
非经营资产报酬率	12.03%

从资产的结构性盈利能力来看，复星医药经营资产的盈利能力显著低于非经营资产的盈利能力。这一方面意味着复星医药的非经营资产管理质量较高、非经营资产组合产生了较好的投资回报；另一方面也表明复星医药更多的经营资产的投资报酬率远低于较少的非经营资产的投资报酬率，这需要从经营资产的结构以及经营活动的组织等方面寻找原因。

表 7 - 14 列示了复星医药 2021 年年报中合并资产负债表、合并利润表与合并现金流量表的部分财务数据。

表 7 - 14　复星医药 2021 年合并财务报表部分科目信息

单位：亿元

主要经营资产项目	2021 年 12 月 31 日	2020 年 12 月 31 日
应收票据	0.16	2.42
应收账款	60.29	45.65
应收款项融资	4.28	6.29
预付款项	17.38	14.95
存货	54.72	51.63
固定资产	89.19	81.36
在建工程	36.16	41.19
使用权资产	7.47	7.46
无形资产	102.76	86.70
开发支出	31.57	28.29

续表

主要经营资产项目	2021 年 12 月 31 日	2020 年 12 月 31 日
商誉	94.00	86.77
主要经营资产合计	497.98	452.71
利润表与现金流量表部分项目	**2021 年**	**2020 年**
营业收入	390.05	303.07
经营活动产生的现金流量净额	39.49	25.80
购建固定资产、无形资产和其他长期资产支付的现金	49.73	44.37

表 7-14 的财务数据已经给出了企业经营资产盈利能力不高的原因：

首先，从企业发展方式上，大规模的商誉说明复星医药的扩张主要通过收购来实现。尽管收购能够在收购年份及收购后的一段时间立即改善企业的营业收入，但较高的收购代价直接导致企业经营资产中的"纸面资产"增加（如商誉过高、被收购企业无形资产及其他经营资产评估增值），进而导致经营资产周转速度下降（仅以表 7-14 中并不完全的经营资产数据来看，复星医药经营资产的周转速度肯定会高于一年一次）。如果经营资产周转速度低的企业想获得较为理想的核心利润，就只能寄希望于企业产品或服务的高毛利率（但很遗憾，企业合并利润表中体现的毛利率并不突出）。2021 年企业商誉进一步增加，说明企业通过收购实现发展的"初心"并没有变化。

其次，收购导致的企业经营资产中出现的大规模"无形化"资产的纸面价值，在没有也不可能增加合并营业收入的同时，可能会由于对其进行摊销或在某一会计期间突然计提减值损失而使得企业的核心利润及营业利润出现下降。典型的导致资产纸面价值增加的原因是：并购过程中被收购企业的商誉、无形资产及其他资产的评估增值。根据复星医药 2021 年的年度报告，仅在 2021 年复星医药就通过收购确认了商誉 1 024 242 241.34 元、被收购企业的无形资产评估增值 1 383 770 592.75（从账面价值 14 220 477.62 元猛增到评估价值 1 397 991 070.37 元，约 98.31 倍）、固定资产评估增值 1 932 260.03 元（从账面价值 15 735 901.47 元增加到评估价值 17 668 161.50 元，约 1.12 倍）。这些"纸面资产"的增加只是扩大了合并资产的规模，不可能推动被收购企业营业收入的增长。诚然，并购中出现合并商誉及相应项目的资产评估价值增加固然有其合理性，但长期主要采用高商誉、高无形资产和高其他资产评估增值的收购必然会导致企业未来出现"营业收入因并购而增长，经营资产报酬率却难以得到有效改善"的现象。

最后，复星医药一直在进行固定资产、无形资产和其他长期资产的建设。仅在 2020 年和 2021 年，复星医药在这些方面的投入就分别达到 44.37 亿元和 49.73 亿元。从主要经营资产的结构和变化来看，这些建设主要推动了企业在建工程、固定资产和无形资产的增加，这对企业产品和业务的市场开拓具有重要意义。然而，营业收入的增长速度一旦跟不上短时间内非流动经营资产的快速增加，就会导致企业新增加的经营资产所推动的营业收入较低，进而导致经营资产的周转速度和盈利能力降低。当然，经营资产的增加既着眼于推动近期的营业收入增长，更着眼于企业未来的业务发展。因此，企业非流动经营资产的建设对企业营业收入的推动往往具有滞后性。尽管如此，企业短时间内的非流动经营资产的极速扩张也可能是企业经营资产报酬率不高的原因。

对复星医药资产结构性盈利能力的分析表明，企业选择的发展之路决定了资产的结构性盈利能力。发展战略确定以后，企业资产的结构性盈利格局就基本确定了。

2. 爱美客

爱美客技术发展股份有限公司（以下简称爱美客）2021 年年报中的相关数据如表 7-15 和表 7-16 所示。

表 7-15　爱美客 2020—2021 年资产的结构性信息　单位：亿元

	2021 年 12 月 31 日	2020 年 12 月 31 日	平均资产
经营资产	4.18	2.77	3.48
非经营资产	48.47	43.56	46.01
资产总计	52.65	46.33	49.49

注：该公司其他流动资产和其他非流动资产规模较小，归为经营资产。

表 7-16　爱美客 2021 年利润表的结构性信息及资产的结构性报酬率

单位：亿元

指标	2021 年度
核心利润加其他收益	10.29
平均经营资产	3.48
经营资产报酬率	295.69%
杂项收益	1.00
平均非经营资产	46.01
非经营资产报酬率	2.17%

从结构性盈利状况来看，爱美客经营资产的盈利能力远远高于非经营资产的盈利能力。这一方面意味着企业的经营资产具有极强的市场能力和盈利能力，产品或服务具有显著市场竞争力；另一方面也意味着企业非经营资产的管理还有进一步改善的空间。如果企业非经营资产在资产总额中的占比长期过高且盈利能力长期低迷，那么企业的非经营资产就存在质量不佳的风险。年度报告显示，爱美客在 2020 年吸收投资收到的资金为 34.73 亿元，但其 2021 年底的经营资产规模相较于年初没有显著变化，这意味着企业的募集资

金还没有大规模使用。爱美客 2021 年现金流量表中的相关数据说明了这一点（见表 7 - 17）。

表 7 - 17 爱美客 2021 年现金流量表部分项目信息　单位：亿元

现金流量表部分项目	2021 年	2020 年
经营活动产生的现金流量净额	9.43	4.26
购建固定资产、无形资产和其他长期资产支付的现金	0.23	0.32
吸收投资收到的现金	0.001 5	34.73

上述数据表明，无论是 2020 年还是 2021 年，爱美客经营活动产生的现金流量净额远大于当年"购建固定资产、无形资产和其他长期资产支付的现金"——企业处于这样一种境界：企业完全可以不进行任何融资，仅通过经营活动产生的现金流量净额就可以实现相当规模的业务扩张。这也解释了为什么爱美客 2021 年没有大规模使用 2020 年募集的资金。

考虑到企业募集资金时间并不长，其募集资金的未来最终去向是否能够给企业带来新的营业收入与核心利润，还需要时间考察。鉴于企业极强的产品或服务的市场竞争力，企业未来应该将募集资金尽快投入经营活动。

企业资产的结构性盈利能力同时整合了企业的经营情况和发展战略，因而资产的结构性盈利能力分析方法提供了评估企业盈利能力和发展潜力的新视角。这种分析不旨在揭示企业发展之路的优劣，而希望通过分析企业资产的结构性盈利能力揭示企业资源配置的特征，进而考察企业所执行的战略及其战略成效，并对企业的发展前景进行展望。

7.3.4　利润结构与现金流量结构

在一般情况下，我们可以认为：企业的利润必须带来相应的现金流量，否则利润就可能是虚的。那么，利润应该产生多少现金流量呢？投资收益对应的现金流入量比较复杂，这里我们主要讨论核心利润带来的经营净现金流量。

我们在前面已经谈过，在每年的存货周转速度超过 2 次的情况下（季节性差异、经营周期差异可以得到消除），良性发展企业的核心利润应该能产生相当于核心利润 1.2～1.5 倍的经营活动现金流量净额。

需要说明的是，在把企业的核心利润与企业经营活动产生的现金流量净额进行比较的时候，企业的核心利润应当加上补贴收入。这是因为，企业获得的各项补贴收入是计入经营活动产生的现金流量净额的。

如果是房地产等经营周期比较长的企业，就应该按照项目周期来考察。在项目完成的时候，项目的核心利润一定要小于经营现金净流入量。注意，**我们要关注利润，更要关注现金流量！**

 思考

为什么核心利润要产生更多的经营现金净流入量呢？

因为经营现金净流入量有很多用途，要分红、补偿折旧和无形资产摊销、支付利息等。如果有利润无现金，意味着企业的利润只是数字，而不是可以支配的资产！所以说经营现金净流入量是检验核心利润质量的试金石。

案例 ▶ 7-17

复星医药、爱美客的利润结构与现金流量结构对比分析

下面我们以本章前面复星医药和爱美客 2021 年年报中的相关数据进行讨论。

在复星医药 2021 年的财报数据中，企业的核心利润加其他收益的规模为 20.23 亿元，经营活动产生现金流量净额的规模为 39.49 亿元，这个数量对应关系远高于我的经验判断——经营活动产生的现金流量净额应是核心利润加其他收益的 1.2～1.5 倍。因此，从对应关系来看，复星医药当年经营活动产生现金流量净额的能力是很强的。

而在爱美客 2021 年的财报数据中，企业的核心利润加其他收益的规模为 10.29 亿元，经营活动产生现金流量净额的规模为 9.43 亿元，这个数量对应关系没有达到我的经验判断——1.2～1.5 倍的水平。因此，从对应关系来看，爱美客当年经营活动产生现金流量净额的能力虽然比较强（购建固定资产和无形资产等支付的现金根本用不了这么多钱），但与核心利润加其他收益比，还有改善的空间。

当然，企业核心利润加其他收益较高、经营活动产生的现金流量净额不是很充分，这也是企业经营过程中的常态。但如果企业核心利润产生现金流量的能力长期很弱，甚至经营活动产生的现金流量净额入不敷出，则企业有可能存在赊销过度、市场能力不强、采购不能利用供应商提供的商业信用以及虚假销售等情况。

7.4　利润结果的质量

　　企业的利润在哪里？从结果来看，任何一项资产都可能是利润，利润就在资产里。利润散落在各项资产中。

　　举个例子。我曾经从事过一段时间的审计工作。有一次审计一家国有企业的账目时，发现有一笔账是这样记的：增加"待摊费用（属于资产）"，减少"管理费用"。我很诧异：难道前面的账记错了，多记了管理费用，现在更正错账给调整出来了？会计人员对这项业务的说明是：根据某某会议精神，调增利润。原来，当年这家企业的待摊费用就是利润，正是由于待摊费用的增加，才成全了管理费用的降低。管理费用降低了，核心利润自然就上去了。

　　因此，讨论利润质量就会涉及资产质量。关于资产质量的具体分析，我们稍后讨论。

看价值

下面所讲的价值与证券股价不太一样，是指企业非证券市场交易条件下股东权益的价值，而证券股价的直接表现就是股票价格。

企业股东权益的价值有不同的表现。我们以一家制药厂的股权价值的确定为例。我国北方的一家制药厂，在出售股权前一年（这一年的财务数据用于企业股权价值的确定）主要的财务数据是：营业收入8 000万元，净利润3 000万元。公司净资产账面价值1.2亿元，买方委托的资产评估师按照成本法评估的金额为1.6亿元，按照收益法评估的金额为3亿元。但是，最终确定的成交价（也就是市场交易价）为3.6亿元。同样的资产，有这么多不同的价值表现，而且差异巨大。我们应该如何看待这种现象呢？这就是我们下面要讨论的内容。

我们将企业股东权益的价值分为入资时的价值和入资后的价值。

8.1 股东入资的价值——入资的三重效应

我们通常特别关心企业的注册资本是多少，但是对实收资本的内容或者股东入资的具体内容关注不够。实际上，入资的内容不同，对企业发展所产生的效应也显著不同。

在我看来，股东对企业入资至少有三重效应。

1. 为盈利能力奠定基础

实收资本是用来支持企业经营的，因此，对用于注册资本的资产的基本要求是：入资的资产应该与公司的业务有关系，并对企业持续不断的盈利能力有贡献。这个要求本来不高，但是有很多公司做不到。

2. 对潜在债务提供保证

实收资本的第二个效应是要对潜在的债务提供保证。我们通常说的企业资不抵债，是指企业的累计亏损已经超过股东入资的整体规模，而使股东权益变为负数的状态。

因此，如果注册资本不实，如作为入资的资产结构严重失衡、难以整合并产生相应的利润，或者在非现金入资的过程中资产评估师对非现金资产的评估增值幅度过大，造成实际上的低价高报、以次充好，就较难给企业未来的债权人提供保证。因此，如果企业的入资内容中有非现金资产，就应特别关注估价过程中评估师的角色，关注这些非现金资产的评估增值幅度。

3. 股东间的利益关系协调

股东入资还会引起股东之间利益关系的变化。很多企业的股东多于一人，如果每个股东向企业注入的都是货币资金，则按照注入的货币资金的规模比例就可以确定每位股东的股权份额。但是，在有的股东注入企业的资产是各种形式的非现金，有的股东注入企业的资产是现金的情况下，非现金资产的估价高与低以及折算成股份份额的方法会直接影响股东间的利益关系。

通俗地说，注入非现金资产的股东的股份在很大程度上取决于评估师的评估。而评估既有主观性，又有动态性。非现金入资资产的评估价值越高、折合的股份越多，注入现金资产的股东的股权比例就会越低。因此，资本不实不仅仅关系企业的经营和业绩，还对企业的未来发展产生严重影响。所以从一开始就要设计好股权结构和入资内容。

我们以一个企业连续几年的财务状况的演变轨迹为主线，讨论一下在资本市场实践中，股东入资的效应问题。

案例 ⊙ 8-1

辅仁药业股东入资的效应分析

2023年5月22日，辅仁药业退市了。

表面上看，导致辅仁药业退市的推动力是企业经营状况不佳、注册会计师连续出具不太理想的审计意见。实际上，企业退市的"病根"是在2017年落下的。

为分析方便，我把辅仁药业2016—2019年的财务数据展示在附录5中。

从附表10利润表的营业收入、净利润的规模来看，2016年分别为4.96亿元和0.22亿元；2016年年底，企业的资产总规模为12.73亿元。但2017年企业的营业收入、净利润分别为58亿元和7.75亿元，2017年底的资产则蹿升到98.80亿元。在如此短的时间出现营业收入、净利润和资产大幅度增加，一般很难通过企业经营活动的发展来实现。

那么，辅仁药业 2017 年与营业收入、净利润和资产总额增加有关的"业务"发生了什么大事吗？

仔细考察辅仁药业 2017 年年度报告，在"同一控制下企业合并"中，有这样的信息披露（见表 8-1 至表 8-3）。

表 8-1　本期发生的同一控制下的企业合并　　　　单位：元

被合并方名称	开封制药（集团）有限公司
企业合并中取得的权益比例	100.00
构成同一控制下企业合并的依据	合并前后共同受辅仁药业集团有限公司控制
合并日	2017 年 12 月 26 日
合并日的确定依据	控制权转移
合并当期期初至合并日被合并方的收入	5 272 408 447.92
合并当期期初至合并日被合并方的净利润	770 202 937.19
比较期间被合并方的收入	4 533 759 526.17
比较期间被合并方的净利润	652 845 811.79

表 8-2　合并成本　　　　单位：元

合并成本	开封制药（集团）有限公司
现金	391 183 200.00
发行或承担的债务的账面价值	5 349 030 904.74
发行的权益性证券的面值	449 564 648.00

表 8-3　合并日被合并方资产、负债的账面价值　　　　单位：元

	合并日	上期期末
资产：		
货币资金	1 132 607 075.78	1 314 532 203.53
应收款项	2 295 399 431.67	1 704 538 659.51
存货	543 736 593.15	548 761 517.42
固定资产	2 578 099 473.76	2 487 944 650.11
无形资产	214 706 211.78	229 658 929.15
应收票据	247 590 228.55	276 792 313.68
预付款项	567 008 810.41	455 398 037.53
应收利息	5 633.59	

续表

	合并日	上期期末
其他应收款	14 881 297.46	22 038 434.62
其他流动资产	27 916 180.40	12 517 435.13
可供出售金融资产	2 500 000.00	1 500 000.00
持有至到期投资	300 000.00	
投资性房地产	13 385 550.40	14 217 659.20
固定资产清理		13 650.86
在建工程	716 478 153.16	305 293 225.59
工程物资	63 786.18	44 656.58
长期待摊费用		207 664.27
递延所得税资产	44 649 677.59	41 046 145.02
其他非流动资产	53 713 496.04	101 811 796.58
负债：		
借款	1 762 690 000.00	1 640 000 000.00
应付款项	160 573 565.52	167 469 379.91
应付票据	575 260 900.00	711 000 000.00
预收账款	70 276 033.15	52 724 774.34
应付职工薪酬	10 977 866.47	9 392 355.24
应交税费	111 018 885.86	78 016 137.33
应付利息	3 750 558.83	3 944 718.17
其他应付款	270 986 241.40	210 313 025.23
一年内到期的非流动负债	341 692 050.58	285 610 908.45
长期借款	428 000 000.00	368 900 000.00
长期应付款	9 273 548.13	39 813 641.42
递延收益	86 602 095.59	97 395 121.49
净资产	4 621 939 854.39	3 851 736 917.20
减：少数股东权益		
取得的净资产	4 621 939 854.39	3 851 736 917.20

上述信息表明，企业 2017 年的营业收入、利润和资产总额之所以出现大幅度的增长，是因为发生在 2017 年 12 月 26 日的一个同一控制下的企业合并。按照企业会计准则的规定，同一控制下的

企业合并，不管是在当年哪一天发生的，都视同当年 1 月 1 日发生的。因此，在辅仁药业的这次并购中，尽管并购发生在当年的 12 月 26 日，辅仁药业却把被收购企业全年的营业收入、利润、资产等合并进来了。

企业的代价又如何呢？

相关信息显示：企业的代价包括三个：一是货币资金 3.91 亿元，二是发行或承担的债务 53.49 亿元，三是发行的权益性证券的面值 4.50 亿元。

请注意，在上述三个对价内容中，最重要的是最后一个——发行的权益性证券。

请考察一下，企业 2017 年 12 月 31 日的股本与 2016 年 12 月 31 日的股本之差就是 4.50 亿元。

也就是说，此次收购对企业影响最大的是股本增加和股权结构的变化。而收购方也形成了对企业的入资，只不过这种入资的主体不是个别资产（如货币资金、固定资产或无形资产等具体资产），而是一个企业。

我们看一下这个股东入资当时所产生的几个效应：

第一，对企业盈利能力的改善。从相关信息的披露，我们看得非常清楚，作为入资内容进入辅仁药业的企业——开封制药（集团）有限公司具有完整的企业资产结构、具备一定的市场能力并可以产生利润。此次入资显著增加了企业资产的规模，提高了产生营业收入的能力，企业净利润的规模也得到极大提升。

第二，对于债务的保证。这方面看起来是较为复杂的。首先，如果企业资产实力增强、盈利能力提高并可持续发展，企业的偿债能力会是增强的。但在本次收购中，对价的内容之一是发行或承担的债务规模是 53.49 亿元。这意味着企业要为入资方未来偿还债务。显然，这种偿还应该以作为入资内容的开封制药（集团）有限公司有偿债能力为基础。如果开封制药（集团）有限公司未来的资产没有偿还债务的能力，此时入资承诺的债务承担将对企业未来形成较大的偿债压力。这种压力的增大对于债权人（收购前辅仁药业的债权人）而言意味着一种风险——辅仁药业由于此次收购而导致未来偿还债务能力下降的风险。

第三，关于股东之间的利益关系。虽然辅仁药业在收购开封制药（集团）有限公司之前与其同受一个企业——辅仁药业集团有限公司所控制，但在收购前辅仁药业的股本只有 177 592 864 元，此次收购直接导致企业的股本增加 449 564 648 元。这意味着原有的非控制性股东的相对持股地位显著下降，辅仁药业集团有限公司对辅仁药业的持股比例得到极大强化，在辅仁药业的控制力得到极大提升。至此，辅仁药业集团有限公司将辅仁药业牢牢控制在自己手里。对于上市公司辅仁药业的其他非控制性股东而言，其治理地位显著下降，在公司治理中的话语权被削弱。

当然，如果辅仁药业的控股股东辅仁药业集团有限公司在强化对辅仁药业的控制后，能够站在全体股东的立场优化资产结构，一心一意谋发展，致力于为全体股东创造财富并获得成功，将是对其他非控制性股东的福音。但如果控股股东把上市公司作为服务于自身的企业而完全为自己服务，则辅仁药业其他股东的利益就有可能受到冲击甚至损失。

至于辅仁药业被入资后怎么发展，只能靠数字说话。

果然，除了收购发生当年，辅仁药业的营业收入和净利润出现较大提升，2018 年更是取得骄人业绩：企业的营业收入、净利润和资产总额在 2018 年迈上了一个新台阶。

一切看上去都是非常完美的。

到了 2019 年，企业的营业收入和净利润开始掉头往下走，资产总额还在增加。

仅从这几个数据的变化是不能简单判定企业的财务状况出现了恶化且会持续恶化下去的：正常经营的企业由于各种原因，其营业收入不可能每年都保持增长。由于企业资产总额在 2019 年底还在增加，一般认为企业的财力还在增加。如果企业利润表的不佳表现是暂时的市场波动导致的，企业未来的财务状况尤其是盈利能力是有可能得到改善的。

但是，注册会计师出具的审计意见以及审计报告中的一些重要内容，则揭示了辅仁药业 2017 年的收购导致公司治理变化所显现出来的重大、多方面风险。

2020 年 6 月 22 日，担任辅仁药业 2020 年年报审计工作的注册会计师对企业 2019 年财务报告出具了无法表示意见的审计报告。摘要如下："我们不对后附的辅仁药业公司财务报表发表审计意见。由于"形成无法表示意见的基础"部分所述事项的重要性，我们无法获取充分、适当的审计证据以作为对财务报表发表审计意见的基础。"

审计报告中陈述的导致无法表示意见的基础如下：

1. 控股股东及其关联方违规占用资金及对外担保

辅仁药业公司 2020 年 4 月 28 日公告显示，截至 2019 年 12 月 31 日，辅仁药业公司向控股股东辅仁药业集团有限公司及关联方提供借款余额 163 562.50 万元、向控股股东辅仁药业集团有限公司及关联方提供连带责任担保 14 000.00 万元（尚有担保余额 5 980.00 万元），该事项未经辅仁药业公司董事会、股东大会审议。辅仁药业公司未对控股股东及关联方违规占用资金和对外担保计提信用减值损失和预计负债。

另外，我们通过查询公开诉讼（仲裁）信息发现，以辅仁药业公司及其子公司名义对外借款由控股股东及其关联方使用、为控股股东及其关联方提供担保，且均未按相关规定进行账务处理并及时披露。由于辅仁药业公司资金管理、关联方往来及对外担保等方面内部控制运行失效，且未提供必要的相关资料，我们无法获取充分、适当的审计证据，以判断辅仁药业公司为控股股东及其关联方提供资金及担保金额的完整性以及合理估计其可收回性，我们也无法判断是否还存在其他未披露的控股股东及其关联方资金占用、对外担保事项以及对财务报表可能产生的影响。

2. 违约债务、诉讼（仲裁）

辅仁药业公司债务逾期不能偿还，已构成违约并涉及诉讼。截至 2019 年 12 月 31 日，逾期债务本金及利息合计 238 556.58 万元，占账面负债总额 40.50％。辅仁药业公司存在违规担保及担保责任引起的代偿事项，并因违规担保涉及多起诉讼。因辅仁药业公司未提供必要的相关资料，我们无法获取充分、适当的审计证据，以合理估计因违约债务和诉讼（仲裁）案件需承担的或有负债。我们也无法判断是否还存在其他未经披露的诉讼（仲裁）事项以及对财务报表可能产生的影响。

3. 预付款项、其他应收款的商业实质及可收回性

截至 2019 年 12 月 31 日，辅仁药业公司预付款项账面余额 69 920.11 万元，其他应收款扣除前述"二、1. 辅仁药业公司公告的向控股股东及关联方提供借款余额 163 562.50 万元"后账面余额

21 270.32 万元。在审计中发现，辅仁药业公司通过供应商（亳州市济荣堂中药材销售有限公司、亳州市祥润中药材贸易有限公司）、其他往来单位（郑州云之顶商贸有限公司、开封盈天商贸有限公司、许昌宝隆印务有限公司）向控股股东及关联方支付资金，与辅仁药业公司子公司进行资金周转。我们无法就辅仁药业公司与上述供应商和往来单位的商业实质和可收回性，以及是否存在关联方关系获取充分、适当的审计证据，因此我们也无法判断预付款项、其他应收款项目对财务报表可能产生的影响。

4. 应收账款的确认、计量与列报的恰当性

辅仁药业公司全资子公司开封制药（集团）有限公司 2019 年度主营业务收入 464 294.92 万元，2019 年 12 月 31 日应收账款账面余额 377 603.72 万元，其中 1 年以内应收账款余额 343 880.34 万元，占 2019 年度主营业务收入的 74.07%；开封制药（集团）有限公司 2019 年度向圣光集团医药物流有限公司等 96 家客户销售 7.26 亿元、开封制药（集团）有限公司全资子公司河南同源制药有限公司 2019 年度向安徽益信堂医药有限公司等 226 家客户销售 1.58 亿元，截至 2019 年 12 月 31 日该公司当期销售款当期均未回款。在审计中发现，开封制药（集团）有限公司货币资金内部控制运行存在重大缺陷。我们虽然执行了访谈、函证、检查等必要审计程序，仍无法判断前述应收账款的确认、计量和列报是否恰当，以及对与之相关报表科目的影响。

5. 中国证券监督管理委员立案调查

2019 年 7 月 26 日，辅仁药业公司收到中国证券监督管理委员会下达的《调查通知书》（编号：豫调查字【2019202】号），因公司涉嫌违法违规，中国证券监督管理委员决定对公司立案调查。截至

本审计报告出具日，调查工作仍在进行中。由于该立案调查尚未有结论性意见或决定，我们无法判断立案调查的结果及其对辅仁药业公司财务报表可能产生的影响。

6. 与持续经营相关的重大不确定性

截至 2019 年 12 月 31 日，辅仁药业资金出现流动性困难，面临债务逾期无法偿还以及对外担保承担连带赔偿的资金压力，同时涉及多起诉讼、部分银行账户及资产被冻结，持续经营能力存在重大不确定性。虽然辅仁药业公司在财务报表附注的持续经营内容中披露了拟采取的改善措施，但我们无法获取充分、适当的审计证据确认辅仁药业公司在持续经营假设基础上编制的 2019 年度财务报表是否恰当。

总结一下，上述六个方面的问题可以概括为这样几点：

第一，公司治理和内部控制存在严重问题。控股股东及关联方违规占用资金及对外担保，既不是决策问题，也不是管理问题，更不是会计核算问题（即使出现对外融资被关联方直接使用而不入辅仁药业账户问题，也不是财会人员的问题），而是企业的治理出现了严重问题——企业可能迅速被纳入到了服务于辅仁药业的母公司而不是全体股东的轨道。这种情况的存在说明：只要与控股股东和关联方有关的"业务"，企业的所有内控制度都可能失灵。

第二，企业的财务状况、盈利状况出现重大恶化。从企业债务违约、诉讼仲裁不断以及持续经营存在重大不确定性的信息可以看出，企业的偿债能力在短时间内出现严重恶化。这里的短时间指的是从并购的 2017 年 12 月 26 日到 2019 年 12 月 31 日，时间并不长。在不长的时间内出现如此严重的债务问题，应该意味着企业的财务状况、盈利质量出现了重大恶化，未来发展前景不明。

第三，企业的会计核算和财务信息披露可能存在误导甚至违反会计法和企业会计准则的情形。注册会计师披露的贷款不入账直接被关联方占用、预付款项和其他应收款的商业实质以及应收账款的确认、计量与列报的恰当性等表达虽然略显含糊，但还是很明确表达了企业可能存在着误导甚至违反会计法和企业会计准则的情形。而这同样不能简单归咎于企业的财会人员，而只能是企业的治理机制出现了问题。

至于中国证券监督管理委员立案调查本身并不说明太多问题，与该立案有关的查处结果请读者关注证监会的网站。

任何一个企业存在上述问题都是非常致命的。站在 2020 年 6 月的立场，如果你是投资者或债权人，如果还对这个企业有信心，就只能寄希望于企业在被注册会计师出具审计意见后尽快做出整改调整，控股股东积极承担自己造成的对上市公司财务状况恶化的责任，并促进企业向好的方向发展。

在这个时候，如果你对这个企业的未来没有信心，作为股东或债权人，你还有时间减少损失。但应该立即行动起来，资本市场可能留给这个企业的时间不多了。

应该说，这个企业还是比较能扛的。自 2020 年 6 月 22 日注册会计师出具极其负面的审计意见后，在注册会计师指出的问题基本没有改进的情况下，坚持到 2023 年 5 月 22 日才退市。

显然 2017 年的控股股东入资是企业未来退市的重要推手。

这个案例告诉我们：企业股权结构的重大变化既可能是企业发展的重大机遇，也可能是企业走向不归路的开始。因此，不论是投资者还是债权人，都应该对企业的股权结构和公司治理的重大变化保持敏感。

这个案例还告诉我们，财报数据和注册会计师的审计意见对企业面临的风险是有重要揭示的。对财报具有一定的分析能力对投资者和债权人规避风险是很重要的。

感兴趣的读者可以参阅辅仁药业 2020—2022 年这三年年度报告中的财务数据、注册会计师的变更情况以及注册会计师出具的审计意见的类型。

8.2　股东权益的价值确定——评估方法

在公司投入经营并产生盈利或者亏损之后，股东的账面利益就是股东权益。股东权益也叫净资产。因此，企业发展一段时间以后，其价值确定就涉及股东权益的整体价值（企业股权的整体价值）和部分价值（企业部分股权的价值）的确定问题。

企业由于发展需要，可能想引入新的股东，或者想卖出部分或全部股份，或者想通过投资获得其他现有企业的股份等。那么，现有企业的股权价值怎么确定？从现在的实践来看，如果企业的股份没有上市，则只能进行评估。

关于股东权益或者净资产的传统估价方法，最常见的有两种：重置成本法（成本法）和收益现值法（收益法）。

成本法的基本原理是：净资产评估价＝资产评估价－负债评估价。因为"资产－负债＝净资产"，所以成本法是符合资产负债表的概念的。但是，这种方法的问题也很明显：认为企业净资产的价值是可以辨识的资产价值减去负债的价值，完全忽略了大量的表外资源。盈利能力越强、历史越悠久、表外资源越丰富的企业，净资产被低估的可能性越大。成本法虽然不那么科学，但可操作性强，所以应用得很广泛。

收益法是考虑了账外价值的评估方法。其基本原理是：不关心企业现在怎么样、历史怎么样，只关心未来能够创造的价值。把未来企业股东权益能够提供的价值折合成现在（折现）的价值，作为企业股权的价值。就像我们在前面提到的，企业账面1.2亿元，经评估得到两个结果——成本法评估为1.6亿元，收益法评估为3亿元。

那么企业未来创造的价值是什么？显然，企业未来创造价值的财务表现是每年的净利润（在数据处理上使用的是现金流量），还有企业最终卖出股份时能收回的部分——实际上是未来可回收资源的折现价值。

这种方法既考虑了表内资源，也考虑了表外资源；既考虑了历史，也考虑了未来；同时也符合对资产的定义：资产是能够带来未来经济利益的资源，资产的价值在于未来可利用性。**对于有较强盈利能力的企业，权益法能更好地反映其价值。但是，权益法的可操作性较差。**

思考

在一些盈利能力较强的股权价值评估过程中，收益法评估出来的价值远远大于成本法评估出来的价值。为什么同一个企业股权价值的评估会由于评估方法的不同而出现显著差异呢？

一位业内人士对我说：既然是对同一个企业的股权价值进行评估，用不同评估方法得到的评估结果不应有差别或差别不应太大。如果评估价值差别过大，那么一定是这个评估师的评估有问题——

在评估方法的选用、假设参数的设定等方面可能有问题。

但我不这样认为。我觉得这两种方法本来就不适用于同一个企业。

我们考察一下两种方法的根本差别：成本法考虑了企业资源的历史沉积，忽略了大量的表外资源；收益法考虑了表内和表外的资源整合，考虑了企业的未来发展。因此，方法本身的特点就决定了方法的适用范围：**成本法既然忽略了大量的表外资源，就只能适用于表外资源较少或者表外资源虽然丰富但不能为企业的盈利做出贡献的企业；收益法既然考虑了表内和表外的资源整合，考虑了企业的未来发展，就适用于盈利能力较强、发展状况较好的企业。**

下面从**企业生命周期**的角度看看这两种方法的应用。我们可以把企业的生命周期分为初始期、稳定发展期和没落期。显然，在初始期和没落期，企业要么没什么账外资源，要么虽然有账外资源，但不能为企业的利润增长做出贡献。因此，这两类企业适用成本法。处于稳定发展期的企业则适用收益法。

🔍 特别提示

要特别注意的是，由于未来是无法预见的，因此收益法评估本质上是一种以估计为基础的对未来的评估。因此，其评估质量既取决于评估师的专业判断，更取决于评估师的良知。

除了上述方法，常见的企业价值评估方法还有市盈率法和市净率法。

简单地说，市盈率法就是按照企业净利润的一定倍数确定企业股东权益价值的方法，其弹性在于估值所依据的净利润和所选择的倍数。其中，净利润通常以合并报表中归属于母公司所有者净利润为基础。在时间选择上，既可以是过去某个特定时间的数据（如上年或过去几年的平均数等），也可以是未来某个年度（如下一个会计年度）的数据。至于倍数选择，则应考虑交易期间资本市场同类企业的市盈率倍数以及企业老股东与新股东之间的博弈。

市净率法则是按照某个特定时间点（如上年末或某个时间点）股东权益（净资产）金额的一定倍数来确定股东权益的价值，其弹性在于估值所依据的股东权益的规模和所选择的倍数。其中，股东权益（净资产）通常以合并报表中归属于母公司所有者股东权益为基础。在时间选择上，往往选择历史上较近的过去特定时间点（如交易前某天）的数据。至于倍数选择，则应考虑交易期间资本市场同类企业的市净率倍数以及企业老股东与新股东之间的博弈。

当然，随着新业态、新商业模式的不断涌现，互联网时代公司组织形式等均在发生着深刻变化，原有的基于历史业绩的方法在一些新兴行业和企业的运用上遇到了很多问题。最大的问题是传统方法是基于历史业绩、有形资产并结合企业未来发展来进行评估的。新业态、新商业模式往往会形成利用现有会计准则难以进行确认、计量、记录和报告的账外、表外资产。因此，请有兴趣的读者留心关注这些新变化。

8.3 股东权益的价值确定——制度规定

下面需要考虑的问题是：制度是怎么规定的呢？实践中应该怎样做呢？

下面先讲一个案例。

有一段时间，我在一个国有控股的上市公司担任独立董事。有一次董事会讨论将集团（国有企业，该上市公司的控股股东）的一个全资子公司（即上市公司的兄弟公司）予以并购的议案。该兄弟公司是一个贸易公司，将 100％的股权卖给上市公司。

这个公司的基本财务状况为：净资产 650 万元，评估价为 4 500 万元，评估增值近 6 倍。从如此大的估价增值幅度来看，采用的应该是收益法。

我觉得评估增值有点高，于是询问董事会秘书证监会是怎么规定的。他告诉我：证监会当时的规定是，符合特定条件的并购，评估时一般应该考虑用成本法，但如果成本法明显低估企业价值，可以考虑用收益法，但是董事会必须对过高的评估价值承担责任。这样就会面临两难的问题：如果估价过高并以估价为基础确定并购价格，就会侵害中小股东的利益；如果估价过低并以估价为基础确定并购价格，就会造成国有资产流失。应该怎么办呢？

我当时任该公司董事会下设的审计委员会的主任委员，于是建议董事会召开审计委员会与评估机构的座谈会，讨论一下评估方法的恰当性问题。董事会非常配合。在审计委员会与评估机构的座谈会上，我强调了几点：第一，希望按照证监会的规定进行评估，建议采用成本法；第二，评估价并不等于交易价，如果企业预计未来的盈利能力很好，可以考虑在评估价的基础上适当提高。评估机构坚持认为其评估是非常恰当的。但最后董事长采纳了审计委员会的建议，最终评估方法确立为成本法。

一年多以后，该公司的另外一位独立董事在一次董事会会议上询问董事会秘书：去年我们要求改变评估方法的并购案，一年多的发展证明我们的反对是对还是错？

董事会秘书的回答出乎意料，他说：不存在你问的问题了。这个公司被并购之后进行了大量的业务整合，与以前的公司已经完全没有可比性了。

这个案例给我的启发是：我们站在当时的立场，坚持要求按照规定进行评估是对的。但是，企业发展的实际又告诉我们，企业未来的发展不可能完全按照过去的惯性进行。因此，很难用静态思维对企业动态的发展进行年度间的比较。

就制度规定层面来说，制度的规定是为了制约收益法的滥用，但我们看到的实际情况却是许多企业在被并购时都有相当高的增值。因此，要有效制约评估方法的滥用，还要不断完善制度。

8.4 股东权益的价值确定——立场与交易价值的底线

很多靠产品或者劳务经营起家的企业家，对于如何给自己的产品定价十分在行，但是在对企业的股权价值进行确定时，就不那么在行了。企业家站在卖方的立场上，往往用销售产品的思维方式考虑出售企业的股权，这是很容易吃亏的。

根据我有限的经验，我觉得在股权交易过程中，卖方应该更多地站在买方的立场思考问题。

先看一个案例。

有一天，一个朋友找到我，向我咨询一件事情。他说三年前他来北京办了一家企业，注册资本是 1 000 万元。这三年运气不错，每年的净利润是 1 000 万元，三年间也没分红，利润全部在所有者权益（股东权益）的"未分配利润"里。账面上的所有者权益已经有 4 000 万元。企业所有者权益的评估价是 4 500 万元。他打算卖掉企业 51% 的股权，问我应该卖多少钱。

盈利能力如此不错的一个企业，其评估增值仅为 500 万元，采用的是什么方法呢？显然是成本法，而且一定是买方找人评估的。

我提出的基本思路是：首先，要把公司所有者权益的整体价值确定下来；其次，按照比例确定 51% 的股权价值；再次，因为涉及控制权转移，所以应该考虑一定幅度的控制权转移的增值问题；最后，要解决的关键问题是买方是谁，买方的持有目的是什么。需要注意的是，买方是谁以及买方的持有目的对于最终的交易价格至关重要。

1. 买方是谁对交易价格的影响

我们应该主要关注买方的股权流通状况。通俗地说，如果买方是上市公司，被收购公司的股权就间接地与证券市场有了联系，就可以借鉴证券市场市盈率的定价来考虑交易价格。这取决于当时证券市场的市盈率，以及市场是牛市还是熊市。市盈率是股权价值与净利润的比率，在证券市场上是以每股股价除以每股收益计算的。如果买方是非上市公司，股权交易的市场不大，一般只能以评估价为基础并考虑企业未来的盈利状况进行交易。

准备收购我朋友公司的是香港一家上市公司。当时在香港证券市场上该上市公司所在行业的市盈率为 8～12 倍。按照最低的市盈率 8 倍计算，鉴于被收购公司每年的净利润为 1 000 万元，所有者权益整体的价值应该是 8 000 万元，如果控股按 51％ 计算就是 4 000 多万元，如果再考虑控制权溢价，则可能更高。

我这个朋友说："按照你的说法，我亏了。我看到评估价是 4 500 万元，已经超过了我的所有者权益的账面价值，挺高兴。报价的时候想先开价 3 000 万元，等着对方跟我还价。底价只要不低于 2 500 万元就行。"

从他自己的预期来看，他是赚了。但是从他出售公司股权带给对方的价值以及对方证券市场的基本放大效应来看，他亏了。

这是因为他站在自己（卖方）的立场看自己的股权出售，完全没有考虑他的股权对于买方的价值。另外，买方有压低评估价嫌疑的资产评估报告也误导了他。

2. 买方的持有目的对交易价格的影响

如果买方的持有目的是短期持有，卖方就可以把交易价格往上抬。比如，证券市场里买股票的投资人，敢在很高的价位上买进股票，一定是预计他持有的股票未来会继续往高位走，自己可以赚取差价，即使他认为持有的股票根本不值那么高的价格。

如果买方的持有目的是长期持有，则买方持有股权后的收益主要来自相关股权投资的回报（如果是控制性投资，这个回报就是未来每年的净利润）。买方会有一个基本底线，那就是未来的回报与现在投资之间的关系，或者说是最基本的投资回报率。这就需要业内人士对企业进行判断与把握。因此，应以卖方股权未来的盈利能力为基础，再考虑买方的最低投资回报预期来确定企业股东权益的整体价值。

比如，你的企业现在每年的净利润是 1 000 万元。假设未来估计的年度净利润至少是 1 000 万元，在整体出售企业时，如果买方的投资回报率最低为 10%，则买方认可的企业最高价值是 1 亿元（1 000 万元÷10%）；如果买方的投资回报率最低为 20%，则买方认可的企业最高价值是 5 000 万元（1 000÷20%）；等等。同样，如果把企业股权的 51% 卖给对方，这 51% 的股权的盈利能力与买方出价之间也存在类似的关系。

还有一种情况：买方的持有目的是实现更大的战略布局，比如消除竞争、取得资源等。这就要考虑很多非货币因素。

当然，股权交易中的对价支付方式、有无对赌协议等均对交易定价有重要影响。

应该说，实践中企业股权交易价值的确定是很复杂的，绝不仅仅是某个评估方法是否科学、是否符合规定那么简单。实践中企业价值的确定既要考虑买卖双方对企业未来的价值预期，也要考虑买方对拟收购企业未来的整合能力，还要考虑买方的投资回报要求等。

当然，并购中的股权交易应该追求双赢，而不是谋求一方利益最大化。

8.5　企业估价不能忽视的因素——小金库

小金库是指应该入账而没有入账的账外资源，在一些企业又被称为账外账。不管出于什么原因设立小金库，都会导致税款流失——税款属于国有资产，因此，小金库属于导致国有资产流失的非法账外存在。

读者可能会问：还有不该入账的账外资源吗？当然有。比如

"对外经济贸易大学"这八个字，它是对外经济贸易大学最重要的无形资产之一，但是没有入账。按照现在的会计规则，这八个字是不需要入账的，因此不属于小金库。

小金库的实质是一个单位的核心管理层（视小金库发生在哪里）为了局部利益而组织的违法账外存在。小金库如果达到一定规模，就会严重影响企业的绩效评价。如果有小金库的企业发生并购，还会影响被并购企业的价值评价。因此，有必要掌握小金库的识别方法。识别小金库，要从它的基本特征入手：如果有小金库，一定会严重恶化表内业绩和表内资源。因此，可以从以下三个方面的迹象对小金库的规模进行判断。

1. 报表反映业务流转环节不完整

如果有小金库存在，业务流转的全过程就可能没有完全纳入会计核算系统，就会存在业务流转和信息流转脱节、中断的情况。这种脱节、中断表现为业务和信息在空间和时间上的脱节与中断。单纯的业务和信息的脱节是不可避免的。但是，**如果在脱节的同时还伴随着中断——如彻底遗漏某些业务，就可能是故意遗漏，并因此形成小金库。**

比如在制造企业，普遍存在边角料。一般来说，企业的边角料成本都计入主营业务成本。在账上，边角料没有成本。因此，边角料的销售净收入就是利润。一些单位没有将边角料卖掉后的收入计入自己的会计系统，而是形成了账外账，这就是小金库。此外，企业的副产品也容易产生小金库。所以，管理层要清楚自己所管理企业的业务流程。

2. 有异常高的资源消耗

资源消耗高是根据内控、经验判断出来的。企业的资源消耗高，一般有两种情况。

（1）投入与产出的实物量的对比在企业成本报表上的反映与企业的内控或者经验不相符，报表上反映出来的成本消耗明显高于内控或经验。

我曾经看过一家有色金属企业的成本报表。成本报表上显示，企业在各个月度原材料和产成品的比例关系大概保持在 2.06：1～2.10：1 的水平。但我问一线工人原材料和产成品的关系时，他们都说是 2：1 左右。我发现企业的内控目标是力争达到 1.9：1～1.95：1 的水平。当然，这些水平都可以说是 2：1，但报表的消耗显著高于内控消耗还是应该引起关注。为什么报表里的消耗更高呢？我判断很可能是产成品没有入账，而这些没入账的产成品就是小金库的重要组成部分。千万不要小看这 10％左右的误差，它对公司的影响可能很大。因为这些没有入账的账外产成品是没有成本的，一经销售，就是利润。

（2）虚报冒领——某些资源的实际消耗远没有达到报表上反映出来的消耗水平。比如一些企业的各种耗材的消耗量远远超过企业的正常消耗量，这种反差就可能是企业虚报冒领、形成小金库的迹象。

3. 报表与现场出现显著反差

如前所述，当存在小金库时，报表内的资源和效益必然不如应有的水平高，也就是说，报表上的资产和利润比较低。那么，这些表外资源又用在哪些方面了呢？

一般来说，小金库达到一定规模时，会用于内部职工的福利和奖励。对于非上市公司而言，绝大多数企业的员工是没有机会看到报表的。企业员工感受企业效益的主要途径有：一听领导在大会小会上的讲话；二看企业业务的规模和市场竞争态势的变化；三看自己在单位拿到的实惠（包括工资、奖金和其他福利等）。

当一家企业的财务报表显示效益不怎么样，而职工认为企业效益不错，工资、福利等待遇都很好时，员工感觉良好的表情就是企业可能存在小金库的信号。

从以上三个方面，我们能判断一个企业小金库的大概情况。

因此，在并购交易时必须注意小金库这一因素，尤其是一些基础工作比较薄弱的大企业，存在小金库的可能性更大。

看成本决定机制

在前面介绍"看效益"和"看质量"的内容时，我们并没有讨论成本水平高低的决定机制。下面讨论这个问题。

管理会计中涉及一个重要的内容——标准成本制。在标准成本制下，会计人员要计算企业的实际成本和标准成本的差异并解释企业成本差异的主要原因，探寻成本节约的有效途径。

但是会计人员可能只是按照公式把数据计算出来。至于解释差异原因和节约成本的有效途径，会计人员很难知道，而且也不应该是会计人员的事情。

成本水平的高低，企业的决策层和管理层比会计清楚得多。决定企业成本的因素，首先是外部因素，比如宏观经济形势、市场竞争环境、国家特定时期的经济政策、特定地区行政领导人的更迭等，然后才是内部因素。

下面主要讨论内部因素。从企业内部管理的角度来看，有三个主要因素决定了企业的成本水平。

9.1 治理因素

这里的治理因素，是指企业的治理层将在极大范围内影响企业基本的成本或费用水平。

如果你曾经涉猎公司治理方面的内容，你会发现，研究公司治理的学术成果及现实关注主要集中在企业章程的内容、企业股权结构的设计、企业董事会构成、董事会与监事会的工作机制、企业治理层与企业管理层的职权划分、董事会与股东大会的投票机制等。探讨企业治理机制对企业成本或费用的决定性影响的并不多。

我在这里讲的决策因素对企业成本的影响，主要涉及两个方面：一是由于股东之间的不和谐而出现股东大会、董事会甚至企业的生产经营活动难以进行而导致的成本、费用或损失；二是由于企业居于治理话语权主导地位的人或者单位违背全体股东意志肆意占用企业资源而对企业造成的根本性影响。

案例 ▶ 9-1

中炬高新控制权之争

以下背景资料来自 2023 年 7 月 21 日《时代周报》发表的梁春富的文章。本书作者对梁春福表示感谢。

围绕中炬高新（600872.SH）控制权，姚振华控制的"宝能系"与中山火炬集团有限公司（以下简称火炬集团）针锋相对。中炬高新控制权之争进入关键时刻。

近期，"宝能系"旗下中山润田投资有限公司（以下简称中山润田）不断被动减持中炬高新股份，火炬集团及其一致行动人则多次增持。中炬高新的股权结构发生变化，火炬集团时隔多年重返第一大股东之位，中山润田退为第二大股东。不过，中山润田依然在中炬高新董事会占据主导地位。

火炬集团自然不满足于此。据公告，中炬高新董事会 6 月 20 日收到火炬集团等股东发起的《关于提请召开 2023 年第一次临时股东大会的函》，董事会在 10 天内未作出反馈。7 月 2 日，火炬集团等股东转而向中炬高新监事会提交该函。4 天后，监事会作为召集人，审议决定将在 7 月 24 日召开临时股东大会，审议相关议案。

火炬集团提请审议的议案事关上市公司董事会席位，包括罢免何华、黄炜、曹建军、周艳梅等四人董事职务。这四人皆来自"宝能系"。火炬集团还提请审议选举梁大衡、林颖、刘戈锐、刘锴辉等为新董事。除林颖任职鼎晖桉邺（火炬集团一致行动人），其他三人均来自中山国资系统。

上述议案如获临时股东大会通过，中炬高新董事会格局将大变，"宝能系"将失去对上市公司的控制。7 月 20 日，姚振华现身广州，前往广东省高院递交举报材料，恳请就中山润田所提起的中炬高新相关股东违法违规事项民事诉讼进行立案。

缠斗多年矛盾白热化

中炬高新 1993 年创立，两年后在上交所挂牌上市。火炬集团是中山火炬高技术产业开发区管理委员会旗下国企，原本是中炬高新的控股股东。

在"宝万之争"激战正酣的 2015 年，"宝能系"通过旗下前海人寿等多家公司在二级市场不断增持中炬高新。此后，"宝能系"整合持股，将所持中炬高新股份悉数转至中山润田。中山润田由此成为中炬高新第一大股东，高峰期持股中炬高新 24.92％。火炬集团退为第二大股东。2019 年 3 月，姚振华终于实现了对中炬高新的控制，取代中山市火炬开发区管委会成为实控人。

不过，宝能集团自 2021 年陷入流动性危机，资金链紧绷。中山润田所持中炬高新股份屡屡送上司法拍卖台，不断被动减持，现在持股比例已不足 10%。火炬集团及其一致行动人则开始出击，多次增持。火炬集团持股比例已增至 9.88%，加之一致行动人持股，合计控制股份已达 19.81%。尽管如此，"宝能系"依然以董事会席位优势维持对中炬高新的控制。

双方矛盾已然白热化。

7 月 20 日，中山润田在宝能官网声明称，身为中炬高新实际控制人，姚振华 7 月 19 日到中炬高新总部调研生产经营情况，"竟被保安拒绝进入"。声明还称，中炬高新董事会 7 月 17 日任命邓祖明为总经理，任命孔令云、秦君雪为副总经理，但三人仍未能办理入职手续，不能进入工厂办公区。

针对姚振华调研被拒一事，中炬高新 7 月 20 日晚间也予以回应。该公司发布的声明称，7 月 19 日傍晚，三辆非公司车辆驶至中炬高新中山厂区 1 号门汽车通道闸机前，要求进入厂区。经安保人员核实相关情况，来访人员并未预约，也未出示相关身份证明，现场安保值班人员并未收到公司高管（含董事会新任命的三名高管）提出将有访客进入厂区的指示。

上述资料显示，一个上市公司的实际控制人希望进入一个公司区域进行调研，但被保安拦住而不能进入。这种情况的出现，显然不是事前沟通不畅或者现场沟通困难、找不到人等原因。深层次的原因应该是企业的治理层与管理层之间出现了非常不和谐的矛盾。

实际上，本案例资料展示的中炬高新治理结构出现了这样的情况：由于不断减持公司股份，原第一大股东中山润田的股份规模已经退居第二大股东位置，而火炬集团通过不断增持公司股份，其持股比例已增至 9.88%，且与一致行动人合计持股比例已经达到 19.81%。

但董事会结构的变化不会随着股权结构的变化而立即做出改变。本案例发生的时间恰恰是企业的股权结构与董事会的董事结构之间出现不协调的时间段。

如果对中炬高新的股权结构的演变做更多考察，你会发现这个企业的股权结构变化过程中一直有中山润田和火炬集团的影子。两个主要股东之间争夺的实际上是中炬高新的控制权及治理话语权。

在存在控制权争夺的企业中，如果主要股东持续缠斗下去，企业由治理导致的董事会议事规则、股东大会的召集与召开、核心人士安排、发展战略以及企业日常经营管理等活动等很难顺畅展开。这种状况的持续极有可能对企业造成重大损失。而这种损失如果发生，其根源既不是战略问题，也不是管理问题，而是治理问题。

案例 ▶ 9-2

辅仁药业的资产减值与预计负债分析

在本书前面部分，我们曾经看到，辅仁药业 2017 年的一次入资式并购改变了企业的股权结构和治理结构，也改变了企业的运行方向。现在我们继续考察该企业 2020 年以后的一些财务数据的变化，体会一下治理因素对企业成本或费用及损失的影响。

根据辅仁药业各相关年度报告整理的相关信息，见表 9-1。

表 9 - 1　辅仁药业相关财务数据

单位：元

报告期 报表类型	2022 年 合并报表	2021 年 合并报表	2020 年 合并报表	2019 年 合并报表
一、营业收入	1 468 671 641	1 512 499 260	2 890 517 585	5 171 086 041
减：营业成本	730 055 637	885 747 096	1 643 961 662	2 943 351 118
税金及附加	38 946 258	36 605 429	45 795 733	61 094 663
销售费用	579 424 749	470 440 264	506 962 764	672 953 586
管理费用	353 280 849	353 266 590	256 355 387	239 664 825
研发费用	45 107 904	59 288 186	122 180 899	212 697 330
财务费用	692 274 020	730 651 261	636 083 982	352 022 757
其中：利息费用	692 496 903	729 775 018	635 758 366	303 557 597
减：利息收入	271 232	107 172	103 954	6 252 744
加：其他收益	10 583 339	14 805 182	19 096 820	30 738 681
投资净收益		25 879	20 128	
资产减值损失	−48 377 532	−13 571 359	−6 171 590	−9 456 091
信用减值损失	−1 829 462 536	−1 926 645 147	−920 926 130	−60 415 996
资产处置收益	214 890	5 092	−149 526 853	7 302 818
二、营业利润	−2 837 459 616	−2 948 879 920	−1 378 330 466	657 471 176
加：营业外收入	16 198 851	13 826 926	2 662 791	408 391
减：营业外支出	16 701 432	421 826 768	1 710 713	6 653 726
三、利润总额	−2 837 962 196	−3 356 879 761	−1 417 378 388	651 225 841
减：所得税	8 184 750	−107 335 466	−86 145 562	190 119 613
四、净利润	−2 846 146 946	−3 249 544 295	−1 331 232 826	461 106 227

续表

报告期 报表类型	2022年 合并报表	2021年 合并报表	2020年 合并报表	2019年 合并报表
其中，信用减值损失的构成如下：				
应收账款坏账损失	−1 361 292 629.58	−619 717 361.53	−214 820 692.19	−68 338 896.28
其他应收款坏账损失	−469 604 292.68	−1 308 561 686.46	−270 468 173.28	−252 801 873.70
财务担保合同损失	1 200 300.00		−436 948 939.57	
资产负债表项目	2022−12−31	2021−12−31	2020−12−31	2019−12−31
其他应收款	439 980 071	953 880 259	1 141 176 886	1 820 627 523
其中：主要债务人欠账原值				
辅仁药业集团有限公司（资金往来）	1 230 826 698.14	1 234 515 317.48	1 269 193 237.66（1年以内）	1 351 320 165.50（1年以内）
辅仁科技控股（北京）集团股份有限公司（资金往来）	387 384 926.35	418 534 926.35	418 534 926.35	337 034 926.35（1年以内）
预计负债	1 263 244 817	1 030 480 917	705 309 045	58 391 554.39
其中：预计负债的主要原因				
对外提供担保（担保逾期）	432 789 619.57	433 384 325.57	436 948 939.57	58 391 554.39
逾期利息（债务违约）	829 860 491.09	595 896 291.82	268 360 105.61	

注：其他应收款为原值减去坏账准备后的净值。截至2022年12月31日，辅仁药业为两个主要其他应收款的债务人（即辅仁药业集团有限公司和辅仁科技控股（北京）集团股份有限公司）所欠债务计提的减值损失累计分别为931 738 149.55元和351 442 463.18元。

实际上，结合我们在本书前面看到的辅仁药业财务数据，你会发现辅仁药业的营业收入和净利润在并购第二年即 2018 年是"高光时刻"，从 2019 年开始，营业收入则掉头一步一个脚印地坚定向下走。与此同时，企业的其他应收款 2019 年底巨额增长，其主要债务人是辅仁药业的两个关联方——辅仁药业集团有限公司和辅仁科技控股（北京）集团股份有限公司。给出的理由是资金往来。

从 2020 年开始，由上述两个关联方资金占用所形成的其他应收款的债权规模逐年降低。但这种降低并不是这两个关联方把欠的钱还回来了，而是没有还回来。

什么？债务人没有把钱还回来，债权人账上记录的债权规模还降低了？对！你没有看错。

企业通过对这两个主要欠账人（债务人）的欠账进行有计划的"自我消化"——在账务上进行减值处理，将这些欠账有计划分期计入各年的信用减值损失，从而实现了关联方拿钱、全体股东承担损失的账务处理。

企业各个年度信用减值损失的结构也显示，其他应收款进行减值处理的主要欠账人就是辅仁药业集团有限公司和辅仁科技控股（北京）集团股份有限公司。

还是那句话：这种损失，既不是决策问题，也不是日常管理问题，更不是会计核算问题，而是治理问题。

还有一个问题。

还记得吗？对辅仁药业提供 2019 年度报告审计的注册会计师在审计报告中专门谈了企业应收账款的确认问题。看来，注册会计师当年就对企业的营业收入确认是不是有点虚已经心里有数了，只是没有进一步点破。

从 2020 年开始，辅仁药业连续四年计提了巨额的应收账款减值损失。难道企业的营销人员能力太差、对债务人不能偿还债务的状况不了解吗？

联系注册会计师对企业 2019 年度财报出具的审计意见，结合企业股权结构变化后的企业行为演变，我们有理由怀疑，企业 2018—2019 年两年营业收入的"高光时刻"，极有可能有不实销售：通过不实销售虚增当年应收账款和营业收入，从而导致当年营业收入和利润增加；在未来适当的时候，再对本不存在的应收账款进行减值处理！辅仁药业的会计处理是不是这个路子？当然，我们这里只是推理，企业是否存在不实销售，还要由相关部门做出专业、权威结论。

还需要注意的是，企业的预计负债在 2019 年以后持续维持在较高规模。实际上，读者应该非常吃惊：企业 2019 年底已经出现了预计负债——债务违约导致的预期利息！

2020 年以后，企业的预计负债沿着两个方向前进：一个是由债务违约导致的逾期利息，一个是由对外提供担保导致的。

再回过头来看，对企业 2019 年年度报告出具审计意见的注册会计师是很有预见性的：控股股东及关联方违规资金占用和对外担保、企业的债务违约、应收账款的商业实质等，都在未来给企业造成了巨大的损失！

这些归结到一点：就是治理问题。

企业的治理机制是非常复杂的，很难找到治理机制完全一样的两个企业。在分析上市公司时，治理机制是需要高度关注的。

9.2 决策因素

从公司的管理过程来看，决定企业成本基本框架的因素是决策因素。这里所说的决策是指董事会层面的事情。那么，董事会在决策的哪些方面会影响企业成本的基本框架呢？

1. 企业对外投资的布局、子公司的技术装备水平与固定资产、无形资产等资源的结构与规模配置

在企业董事会的决策过程中，除了筹资决策和财务成果分配决策，主要研究和讨论的是企业对外投资的结构以及子公司的资源配置问题，即用什么样的代价获得相应的固定资产和无形资产，在哪里办公，用什么样的交通工具，等等。这些方面决定以后，企业未来的基本成本框架实际上就决定了。

案例 ▶ 9-3

太极实业固定资产投资决策及计提减值准备分析

2023 年 4 月 27 日，无锡市太极实业股份有限公司（以下简称太极实业）发布了《关于 2022 年度计提资产减值准备的公告》，部分内容如下：

根据市场价格和评估结果，在清查、评估的基础上，2022 年度对公司存在减值迹象的部分应收票据、应收账款、其他应收款、存货、合同资产、固定资产、无形资产及使用权资产计提减值准备 126 758.85 万元，公司本次计提资产减值准备减少公司 2022 年合并报表利润总额 126 758.85 万元。基于谨慎性原则，公司及子公司

2022 年度计提减值准备项目明细见表 9-2。

表 9-2   计提减值准备项目明细   单位：元

计提减值项目	计提减值金额
应收票据坏账损失	−7 454 887.92
应收账款坏账损失	594 008 616.14
其他应收款坏账损失	276 536 648.42
存货跌价损失	2 444 042.36
合同资产减值损失	15 286 017.79
固定资产减值损失	369 372 757.06
无形资产减值损失	1 328 934.65
使用权资产减值损失	16 066 350.40
合计	1 267 588 478.90

计提资产减值准备的主要事项说明：

（1）应收票据。根据企业会计准则及公司的相关规定，本公司对于应收票据按照相当于整个存续期内的预期信用损失金额计量损失准备。对应收的银行承兑汇票，一般不计提减值准备；对应收的商业承兑汇票，按照预期损失率 5% 计提减值准备。2022 年子公司信息产业电子第十一设计研究院科技工程股份有限公司（以下简称十一科技）应收商业承兑汇票到期托收，相应的转回应收票据减值准备 745.49 万元。

（2）应收账款。2022 年公司对应收账款计提了 59 400.86 万元的信用减值损失，按业务板块分别说明如下：高科技工程技术服务和光伏发电业务板块计提 59 252.24 万元，主要如下：

1）2022 年子公司十一科技下属电站公司收到内蒙古财政厅、内蒙古自治区发展与改革委员会和内蒙古自治区能源局联合下发的《关于追回违规领取可再生能源电价附加补助资金的通知》，要求电站公司将违规领取的可再生能源电价附加补助资金缴回内蒙古电力

（集团）有限责任公司。基于已收电费补贴需按通知要求缴回，由此可以合理推断所涉电站公司尚未收回的应收电费补贴也将无法收回，所涉电站公司对于尚未收回的应收电费补贴 34 781.38 万元（不含税）单项计提信用减值损失。

2）子公司十一科技与苏州腾晖光伏技术有限公司及其子公司之间的建设工程施工合同纠纷，由于相关诉讼案件正在进展过程中，结合财产保全情况，子公司十一科技对相关债权计提信用减值损失 17 578.77 万元。

3）收入大幅增加，应收账款原值也相应增加，加之账龄结构变化导致计提信用减值损失增加。半导体及其他业务计提 148.62 万元，主要是应收账款余额增加按照预期信用损失率计提信用减值损失。

（3）其他应收款。本公司对其他应收款采用一般模型确定预期信用损失，在资产负债表日根据其信用风险自初始确认后的变化程度，将其坏账准备划分为三个阶段中的一个，不同阶段对应不同的预期信用损失计算方式。自初始确认后，信用风险未显著增加的，划分为阶段一；自初始确认后，信用风险显著增加的，划分为阶段二；自初始确认后，信用风险显著增加并且已经发生信用减值的，划分为阶段三。2022 年公司对其他应收款计提信用减值损失共计 27 653.66 万元，其中，工程技术服务和光伏发电业务板块27 645.88 万元，主要是子公司十一科技购买房产所支付的预付款项计提预期信用减值损失 26 434.00 万元；并且部分往来款自初始确认后，账龄结构变化，信用风险增加从而增加信用减值损失。半导体及其他业务 7.78 万元，主要是其他应收款原值增加，按照预期信用损失率计提信用减值损失。

（4）存货。根据企业会计准则及公司的相关规定，公司期末存货按成本与可变现净值孰低原则计提存货减值准备。2022 年公司对存货计提存货跌价损失 244.40 万元，主要是子公司太极半导体（苏州）有限公司对预计无法投入使用的专用材料计提减值准备。

（5）合同资产。根据企业会计准则及公司的相关规定，公司以预期信用损失为基础，按照相当于整个存续期内预期信用损失的金额计量损失准备，将整个存续期内预期信用损失的变动金额作为减值损失或利得计入当期损益。2022 年公司对合同资产计提减值准备 1 528.60 万元，主要是子公司十一科技工程业务规模增大，随着工程项目的建设推进，已完工未结算工程款增加。

（6）固定资产、无形资产及使用权资产。内蒙古自治区发展和改革委员会官网刊登《关于废止部分可再生能源项目上网电价批复文件的通知》（内发改价费字〔2022〕1021 号），该通知文件涉及子公司十一科技内蒙古地区所属巴拉贡 10MWp 光伏发电项目、锡林浩特胜利 20MWp 光伏发电项目、察右后旗红牧二期风光同场 30MWp 光伏发电项目、卓资县九十九泉风光同场 20MWp 太阳能光伏发电项目和卓资县巴音二期风光同场 35MWp 光伏发电项目五个集中式光伏电站。该事项将对以上电站所属公司的未来现金流产生不利影响，进而可能形成减值损失。根据评估结果，2022 年相关公司全年累计计提固定资产减值损失 35 149.21 万元，计提无形资产减值损失 132.89 万元，计提使用权资产减值损失 1 606.64 万元。由于半导体板块技术升级改造，新设备导入，老旧设备逐渐淘汰等原因，2022 年对存在减值迹象的固定资产计提减值损失 1 788.06 万元。

一般来说，与企业非流动资产有关的资产减值问题，可能涉及企业战略管理质量方面的问题。例如，企业长期股权投资出现减值，则应该在一定程度上反映了企业董事会战略决策的质量（企业对外投资往往要由董事会批准）；商誉出现减值，则应该在一定程度上反映了企业在并购过程中的决策问题；固定资产、在建工程和无形资产减值，则一般认为是企业在经营资产布局方面的决策有问题；等等。

而流动资产尤其是经营性流动资产出现减值，则一般会被认为是企业在经营管理方面出现了问题。例如，信用减值损失（即债权减值损失），往往是企业在赊销过程中出现了问题，致使企业把货物发给了偿债能力较弱的企业；又如，出现存货减值，往往意味着企业在存货采购、生产和存储等方面出现了问题（如由于对市场判断过于乐观而储备了过多的存货而出现减值损失）等。

在本案例中，涉及减值的资产比较齐全，一般会认为企业在决策与管理方面都有需要改善的地方。我们聚焦一下主要项目——应收账款、其他应收款和固定资产这几个项目，看看具体的原因。

如果仔细考察引起这三个项目减值的原因，你会发现有一个名字频频出现——子公司十一科技：与十一科技应收账款有关的债权收不回来要计提减值损失；与十一科技购买房产所支付的预付款项也要计提减值损失；与十一科技有关的固定资产、无形资产及使用权资产也不能按照预期为企业带来现金流量还要计提减值损失。

多个损失均指向一个子公司。有的涉及企业违规问题，有的涉及政府政策调整问题，还有的纯属看错了对象把钱付出去导致损失问题（至少表面上看起来是这样）。

如果这样分析，就有点简单化了。需要思考的是：

第一，企业设立子公司十一科技的决策是在什么条件下做出的？对于子公司十一科技未来可能遇到的困难是怎样论证的？子公司十一科技遇到的政策调整困难在决定设立的时候有预期吗？如果有，补救措施是什么？如果没有，与子公司十一科技设立有关的决策问题应该由谁来承担？

第二，子公司十一科技出现的违规行为是子公司管理层的问题还是其他原因导致的？企业任命子公司十一科技的管理团队的决策过程是否有瑕疵？如果是子公司十一科技主要负责人的个人行为，则在一定程度上反映了公司决策层在用人方面有需要改进的地方。

在本案例中，企业在多个资产上集中出现巨额资产减值损失，不能简单将其按照资产的具体项目来讨论因果关系，而应该在更大的视野范围内进行考察。极有可能的情况是：公司在决定设立子公司十一科技的决策、与子公司十一科技有关的固定资产等非经营资产的配置以及主要管理者的任命等决策方面均有需要改进的地方。

∧∨ 总结

董事会关于企业基本资产（尤其是固定资产）的规模和结构的决策做出以后，这种因决策引起的成本水平对企业的影响是根本性、长期性的。即使在未来的管理中，企业管理层竭尽全力，努力加强内部管理，也只能在董事会早已确定的成本框架内挖掘潜力。

2. 人力资源政策

企业的人力资源政策包括很多方面，这里指的是企业在人力资源薪酬设计以及激励机制方面的政策。

一谈到薪酬，我们往往容易想到企业应该尽量控制人工成本支出，以最大限度提高企业的财务效益。但是，人是有主观能动性的。控制住了人工成本未必就一定能够提高财务效益。经常出现的情形是：人工成本降低了，其他成本却提高了，甚至提高的其他成本比降低的人工成本还高，结果导致企业整体的成本提高。

我曾听说这样一件事。

国内某家电企业在一个时期曾经执行过这样的人力资源政策：为了降低企业一线员工的人工成本，董事会作出决定，任何一线生产工人在企业特定岗位的工作时间不得超过三年，到三年一定要进行轮岗，从而使得一线工人在自己的岗位上永远是新手。实施这一制度以后，一线员工的人工成本降下来了，但是产品的质量下降得更快，随后发生了大量的质量保证费用，结果企业的整体费用并没有节约。企业产品质量的下降还对企业的声誉产生了不良的影响。

下面再看两个汽车企业的资料，体会一下决策对企业费用结构的影响。

案例 ▶ **9-4**

长城汽车和长安汽车人力资源政策对比分析

长城汽车 2022 年度合并利润表的相关信息见表 9-3。

表 9 - 3　长城汽车合并利润表　　　　　　单位：元

项目	2022 年度	2021 年度
营业收入	137 339 985 188	136 404 663 039
管理费用	4 893 452 838	4 043 069 363
工资薪金	2 730 568 295.78	2 069 406 982.78
折旧与摊销	380 647 892.50	269 729 194.10
股份支付费用	365 136 811.54	420 636 744.36
业务招待费	17 391 031.47	19 436 676.72
办公费	287 307 383.46	248 079 003.62
修理费	432 336 173.13	394 923 158.25
审计费	5 255 911.98	4 360 947.32
咨询服务费	329 699 278.52	288 611 468.29
其他	345 110 060.11	327 885 188.00

长安汽车 2022 年度合并利润表的相关信息见表 9 - 4。

表 9 - 4　长安汽车合并利润表　　　　　　单位：元

项目	2022 年度	2021 年度
营业收入	121 252 864 085	105 141 877 237
管理费用	3 532 458 199	3 499 654 508
工资及福利费	2 361 704 245.03	2 239 444 389.16
股份支付	380 209 900.00	268 539 867.92
办公费	342 662 496.31	351 316 057.92
折旧及摊销	209 021 291.13	196 426 684.61
油耗负积分费用	—	175 899 501.68
交通费	54 685 498.40	43 244 134.99
差旅费	7 465 840.51	16 681 419.45
其他	176 708 927.38	208 102 452.76

两个同属汽车行业、营业收入差异不大的公司，管理费用的规模和结构差异明显。

我曾经对这两家公司的管理费用进行过跟踪。2020 年以前，长城汽车管理费用中管理层的工资薪金长期显著低于长安汽车。到了 2021 年和 2022 年，长城汽车的管理费用规模出现了大幅度增长，管理费用中的工资薪金快速增长。截至 2022 年，长城汽车的管理费用规模以及管理费用中的工资薪金均显著高于长安汽车，出现了大幅度增长。

从性质来说，管理费用一般与营业收入关联度不大：企业一般不会由于营业收入增加而增加管理人员的工资薪金，管理机构的折旧费也不会与营业收入有什么直接的关联等。

2021 年和 2022 年长城汽车管理费用的规模和管理层工资薪金规模出现较大幅度增长，应该与长城汽车与管理机构有关的人力资源薪酬政策有关：以前可能强调低薪酬政策，现在可能更注重增加员工的货币化薪酬。

因此，具有决策意义的企业人力资源政策尤其是管理层的薪酬政策、企业经营理念以及决策程序和企业追求目标之间存在显著差异。

3. 产品的质量标准与市场定位

一般来说，董事会不会讨论具体的产品质量标准和具体产品的市场定位。但是，从实现公司战略的手段来看，产品的质量标准与市场定位直接受制于企业的战略。因此，产品的质量标准与市场定位具有极强的战略属性。**产品的质量标准决定了产品的选料、技术运用等各个方面的成本因素，也决定了产品基本的成本组合。**

9.3 管理因素

这里的管理因素主要是指董事会之下的企业管理层的管理质量与成本的关系问题，也就是日常管理对企业成本的贡献问题。

1. 人力资源管理

在这里，我想强调人力资源培训对企业成本管理在两个方面的贡献。

第一，对于新员工的入职教育。从心理学角度来说，不论是哪一个层次的员工，在进入一个新企业以后，都有一个或长或短的适应新组织的适应期。在这个适应期内，绝大多数新员工对这个新组织是不认同的。他们往往把自己以前所在组织的优点与这个新组织的缺点进行比较，以挑剔的眼光看待这个新组织的管理制度和对员工的约束。如果这个过程过长，这些新员工在新组织的行为和工作状态会很难与组织对员工的要求一致，从而导致这个新组织的成本上升。

因此，对于新入职的员工多花一些时间和财力进行培训是完全有必要的。除了对相关员工进行特定的岗位技能培训外，还要花精力对新员工进行"洗脑"——让新员工认同新组织的文化，尽快融入新组织。

如果方法得当，这个过程付出的支出表面上是增加了，但从长期和整体来看一定能够使组织的收益增加。

第二，对于干部的培训。在一个快速发展的组织里，很多人会由于工作需要而晋升到行政管理岗位。但是，对于新升职干部的培训，很多组织做得很不够。我这里所指的干部，不是普通干部，而是有一定管理权力的企业各级领导者。仅仅注重干部提拔而忽略对干部的教育，企业的成本也会上升，而且其表现形式更加隐蔽，对组织的危害可能更大。

特别提示

一个组织在人力资源管理方面的最大成本，绝不在于这个组织用于安排人力资源的现金支出，而是把不恰当的员工尤其是干部放在不恰当的位置上对这个组织的伤害。对于干部的教育，应该纳入企业战略成本管理的内容。

对于干部的教育，应该特别注意以下几个方面：在自己的管理权限内，管理职权是什么？超越自己职权范围的后果是什么？

如果你是一个单位的正职，对于你的上级应如何展示自己的执行力？对于组织内的其他平行单位，你以什么样的姿态与他们打交道？对于组织外的同行，你如何代表所在的这个单位与同行开展业务合作？对于你的副职，你如何根据每个人的特点和工作需要划分班子成员的工作范围？你又如何满足其合理利益需求，拒绝不合理的利益需求？对于你所领导的员工，你知道他们对你的预期吗？你能很好地领导这个单位吗？你准备投入精力去履行你的职责了吗？你的日常行为与你的身份相符吗？

如果你是一个管理团队中的副职，你与其他副职之间的权力范围（分工范围）是怎样的？如果你的管理越过你的分工范围，而"侵占"了其他副职的职权范围，后果将是什么？你知道你的直接领导对你的期望吗？你知道这个组织对你的期望吗？你的日常行为与你的身份相符吗？

2. 财务管理

企业的财务管理部门至少可以在以下几个方面对降低成本做出

贡献：第一，加强对货币资金的筹集、存量管理与调度，在集团化管理的条件下，整合整个集团的货币资源，采取集中与分散相结合的方式进行集团的贷款管理；第二，对日常财务收支进行预算控制；第三，进行税务规划，合法、最大限度地为企业谋求税务利益。

下面再看两个企业的资料，体会一下财务管理对企业费用的影响。

案例 ▷ 9-5

丽珠集团的资金和债务融资分析

丽珠医药集团股份有限公司（以下简称丽珠集团）的相关信息见表 9-5。

表 9-5　丽珠集团的部分报表项目　　　　　　单位：元

报告期	2022-12-31	2022-12-31	2021-12-31	2021-12-31
报表类型	合并报表	母公司报表	合并报表	母公司报表
流动资产项目				
货币资金	10 411 348 410	8 575 108 640	9 146 373 455	7 577 721 241
其他应收款（合计）	44 426 856	1 141 503 365	47 768 971	1 198 183 165
其中：应收股利		386 843 888		340 100 088
负债项目				
短期借款	1 622 239 860		2 043 048 024	440 818 819
其他应付款（合计）	2 970 648 095	5 835 818 646	2 416 840 968	5 355 253 455
一年内到期的非流动负债	10 440 962	883 874	9 284 336	763 368
长期借款	1 974 444 043	279 000 000	636 780 253	636 780 253
利润表项目	**2022 年**	**2022 年**	**2021 年**	**2021 年**
利息费用	97 545 934	70 127 536	83 997 235	103 263 316

丽珠集团的相关信息显示，无论是年初还是年末，母公司其他应付款的规模都远远大于合并报表其他应付款的规模。2022 年

末，母公司的其他应付款为 58.36 亿元，而合并报表其他应付款为 29.71 亿元。用母公司的其他应付款减去合并报表其他应付款中常规的部分，就是母公司整合子公司资金的基本规模 28.65 亿元（58.36—29.71）。

从其他应收款项目来看，母公司 2022 年末常规其他应收款扣除应收股利的规模为 7.55 亿元，合并报表其他应收款规模为 0.44 亿元，这意味着母公司向子公司提供的资金基本规模为 7.11 亿元（7.55—0.44）。这就是说，母公司对子公司的资金通过其他应付款的通道进行了相当规模的集中，并将汇集后的资金根据需要通过其他应收款的通道拨付给需要资金支持的子公司。这种集中汇集子公司资金、统一调度支持子公司的资金管理模式，实现了在母公司不融资或少融资情况下集团内资金的高效率使用，从而降低了整个集团的债务融资规模和融资成本。母公司的货币资金规模与合并报表货币资金规模差异不大，也意味着母公司对子公司资金进行了大规模汇集。

再从借款项目来看，以 2022 年的信息为例：合并报表与母公司报表中短期借款、长期借款的规模比较信息显示，母公司的债务融资远远低于子公司的债务融资。换句话说，从资产负债表的信息看，母公司基本上不进行或少进行债务融资，而子公司承担了主要的债务融资。

需要注意的是，2022 年公司利润表的信息显示，利息费用主要发生在母公司。这种利息费用规模与资产负债表中债务规模的反差（母公司借款少，利息费用多；合并报表显示子公司贷款多，但合并利息费用增量不多），则意味着子公司的债务融资可能发生在期末，平均贷款规模并不高。注意：是一定时期（一年、半年、一个季度等）的平均贷款规模决定了利息费用的规模。

总结一下，从整体上来说，丽珠集团母公司在进行整个集团资金管理中具有如下特点：母公司采取了集中管理为主的模式，尽力集中了子公司的闲置货币资金，并由母公司进行集中统一调配，支持资金缺乏子公司的相关活动；在债务融资的管理上，子公司债务融资的活动有加大的趋势。

丽珠集团母公司对资金的集中管理，可以有效降低整个集团的债务融资成本，也显示了财务管理部门的工作成效和价值。

案例 ▶ 9-6

中国联通的资金和债务融资分析

中国联通 2022 年度财务报表的相关信息见表 9-6。

表 9-6 中国联通的部分报表项目　　　　　　单位：元

报告期	2022-12-31	2021-12-31	2022-12-31	2021-12-31
报表类型	合并报表	合并报表	母公司报表	母公司报表
流动资产项目				
货币资金	70 035 544 355	46 273 232 520	4 305 189 579	1 944 193 474
其他应收款（合计）	3 883 367 493	3 244 458 845		
流动负债项目				
短期借款	502 105 509	385 264 597		
其他应付款（合计）	15 721 543 311	15 855 862 482	2 093 114 695	865 408 798
一年内到期的非流动负债	12 863 224 607	15 561 385 455		
长期借款	1 827 598 049	1 834 976 244		
租赁负债	36 429 267 992	10 415 025 610		
利润表项目	**2022 年度**	**2021 年度**	**2022 年度**	**2021 年度**
利息费用	962 960 134	1 229 336 920		0

　　中国联通的相关信息显示，无论是年初还是年末，母公司其他应付款的规模远远小于合并报表其他应付款的规模。2022 年末，母公司其他应付款为 2 093 114 695 元，而合并报表中其他应付款为 15 721 543 311 元。这意味着母公司整合子公司资金的规模不大（最大规模为 2 093 114 695 元）。

　　从其他应收款项目来看，母公司年初和年末的规模均为零，而合并其他应收款常规规模为 30 多亿元，这意味着母公司没有也不可能向子公司提供资金。这就是说，母公司既没有对子公司的资金通过其他应付款通道进行大规模集中，也没有通过其他应收款通道拨付资金给子公司。这实际上是一种分散管理的资金管理体制。母公司的货币资金规模与合并报表货币资金规模相差极大，也意味着母公司对子公司资金没有进行汇集。

　　再从借款项目来看，合并报表与母公司报表中短期借款的规模比较信息显示，母公司的债务融资为零，子公司的债务融资很高。换句话说，母公司不进行债务融资，子公司根据自身需要各自承担自己的债务融资。

　　合并利润表的信息也显示，利息费用发生在子公司。

　　总结一下，中国联通母公司在进行整个集团资金和债务融资的管理中具有如下特点：在资金管理上，母公司采取了分散管理的模式，大量货币资金分散在各个子公司；在债务融资的管理上，母公司也采取了子公司各自为战的管理模式。

　　中国联通母公司对资金和债务融资的管理模式，可以在一定程度上调动子公司的管理积极性，但会在一定程度上提高整个集团的债务融资成本。

3. 其他业务管理

其他业务管理包括采购管理、销售管理、差旅管理和生产过程管理等。其中，设施的日常维护管理和班时管理对日常成本水平有重要影响。

我曾经担任过一家浓缩苹果汁厂的财务顾问。

> 浓缩苹果汁的原料是国光苹果。为了保证产品质量，必须对苹果进行人工处理：用手把烂苹果拣出去。在开始的时候，经理为每一组员工安排了较长的工作时间，结果发现有的好苹果被扔出去了。这就意味着有的烂苹果没有被拣出去。果然，企业的产品质量出了问题。

> 为了有效监督工人的工作，工厂安装了摄像头。结果发现工人们虽然都在做扔苹果的动作，但是扔出去的苹果仍然有好苹果，烂苹果仍然有没挑出来的……后来经理改进工作，缩短了班时，工人间隔更短的时间换一次班。结果整体的工作强度没有增加，但是工作效率提高了。这就是通过改善管理降低了成本。

再看看差旅费用的管理问题。

每个单位都会有差旅费管理的问题。有的单位对本单位员工的差旅按照境内差旅和境外差旅分别管理的方式进行，并对境外和境内差旅按照不同的标准进行费用的预算控制。

在具体的费用控制上，企业往往将关注点聚焦在直接差旅费用上。直接差旅费用一般包含交通费用、酒店住宿、餐饮费用等。对这几个方面的直接费用管理，多数单位采用分职级、分线路采取预算控制的管理模式。

企业往往不太注意与差旅有关的间接成本，如与预订机票或车船票以及酒店等有关的时间消耗、差旅内部管理的审批环节、财务报销流程、退改签成本、未使用机（船、车）票等成本。

企业更加忽视的则是差旅管理制度对员工差旅行为的影响。

我听说过一个著名企业关于差旅费用管理的做法。

这个公司的管理层认为，出差不是福利，而是必要的工作。因此，出差员工代表的是公司的整体形象。对于差旅费用的管理，要让员工能够心情愉悦，以本单位员工为荣，并在没有更高领导在场的情况下为公司不遗余力地开展业务。为此，公司规定，涉及谈判的业务活动，员工必须在出差所在地档次较高的酒店居住；本单位主导的商务谈判，一定要在较高档次的会议室进行。这样的管理在相当程度上鼓舞和调动了企业员工的积极性。

一些公司也在调动员工差旅积极性方面做了一定的努力，如采取包干制等。

随着互联网技术的不断发展，企业差旅费用管理的技术手段已经完全可以挤掉绝大多数费用中的不合理内容了。

但是，管理不是一个技术问题。技术可以最大限度地提升管理效率。技术与管理的融合如果在提高管理效率的同时，还能够提升员工的工作积极性，才是成功的管理。

实际上，差旅费用管理过程中的最大成本不是与差旅有关的直接成本（费用）或者间接成本（费用），而是员工在差旅过程中（无人监督环境下）的工作表现。如果一个员工不能在差旅过程中按照公司的预期开展工作，这种差旅活动还不如没有。

9.4　核算因素

决定企业成本的最后一个因素是成本的核算过程。成本（或费用）核算的大量问题是专业判断问题。

成本核算涉及的问题很多，有兴趣的读者可以参考财务会计方面的书籍。

我这里与大家交流两个专业判断的问题。

9.4.1　生产成本核算中的专业判断问题

实际上，生产成本核算过程中专业判断的核心问题是**费用分摊的标准选择问题**。

在生产成本核算过程中，一般要在各个会计期间分摊成本，在各个产品之间分摊成本，在产成品和在产品之间分摊成本。这些分摊遇到的核心问题是恰当地选择费用分摊标准。怎么选择呢？实际上，很难找到绝对正确的成本分摊标准，而且在很多时候准确并不重要。除了选择标准外，还要考虑管理问题。

比如，在传统的用小麦生产面粉的过程中，最终将出现两种产品：面粉和麦麸。在不添加任何添加剂的情况下，面粉产出率越高，单位面粉（如每吨或每千克）的市场价格越低；从消耗资源的角度来看，由于是对麦麸部分进行持续加工不断产出面粉，因此，相同重量麦麸的资源消耗要远远大于相同面粉的资源消耗。因此，从资源消耗的角度来看，应该对麦麸这个副产品分摊更多的资源。但是，如果这样核算，就会导致市场价值较低的麦麸极容易出现收不抵支的情况。因此，在会计核算上，往往对副产品采用不分摊费用的方法，全部消耗均被分摊到主要产品中去。

在很多情况下，费用分摊标准的选择遵循的是惯例。因此在确定成本和进行绩效评价时，必须注意由费用分摊导致的绩效差异，不能只看利润，更要看成本核算过程。此外，还要注意规模效应和管理效果问题。

对于企业来说，成本是一个范围，而不是一个点。比如一本书的生产成本：每次印刷的成本一定是不同的——即使其他条件完全相同，但印量不同，每本书对设备折旧费的分摊就不同。

成本是在一个限定条件下表现出来的一个范围，并不是唯一正确的值。因此，会计不主导费用，但会计核算对费用和绩效的表现有重要影响。

一家白酒制造企业请我做一个管理层培训。该公司负责销售的副总裁问了我一个问题：企业对基本相同的原材料进行消耗和加工，最终生产出市场销售价格差异极大的系列白酒。最低的白酒定价为每瓶 30 元，最高的市场售价达到每瓶 1 000 元以上。他问我：对于不同的市场定位、几乎相同的加工工艺流程所形成的系列产品，其生产成本有没有唯一正确的分摊方法？我说没有。分摊方法既要看行业惯例，也要看企业的管理目标。总不能让定价最低的白酒所分摊的生产成本高于每瓶 30 元吧？

这个问题的关键在于：企业的产品由不同的业务部门来经营。如果生产成本的分摊导致经营不同价位白酒的企业内部部门间的绩效评价出现严重的苦乐不均，则会对企业的整体效益和部门间的和谐产生不利影响。

9.4.2　关于资产减值准备问题

读者可能已经注意到了，在企业的利润表中，有两个很重要的项目，一个是"资产减值损失"，一个是"信用减值损失"。

实际上，以前的利润表上只有资产减值损失。近两年，资产减值损失一分为二：一是与债权有关的资产减值被给了一个新名字，叫信用减值损失①。二是其他资产减值所造成的损失继续叫"资产减值损失"。这种划分除了增加了一个新概念、报表上增加一个新项目，并没有什么实际意义。

当然，如果高兴，可以继续把资产减值损失细化成多个减值项目，诸如商誉减值损失、存货减值损失等。

按照会计准则的要求，企业在编制年度财务报表时，对各项资产应进行减值测试。对那些已经出现减值的资产要进行处理，把本年度新增加的资产减值损失计入当期利润表的"资产减值损失"或"信用减值损失"。

这就出现了一个问题：资产减值或者信用减值的确认过程实际上是一个专业判断的过程，这种专业判断会是"唯一正确"的吗？

当然不是。除非已经出现确凿证据证明某些资产已经减值（如债务企业破产清算、债务人消失、生产线永久性停产等），对于大量的未来还能够继续在企业经营活动中发挥作用的资产减值判断，不可能是"唯一正确"的。只能是在特定条件下可以解释的一种"专业判断"。

---

①　注意，不是自己的信用减值给自己的公司造成的损失，而是债务人的信用不佳给本公司造成的损失。因此，该项目应该叫"债务人信用恶化给本公司造成的债权减值损失"。

正是这种不"唯一正确"性，为企业在年度间因资产减值损失造成利润规模的巨大反差提供了可能。

〰〰〰〰〰〰〰〰〰〰〰〰〰〰〰〰〰〰〰〰〰〰〰〰〰〰〰〰〰〰〰

案例 ⊙ **9-7**

世纪华通的资产减值分析

2023年4月28日，浙江世纪华通集团股份有限公司（以下简称世纪华通）发布了《关于计提资产减值准备的公告》，主要内容如下：

一、计提资产减值准备情况概述

1. 计提资产减值准备的原因

为公允反映公司截至2022年12月31日的财务状况和2022年的经营成果，公司根据企业会计准则和公司会计政策的相关规定，对2022年12月31日各项需要计提资产减值损失和信用减值损失的资产进行了评估。

2. 相关资产减值准备的具体情况

经评估和测试，公司2022年度计提商誉减值、各类长期资产减值损失、存货跌价准备和信用减值损失共计667 976.13万元，明细见表9-7。

表9-7　资产减值准备明细　　　　单位：万元

资产减值及损失准备项目	本年发生额
长期资产减值准备	107 679.89
商誉减值损失	542 848.11
信用减值准备	16 769.67
存货跌价准备	678.46
合计	667 976.13

二、计提资产减值准备情况的具体说明

1. 长期资产及商誉减值损失

1) 长期资产减值准备。2022 年度受国内外游戏行业市场变化及相关监管政策的影响，公司的互联网游戏业务分部业绩未达预期，部分资产出现了减值迹象，公司将相关资产或资产组的账面价值与其可收回金额进行了比较，将可收回金额低于账面价值的差额计提减值准备 107 679.90 万元，对归属于上市公司股东的净利润影响 107 679.90 万元。具体明细见表 9-8。

表 9-8　长期资产减值明细　　　　　　　　单位：万元

长期资产减值项目	本年发生额
长期股权投资减值损失	71 025.95
长期待摊费用减值损失	20 447.80
固定资产减值损失	14 394.10
无形资产减值损失	1 533.33
其他非流动资产减值损失	278.71
合计	107 679.90

2) 商誉减值准备。2022 年度受国内外游戏行业市场变化及相关监管政策的影响，公司的互联网游戏业务分部业绩未达预期。公司聘请具有证券期货从业资格的中联资产评估集团（浙江）有限公司（以下简称中联资产）对截至 2022 年 12 月 31 日互联网游戏业务分部中的资产组或资产组组合进行了商誉减值测试。根据出具的《评估报告》，互联网游戏业务板块中，不含 ActozSoft 的游戏业务资产组组合的账面价值低于可收回金额，管理层按照包含商誉的资产组组合的可收回金额低于其账面价值的部分相应计提商誉减值准备 542 848.11 万元。

2. 信用减值损失

对于因销售商品、提供劳务等日常经营活动形成的应收票据、应收账款、应收款项融资和合同资产，无论是否存在重大融资成分，本公司均按照整个存续期的预期信用损失计量损失准备。除应收票据、应收账款、应收款项融资和合同资产外，于每个资产负债表日，公司对处于不同阶段的金融工具的预期信用损失分别进行计量。金融工具自初始确认后信用风险未显著增加的，处于第一阶段，公司按照未来 12 个月内的预期信用损失计量损失准备；金融工具自初始确认后信用风险已显著增加但尚未发生信用减值的，处于第二阶段，公司按照该工具整个存续期的预期信用损失计量损失准备；金融工具自初始确认后已经发生信用减值的，处于第三阶段，公司按照该工具整个存续期的预期信用损失计量损失准备。信用减值损失明细见表 9-9。

表 9-9　信用减值损失明细　　　　　　单位：万元

信用减值损失项目	本年发生额
信用减值损失	15 659.29
合同资产减值损失	1 110.38
合计	16 769.67

3. 存货跌价损失

存货跌价准备按存货成本高于其可变现净值的差额计提。可变现净值按日常活动中，以存货的估计售价减去至完工时估计将要发生的成本、估计的合同履约成本和销售费用以及相关税费后的金额确定。2022 年度公司对存货计提跌价准备 678.46 万元。

为更好地理解企业资产减值损失和信用减值损失的具体结构和

年度间的变化，现把该公司 2022 年年度报告合并利润表的资产减值损失、信用减值损失数据的具体结构与规模以及部分利润表数据摘录如下，见表 9-10 至表 9-12。

表 9-10   资产减值损失   单位：元

项目	本期发生额	上期发生额
存货跌价损失及合同履约成本减值损失	−6 784 644.64	−6 466 159.27
长期股权投资减值损失	−710 259 495.96	−16 323 843.01
固定资产减值损失	−143 940 955.09	
无形资产减值损失	−15 333 333.47	
商誉减值损失	−5 428 481 122.34	
合同资产减值损失	−11 103 773.58	
其他	−207 265 167.33	
合计	−6 523 168 492.41	−22 790 002.28

表 9-11   信用减值损失   单位：元

项目	本期发生额	上期发生额
其他应收款坏账损失	−96 991 017.40	−2 607 239.07
应收账款坏账损失	−29 510 415.97	−52 266 193.97
一年内到期的非流动资产减值损失		456 600.00
贷款承诺损失	−30 091 432.47	
合计	−156 592 865.84	−54 416 833.04

表 9-12   利润表部分数据   单位：元

项目	本期发生额	上期发生额
营业收入	11 475 126 037.46	13 929 006 709.57
其他收益	151 366 121.07	168 585 873.33
投资收益	−106 057 643.39	2 636 287 411.26
权益法核算的长期股权投资收益	−156 269 466.52	159 959 596.13
处置长期股权投资产生的投资收益	9 278 615.75	2 409 602 480.38

续表

项目	本期发生额	上期发生额
交易性金融资产在持有期间的投资收益	637 089.17	110 728.85
处置交易性金融资产取得的投资收益		29 990.07
其他权益工具投资在持有期间取得的股利收入	4 329 000.00	3 380 300.00
丧失控制权后，剩余股权按公允价值重新计量产生的利得	847 005.42	5 409 626.55
债权投资在持有期间取得的利息收入	14 324 660.05	22 924 095.78
处置其他债权投资取得的投资收益		5 796 674.41
投资单位宣告发放的股利	22 497 154.29	29 926 979.25
应收款项贴现损失	−18 014.72	−709 981.64
其他	−1 683 686.83	−143 078.52
公允价值变动收益	−535 144 602.11	147 272 886.58
交易性金融资产	−3 682 241.99	30 941 988.34
其他非流动金融资产	−525 462 360.12	200 108 105.23
以公允价值计量的或有对价	−6 000 000.00	−83 777 206.99
营业利润（亏损以"−"号填列）	−6 940 340 799.17	3 246 088 421.27

注：投资收益明细摘自报表附注。

请注意，企业 2022 年计提的资产减值损失具有如下特点：

第一，计提的时间。2022 年，疫情对很多企业的营业收入产生了很大的负面影响。在这一年，世纪华通的营业收入出现了下降。不仅如此，影响企业营业利润增加的因素都呈现下降的趋势：体现政府补贴的其他收益在下降；投资收益更是从 2021 年的 20 多亿元下降到 2022 年的负数，其中权益法确认的投资收益由上年的正数变为 2022 年的负数——意味着企业能够用权益法核算的对外长期投资的企业整体亏损、处置长期股权投资产生的投资收益也大幅下降（毕竟长期股权投资处置一点少一点）；债权投资在持有期间取得的利息收入也在下降；其他非流动金融资产贡献的公允价值变动收益也由上年的正数变为本年很大的负数等。可以说，企业 2022 年利润表的不利因素空前多。

在这样的背景下，企业的投资资产和经营资产以及与企业并购有关的商誉甚至相关无形资产出现减值似乎是很正常的。

第二，计提的准则依据和企业盈利状况的变化情况。从企业发布的公告来看，企业是按照会计准则的要求以及企业资产盈利状况变化（恶化）而进行的减值处理。在处理过程中，企业应该遵守了严格的评估程序。

第三，资产减值损失的年度间比较和管理常识。以商誉减值处理为例，企业 2022 年初的商誉账面价值为 164.02 亿元，在 2022 年计提的减值损失就达到了 54.28 亿元，而上一年计提的商誉减值损失为零。从管理常识来看，一个被收购企业的业绩出现下滑往往是渐进式的。也就是说，与被计提商誉减值损失有关的企业业绩如果出现下滑，一般不会仅仅在 2022 年断崖式下降（当然这种情况也不能排除），而是在 2021 年甚至更早以前就出现了苗头。如果 2021 年以前相关被收购企业就出现了业绩下滑的苗头，企业计提商誉减值的时间是否应该更早呢？

退一步讲，假设相关被收购企业 2021 年及以前并没有出现财务业绩下滑的迹象，而是在 2022 年突然出现了业绩下滑的情况。那就应该问一下，这些企业的业绩下滑是因 2022 年的新冠疫情吗？如果是疫情，疫情后企业的财务业绩一般会逐渐恢复呀！难道被收购企业 2022 年就可以断定未来将一蹶不振下去吗？

因此，企业 2022 年计提如此高规模的商誉减值损失，除了会计准则的要求以及相关被收购企业盈利能力确实下降外，还有一种原因，就是企业当年收购相关企业的代价过大，只能择机进行减值处理，而2022年是一个进行商誉减值处理的恰当时机。

因此，企业的资产减值损失和信用减值损失处理，确实有可能成为企业营业利润的"搅局"因素：企业有可能不是因为相应资产减值而进行减值处理，而是在一定程度上因为时机选择而处理。

〨 总结

再强调一下：对于企业资产减值和信用减值损失的处理，企业、注册会计师和投资者可能从不同角度会找出很多理由。但是，我觉得可能会忽视一个未必最重要但可能很重要的理由：广大资本市场的中小投资者对企业的财务报表不够熟悉，对财务报表信息的重大价值认识不足，对高商誉收购可能导致收购方遭受迅雷不及掩耳般打击的迅猛性和致命性认识不足，对自己不能迅速面对危险而急流勇退的风险估计不足。

对于中小投资者而言，最简单的办法是：远离高商誉并购的企业。当你不为高商誉收购注入资本、呐喊助威的时候，企业对高商誉收购的兴趣自然就没有了。

🔍 特别提示

在结束本部分内容的时候，我再提醒一下读者：如果想在资本市场成功进行投资，就要自身武装起来。武装起来最重要的一点，就是学习财务报表分析的知识。具备一定的财务报表分析能力，不仅能让你成为明白人，还能让你远离财务陷阱。

看财务状况质量

10.1 资产质量——从三个层面来考察

资产质量可以从以下三个层面来考察。

10.1.1 整体质量

资产质量的第一个层面是资产的整体质量。资产的整体质量是指资产在整体上满足企业发展目标的质量。

企业的发展目标是什么？每个企业可能有不同的目标，但是在财务上的目标要求是一致的：企业的资产在整体上必须有为企业股东权益的非入资性增值做出贡献的能力。

股东权益的增值可以有三个途径：一是**股东入资**，形成股本或者实收资本以及部分资本公积；二是**利润积累**，形成盈余公积和未分配利润；三是**非利润性资产增值**，在现在的合并利润表里称为"其他综合收益"。显然，资产质量的贡献主要体现在后两种增值上。

1. 首先讨论利润性增值

企业怎样才能有利润呢？利润一定是净资产的非入资性增值。一般来说，企业资产增值是否产生利润，关键在于是否通过对外交易而增值。比如，销售一个进价 10 元的商品获得营业收入 15 元，就产生 5 元的毛利——利润因对外交易增值而获得。

但是，按照现行的会计准则，没有对外交易也能有利润，比如"公允价值变动收益"就是由于交易性金融资产的期末价值高于历史成本而获得的账面"收益"。比如，你持有的短期交易性股票以 5 元一股买入，现在涨至 8 元一股，涨的这 3 元就是利润。但这 3 元能看不能用！如果股票下跌，利润就会减少。所以公允价值变动收益就是实实在在的泡沫利润！但按照现行的会计准则，这就是利润，当然也是泡沫利润。

还有一种没有交易也能自动产生盈亏的情况就是企业持有的外币由于汇率变化而产生的盈亏。这种变化不通过交易就会自然形成盈亏。

上面这两种是特例。大多数情况下，利润是因对外交易而产生的，没有交易就谈不上利润。

2. 再看看非利润性增值

非利润性增值又称其他综合收益，指的是有些资产的价值发生变化了，但不属于利润，按照会计准则的要求进行账面调整而引起的增值。它一般不会在企业股东权益非入资性增值中占很大比重，也不是我们分析的重点。

以前我们非常重视利润性增值，不太重视非利润性增值。但是非利润性增值也很重要，因为从长期来看，利润性增值和非利润性增值都不可或缺。

对其他综合收益有兴趣的读者可以看看任何上市公司年度财务报告后面的财务报表及其附注。

总而言之，资产的整体质量应该表现为一定规模的资产能够为企业净利润和其他综合收益的较快增长做出企业股东所期望的贡献。

10.1.2　结构质量

资产质量的第二个层面是结构质量。关于资产的结构质量，我们可以从两个方面来考察。

首先，考察企业经营资产的系统优化，其变化是否有利于促进企业盈利水平的提高。企业是以盈利为目的的经济组织，因此，对经营资产质量的考察，绝不在于资产规模的高低（当然必须有一定的规模），而在于各项经营资产之间是系统优化的，这种优化的衡量标准就是能够以较低的经营资产规模获得更多利润，并产生较为理想的现金净流入量。

在经营资产结构的系统优化方面，应该特别注意的是：（1）固定资产的规模、结构与存货规模、结构以及周转存货（即营业成本）的适应性（在企业不生产存货而提供劳务的条件下，则是固定资产的规模、结构与业务规模、结构的适应性）；（2）存货规模、周转速度与商业债权（包括应收票据和应收账款）的收款之间的动态关系；（3）企业经营资产的整体规模与核心利润规模之间的关系；（4）核心利润与经营活动产生的现金净流入量之间的关系。

其次，考察控制性投资资产的个体盈利能力以及不同业务板块盈利能力的优化问题。控制性投资资产就是被投资者的经营资产，因此，对于控制性投资质量的分析，在有条件的情况下应该以被投资对象的财务报表为基础进行经营资产的分析，否则只能以合并报表为基础进行综合分析。

至于业务板块的盈利能力的优化问题，根据企业不同业务板块的市场状况和盈利能力，企业就可以考虑所在业务板块的盈利前景对自己已有的投资结构进行调整，对未来的投资作出安排。

最后，考察企业合并利润表中经营资产与非经营资产的结构性盈利能力。从盈利性角度来讲，盈利能力较高的那部分资产的质量是更高的。

10.1.3　个体质量

资产的整体质量好，必须以结构质量好为前提；结构质量好，又必须以个体项目质量好为前提。那么，怎么评价个体项目质量呢? 简单地说就是四个字：满足需求——满足企业对特定资产的个性需求。

在讨论资产质量时，我们没有讨论资产的物理质量，而是更多地讨论特定资产满足企业特定需求的质量。对于特定企业而言，一项资产的质量高低不在于其自身的物理质量，而在于企业想用它做什么，以及特定资产对企业需求的满足程度。一项资产，即使物理质量再好，如果满足不了企业的特定需求，也是不良资产。

企业对各个项目资产的需求及其质量表现可以归纳为：

（1）**变现质量**，即转化为现金的质量。流动资产各个项目的首要质量就是变现质量，比如债权的可回收性、交易性金融资产的可出售性、存货的周转与变现能力等。

（2）**被利用的质量**，即长期性经营资产（如固定资产和无形资产等）满足企业生产经营要求的质量。这里我们主要关注长期经营资产的利用率和产生增量利润这两个方面。有些单位长期经营资产的物理质量极好，但是闲置率极高，这就难以产生利润，因而这些资产应该归于不良资产。

（3）**与其他资产组合增值的质量**。这是企业管理最大的魅力。实际上，流动资产和长期经营资产的组合质量就是组合增值的质量。

我们考察身边的企业就会发现，生产要素差不多的企业，由于品牌不同，管理者不同，特定环境不同，其盈利能力的差异很大，企业的市场价值不同。这反映的就是资源整合的质量问题。

因此，一项资产在没有明确其具体用途之前很难绝对地说是优质资产或不良资产。

下面讲一下我在汶川地震期间的经历。

2008 年 5 月 10—13 日，西南财经大学新一期 EMBA 的学生计划上 4 天财务管理的课程。我应邀在 5 月 12—13 日两天讲授财务报表分析。

5 月 12 日我在给学生上课的课堂上亲身经历了地震。5 月 13 日晚上我按照计划乘南航飞机返回北京。当天晚上在成都双流机场的经历恰恰能够说明资产组合增值质量的问题。

由于机场已经开始进行抗震救灾物资的运输，因而当天进出成都双流机场的民用客机的班次显得比较少，且晚点率比较高，直接导致旅客在机场的停留时间过长。这是大地震之后的一种正常状态。

当我在下午 4 点到达机场候机厅后，发现已经没有空位了，很多人坐在地上。我见状就找了一个餐厅坐下来，点了一杯茶水——48 元一杯的茶水。一个多小时后，飞机还是没有到达。我想为了充分利用等待的时间，就在餐厅用餐吧。

服务员说：先生，今天只有一种桶装方便面。

我问：多少钱一份？

答：48 元。

当然，48 元换来的不仅仅是一份温水泡着的桶装方便面，还有一小包涪陵榨菜。

这时，我要乘坐的飞机抵达机场，但是飞机停留了一个多小时也没有登机的迹象。我决定再找一个地方去喝点水。

这次去的是一个某外国品牌的咖啡屋。

我进去问：有茶水吗？

答：有。68 元一杯！

68 元换来的是一杯装着 2/3 的水和质量不明的普洱茶的混合物。

当我喝完后要求续杯时，服务员就再也不理会我了：他们太忙了。如果给我继续加水，他们只会有时间和成本的支出，不会有任何收益；如果用这个时间和资源去招呼一个新顾客，就可获得 68 元。

我绝对相信当天晚上的商户们不会有价格欺诈。但是，商户们紧抓商机、整合资源的意识和能力确实是资产与特定环境组合增值的经典案例。

对于一个特定企业来讲，已经入账的资产是能够区分优质资产和不良资产的。不良资产主要存在于呆滞的存货、难以回收的商业债权、其他应收款、包含潜亏因素的长期股权投资，以及闲置的固定资产等之中。

特别提示

另外，关于企业资产质量的相对性，要注意的两点是：企业内部在不同时点的资产质量是相对的；企业之间相同资产的质量也是相对的。某项资产在企业内部今天是优质资产，明天就可能是不良资产。同样的资产对不同企业的价值肯定也是不同的。

10.2 分析的基础——几个重要原则

在进一步分析之前，先介绍几个重要的原则，它们对资产质量的分析特别重要。

10.2.1 历史成本原则

历史成本解决的是特定资产以什么价值计入资产负债表的问题，因此，一般在谈历史成本时指的是资产的历史成本。资产的历史成本是指企业取得特定资产的累计资源消耗。比如，一本书的取得成本取决于企业取得时所消耗的资源。假设你取得的这本书是别人送的，你没有付出任何代价，则你取得书的成本为零；如果是批量购买，并按照七折的价格买来的，则成本就是书的定价乘以0.7；如果是自己开车去书店全价买来的，路上闯红灯被罚款200元，停车费花了10元，在不计算汽车消耗的汽油费和汽车折旧费的情况下，你取得书的历史成本就是书的原价加上210元。

总结

可见，同样的资产，由于取得方式不同、购买批量不同、运输条件不同以及用人不同等因素，历史成本表现出极大的差异。这既是历史成本的特点，也是历史成本的缺陷——不能面向未来，只能反映历史的资源消耗。

现在，企业资产的初始计量大多是以历史成本来确定的。

10.2.2　公允价值原则

公允价值是指站在现在的立场，面向未来看资产的价值。

当我们以财务信息为基础面向未来作出决策之时，仅仅依据历史成本是不够的。那么怎么修正呢？这时就要考虑公允价值。

按照我国的会计准则，公允价值在对个别资产的后续计量中是可以采用的。比如，对于交易性金融资产，要按照资产负债表日的价值（即公允价值）对历史成本进行调整，并把历史成本与公允价值之间的差异作为"公允价值变动收益"计入利润表；对于其他债权投资，要按照资产负债表日的价值对历史成本进行调整，并把历史成本与公允价值之间的差异作为"其他综合收益"计入股东权益变动表（没有作利润处理，属于资本公积）。

当历史成本遭到严厉抨击，似乎马上就要被公允价值取代时，金融危机发生了。金融危机出现以后，全球都在反思：到底谁是金融危机的罪魁祸首？有人说是华尔街人的贪婪，有人说是公司治理问题，有人说是商学院的教育问题——对学生的职业道德教育出了问题，有人说是金融创新与金融监管脱节的问题，还有人说是会计出了问题——公允价值概念把资产泡沫化了，泡沫破了，金融危机就来了。不论这些分析是否正确，现在业内不再像以前那样热衷于公允价值的讨论了。

怎么看待公允价值呢？我们要考虑在两种条件下，公允价值的效果可能是相反的：

1. 融资目的

在企业的融资过程中，当某项资产用于对企业的债务进行保证时，就要用公允价值。也就是说，在融资时，对债务提供保证的是公允价值而不是历史成本。比如，企业原来2 000元一平方米的房屋现在升值到2万元一平方米了，不管企业是否在账上进行会计处理，在融资保障的问题上，从现在的立场来看，这2万元就能对债务融资做保障。**所以在以融资为目的时，资产的公允价值应该发挥作用。**

至于公允价值的波动性，则是另外的问题。当将公允价值用于对债务融资做保证时，企业应该对公允价值的未来波动有合理的估计。

2. 绩效评价目的

在我看来，在进行绩效评价时，应该更多地考虑历史成本。理论上的先进性和实践上的适用性往往是脱节的。不论是在我们的观念上还是在会计的实践上，并没有因为公允价值的出现而要求企业按照公允价值去补偿资产的消耗。

如果用历史成本，很多决策就可以正确地作出。如果一味地强调公允价值的科学性和先进性，很多决策将难以作出。

举个例子。

如果你有一套闲置的房屋，不打算卖，而是一直出租。房子取得时的成本是8 000元/平方米，假设最初每月租金为1 500元，现在已涨到每月3 000元。在此期间，你的房价也在不断上涨，现在已达到32 000元/平方米。

按照历史成本去考虑问题，你认为这套房屋用于出租是合算的：租金一直在涨，且租金远远高于与房子相关的各种固定开支，如物业费支出等。同时，房屋的市场价格也一直在涨，你心里十分高兴：房屋升值了。

但是，如果用公允价值来看这个决策，你可能就会感到郁闷：现在房价已经涨到 32 000 元/平方米，是原来价格的 4 倍，但租金只涨了 1 倍。如此看来，真是太不合算了。

应该怎样看待这个问题呢？房主的出租决策是一个常规的、正常的决策。决策的正确性在于：闲置资源的机会成本是零，不管它的历史成本或者现在的公允价值是多少。只要闲置资产所带来的收益大于与其相关的支出，就对资产的持有人有贡献。请注意，在不出售房屋的情况下，如果想获得现金收益，只能选择出租，但房屋的出租价格主要由租赁市场决定。

因此，在进行绩效评价时采用历史成本可能会有更好的效果。

10. 2. 3　客观性原则

按照客观性原则，企业的会计信息要满足两点要求：第一，要可验证，即会计信息的处理是有依据的；第二，估计判断要恰当，即会计处理遇到估计的内容时，估计和判断要合法、合规、合理。这说明企业的会计信息是在一定的弹性范围内可接受的信息，会计信息应该具有非主观故意歪曲性、非主观故意误导性。

10. 2. 4　重大性原则

重大性原则主要表现为：对某些经济业务，因其金额或数量较小而不单独反映，对揭示企业的财务状况不会产生重大影响，因而在处理时采取与其他项目合并以突出其他重要项目的做法。

至于哪些项目可视为重要项目，则应视企业的实际情况而定。可见，重大性是一个主观性非常强的判断。

10.2.5　稳健性原则

稳健性原则是指，企业在可选择的情况下，应选择低估收入和资产、高估费用和损失的方法，以促进企业的长期发展。允许企业采用稳健性原则的情形有：对各种质量下降的资产计提减值准备，对企业进行预计负债的账务处理，对部分固定资产可以采用加速折旧法等。需要注意的是，企业往往会有选择性地运用稳健性原则，尤其是在年度间利润波动幅度比较大的情况下。

10.3　货币资金质量分析

在货币资金的质量分析中，我们主要关注以下方面。

10.3.1　结构分析

企业财务报表的附注中对三类货币资金都有披露：现金（库存现金）、银行存款、其他货币资金。

其他货币资金主要指限制了自由支付的货币资金。这部分资金的比重不宜过大——对自由支付的限制越小，货币资金的活力就越强。在融资过程中，我们要尤其注意被限定用途的货币资金金额。

此外，要注意银行存款的内部结构——币种、汇率的不同可能导致币值差异问题。外币会由于汇率的变动而自动地减值或增值。

10.3.2　付款过程的控制

从货币资金管理来看，对付款的控制不仅仅指最后支付环节的控制，而是始于采购需求的过程控制。

1. 需求产生的控制

对付款过程的控制，首先是对需求产生的控制。这里涉及局部与整体利益的一致性问题。我们应该考虑以下问题：需求的产生是为了局部利益还是为了整体利益？如果是为了局部利益而产生的需求，这种需求与企业的整体利益一致吗？

企业的支出通常有两种：一种是自上而下安排的支付，比如说董事会作出决议要上新的生产线等。这种支付一般应视为符合企业整体的利益，或者符合企业控制性股东的利益。另一种是自下而上产生的支出，大到投资，小到日常开支。自下而上产生的支出，往往容易站在局部立场来考虑问题，对这种支付要求与企业整体的利益关系需要作出权衡。

谁去权衡局部与整体的这种利益关系？只能由一把手来完成。一把手不要指望其他人替自己作决策。

2. 采购过程的控制

关于采购过程的控制，我们要注意采购的合规性和效益性问题。也就是说，采购过程既要合规，又要有利于企业效益的产生，即在合法合规的基础上尽可能采购相同质量条件下成本较低的物资。

3. 入库实物数量和质量的确定

在入库实物数量和质量的确定方面，很多企业在管理上容易出现问题。

我们在管理上有一个思维惯性：特别关注花了多少钱买东西，不那么关注买了多少东西。

在大宗原材料、设备的采购过程中，要搞清楚企业采购物资的实物数量和质量受到很多因素的制约：在途损耗问题，你难以确定多大比例的损耗是恰当的；计量误差问题，你难以确定计量器具的误差率；技术手段问题，有些物资的质量是需要技术手段检测的；用人问题，用不同的人进行入库实物数量和质量的检测，效果会有显著差别。

对这个环节容易忽略的原因还在于，入库实物数量不足和质量欠佳不会引起现金流出量的增加。但实际上，这会引起单位采购物资成本的增加，并最终降低企业的效益。

下面讲一件我经历的事情。

有一年，一个大型房地产企业的董事长在听完我的课后对我说：他所在的房地产开发企业从事精装高档公寓楼的开发。听了我的课，最大的启发是一定要把采购物资实物数量和质量的内部控制系统建立起来。

他接着说：公司对拿到土地的支出控制和销售控制十分重视，对相关情况也很了解，但是对建造过程控制得不够好，要有大的改进。

一年多以后，该公司的一位高管对我说：董事长在当年 10 月召集集团高管开会，要求按照他制定的较为理想的框架设计内部控制制度体系的流程。流程很快设计好了。有人建议用一个典型的采购业务对这个系统进行测试。测试后发现：一个最普通的业务完成这个流程最少需要一个半月。显然，以较为理想的内容框架设计出来的制度并不好用。后来，这一制度一直没有被采用。

我经历的这件事情说明了什么？好的理念不一定能产生好的流

程，好的流程也不一定能产生好的实践。

　　但是，无论如何，在大宗原材料、燃料、设施的采购中，财务部门、业务部门和企业的一把手一定要重视这个问题。千分之一、万分之一的误差，对于个人来说就是巨大的财富。将某些环节稍微改进一下，也许就会产生很多利润。

4. 具体支付环节

　　具体支付的控制也就是支付命令的下达，企业对此要加强控制。这是货币资金流出企业的最后一道关。

10.4　商业债权质量分析

　　商业债权包括预付款项、应收票据、应收账款和应收款项融资。

　　关于商业债权质量，要注意以下方面：

　　第一，把应收票据、应收账款和应收款项融资①这三个项目相加，先比较年末与年初的规模差异，再比较年末与年初的结构差异，横向分析规模与结构的变化，看回款的正常性。有的企业虽然应收款项年末比年初多，但是应收票据占比也显著提高，在应收款项结构优化的条件下，企业的赊销回款应该没有问题。

> **特别提示**
>
> 　　对于应收账款不断增长的情况要特别关注。在企业以虚增销售收入方式来扩大企业业务规模的情况下，营业收入的增长会带来应收账款的显著增长。

---

　　①　前面已经提到，应收款项融资是从应收票据转来的，可以把应收款项融资视同应收票据来看待。

第二，要关注债务人的构成。首先要看欠账人的信用等级构成，但要注意信用等级的动态性；其次要看欠账人的部门和所有制构成（或者资本结构），看是什么股权结构的组织不愿意还钱；再次要看欠账人的稳定性与波动性，具有波动性的欠账人往往风险较大，要特别关注；最后要看欠账人的地区构成，不同地区的经济环境可能有显著差异。

下面看一下关于欠债人与债权质量的案例。

案例 ▶ **10-1**

金一文化的债权质量分析

北京金一文化发展股份有限公司（以下简称金一文化）2022年度的财务报告显示，全部应收账款余额 3 831 400 734.45 元，坏账准备 3 533 175 645.85 元，其中，按单项计提坏账准备 3 289 873 206.14 元。有关减值准备的部分信息见表 10-1。

表 10-1　金一文化部分应收账款计提减值准备信息　　单位：元

具体欠债企业	列入应收账款的欠账余额	坏账准备	计提比例（%）	计提理由
瑞金和美珠宝有限公司	939 950 900.87	939 950 900.87	100.00	预期无法收回
江西金赣珠宝有限公司	535 911 394.07	535 911 394.07	100.00	预期无法收回
深圳金赣珠宝有限公司	428 212 506.09	428 212 506.09	100.00	预期无法收回
北京金致生活珠宝科技有限公司	240 162 354.90	240 162 354.90	100.00	已注销，预期无法收回

续表

具体欠债企业	列入应收账款的欠账余额	坏账准备	计提比例(%)	计提理由
江西和美珠宝有限公司	226 527 211.36	226 527 211.36	100.00	预期无法收回
深圳市萃龙黄金珠宝供应链有限公司	161 758 730.22	161 758 730.22	100.00	涉诉，预期无法收回
江苏金露黄金珠宝有限公司	97 005 054.73	97 005 054.73	100.00	涉诉，预期无法收回
河南铭心文化发展有限公司	64 267 540.00	64 267 540.00	100.00	涉诉，预期无法收回
深圳市明裕行珠宝有限公司	58 658 200.00	58 658 200.00	100.00	预期无法收回
上海金一黄金珠宝有限公司	55 720 737.83	55 720 737.83	100.00	预期无法收回
深圳市永丽珠宝有限公司	45 435 647.00	45 435 647.00	100.00	预期无法收回
北京广通丰盈珠宝有限公司	36 022 500.00	36 022 500.00	100.00	预期无法收回
陕西金韵文化发展有限公司	35 133 544.91	35 133 544.91	100.00	预期无法收回
河南汉王珠宝有限公司	35 015 400.00	35 015 400.00	100.00	预期无法收回
成都市金马燕珠宝有限公司	34 551 835.62	34 551 835.62	100.00	涉诉，预期无法收回
湖南张万福珠宝首饰有限公司	31 431 873.46	31 431 873.46	100.00	涉诉，预期无法收回
深圳豪鸿珠宝有限公司	29 000 000.00	29 000 000.00	100.00	涉诉，预期无法收回

续表

具体欠债企业	列入应收账款的欠账余额	坏账准备	计提比例（%）	计提理由
深圳市仙蒂珠宝文化发展有限公司	28 709 961.64	28 709 961.64	100.00	预期无法收回
深圳市金利福钻石有限公司	23 900 000.00	23 900 000.00	100.00	涉诉，失信被执行人，预期无法收回
……				
合计	3 289 873 206.14	3 289 873 206.14		

好长的欠账不还者名单！好高的坏账准备计提比例！

请注意，企业 2022 年 12 月 31 日的应收账款余额是 38.31 亿元，计提的信用减值损失就高达 35.33 亿元。而单项计提减值损失的表中，均计提了 100% 的减值损失！

从应收账款的余额规模和计提减值损失的规模看，这个企业的应收账款基本上收不回来。

请读者花些时间考察一下债务人名单的构成。你会发现，多家欠账企业似乎是"团伙作案"。比如，债务企业的名字中，有几家出现了相同的"商号"名字，如"和美""金赣珠宝""张万福珠宝""东方专柜"等。虽然这些企业经营地点不同、欠账规模不一，但有一点是完全相同的，就是欠账不还。此外，还有欠账企业名字中有"金一"的，似乎与金一文化属于关联关系。

至于上述欠账企业与金一文化或者金一文化中的具体个人之间是否存在关联关系，只有相关方自己清楚。

应该说，如果上述欠账企业中有的企业与金一文化之间存在关联关系，则欠账不还就极有可能是早就设计好了的；如果上述欠账企业与企业及企业内部的管理者和经营者之间没有任何关联关系，则企业的销售团队存在较为严重的业务能力问题——他们专门把产品或者服务提供给还不了债的企业和个人。能做到这一点挺不容易的。

🔍 特别提示

　　在进行债权质量分析的时候，我们往往比较关注账龄长短。但实际上，债务人或者企业的内在品质更加重要。实践中有很多这样的情形：可能由于债务企业自身的突然变故，致使很短时间内债权就变为坏账。

　　第三，要关注债务的内部经手人构成。我们在关心"谁欠的"时，更要关心"谁干的"。这里涉及内部职工的业务素质和道德素质两个方面的问题。就业务素质而言，有的员工对风险的判断经常会出现偏差；就道德素质而言，有的员工经常把企业的优质资源变为不良资源，内外勾结，损害公司的利益。

　　在前面金一文化的案例中，形成坏账的过程是值得认真研究的：企业在销售过程中是如何对债务企业进行偿债能力评估的？企业依据什么把产品或服务提供给这些后来被证明没有偿还能力的企业呢？企业有追责机制吗？

　　我们看一个与内部经手人有关的案例。

案例 ▶ 10-2

东方时代的债权质量分析

2020 年 3 月 17 日，东方时代网络传媒股份有限公司（以下简称东方时代）发布了《关于会计差错更正的公告》。部分内容为：

公司原董事陈建生涉嫌职务侵占于 2019 年 12 月 19 日被桂林市公安局七星分局刑事立案。公司依据掌握的资料对前期会计差错更正并追溯调整，对其他应收惠州市骏宏投资有限公司的股权转让款 221 320 200.00 元在 2018 年末全额计提减值准备，2018 年补提该笔其他应收款减值准备 199 188 180.00 元，调整减少 2018 年度归属于上市公司股东的净利润 199 188 180.00 元。

请读者注意，这个公告是 2020 年发布的，其内容是针对 2018 年度财务报告出现的所谓"会计差错"进行的更正。

从这个公告来看，企业在 2018 年年报编制过程中，已经对其他应收款中的这项债权计提了部分减值准备。但是，从公告的内容来看，虽然没有提及具体的案件内容，但这项债权的产生大概率可能是由陈建生为主促成的。

关注"谁干的"，不仅在于提高债权资产的管理质量，还在于考察企业的人才特点，做到人尽其才。

10.5 　其他应收款质量分析

其他应收款是企业由于非商品交易形成的债权，在企业资产中所占比重一般不会过大。但是，在实行集团化管理的条件下，向关联方输送资金往往是通过其他应收款项目来进行的。因此，可以按照三种情况来分别分析其他应收款的质量。

第一种，正常部分的其他应收款。经验数据表明，企业的其他应收款金额应该小于资产总额的 1%。其他应收款应该是与企业正常活动（但不是销售活动）相关的债权，比如员工出差预借的现金等。员工借款时，资产的形态是现金，但回来报销时，其他应收款的正常部分将转化为费用。我们不应该也不可能使用其他应收款去偿还负债。因此，正常部分的其他应收款属于企业的不良资产。

第二种，被子公司占用的部分，即母公司报表数与合并报表数之差。那么这部分资产一定是不良资产吗？不一定。该部分资产的质量取决于子公司的业绩，也就是取决于子公司的经营状况。子公司的经营状况好，现金能力强，则其他应收款就是优质的。比如房地产开发企业会设立很多项目公司，母公司给子公司提供的除注册资本以外的经营资金，一般计入其他应收款。

第三种，被母公司、兄弟公司占用的其他应收款。这一般是不良资产。怎么判断这部分资金规模呢？合并报表其他应收款项目中超过正常规模的部分一般是被母公司、兄弟公司占用资源的基本规模。在很多情况下，被母公司、兄弟公司占用的其他应收款的命运就是转化为其他资产，甚至不良资产。

10.6 存货质量分析

对存货质量进行具体分析，通常考察以下方面：

1. 关注存货规模和结构变化

这里有一个值得注意的问题：在财务管理和管理会计中会研究存货一年采购几次、每次采购多少、何时采购等，以实现企业存货规模的最优控制和采购。但在实际工作中，这是很难计算出来的，因为存货的采购和储存不仅涉及内部管理问题，还涉及市场问题。

2. 关注存货的周转率和毛利率变化

通常情况是：对于特定企业的特定存货而言，存货毛利率提高，周转速度就会下降；毛利率下降，周转速度就会提高。存货如果周转不了，其质量肯定不高。在某些特定情况下，还会出现毛利率越高、周转速度越快的情形，如前几年的房地产市场。所以，要综合分析存货周转速度和毛利率的动态关系。

3. 关注减值准备计提的情况

存货减值准备在很大程度上反映的是存货管理质量问题，要注意分析。

上述分析中，除了毛利率和周转率的分析外，都局限于对存货本身进行分析。下面，我们将存货放在更宽的视野里，把三张报表联系起来进行分析：**从资产负债表看资源，从利润表看效益，从现金流量表看效益的质量**。基于这个思路，我们把对存货的分析拓展为下面三个维度：

（1）从资源、市场、效益和质量关系中的"三个脱节"看问题。在前面的分析中，我们有这样一条线索：固定资产—存货—核心利润—经营净现金流量。从固定资产到经营净现金流量，应该是环环相扣的一个经营过程。因此，我们不能就存货看存货，应该看影响了存货的哪些方面，也应该看存货背后的经济结果。

如果观察企业这条线索上各个项目之间的关系，我们就会发现容易出现的三个脱节现象：

一是固定资产的规模与结构和存货（业务）的规模与结构脱

节。这反映了固定资产的利用状况。从企业正常运转的实际需求来看，固定资产的规模及结构安排应该主要取决于以下两个因素：企业发展的战略目标，市场的现实与潜在的需求。市场对企业产品的规模与结构的需求也决定了对企业产品制造手段的不同需求。也就是说，企业固定资产规模及结构的变化应该与产品生产的规模及结构相适应。考察固定资产的规模及结构的变化对企业经营活动的实际贡献，应该结合企业存货的规模及结构的变化、营业成本的规模及结构的变化。

二是业务规模与效益脱节。一种情况是存货卖不动。存货只有周转起来才有可能对企业的经济效益做出最终的贡献。存货不周转，如何带来效益？另外一种情况是存货有周转规模，但是没有效益，这说明产品没有市场竞争力。在企业存货周转处于良性状态时，存货既应该保持一定的周转速度，又应该在每一次周转过程中获得核心利润并产生经营净现金流量。

三是效益与现金流量脱节。这就是我们常说的有利润没有现金的情况。经营净现金流量是检验核心利润质量的试金石，因此一定要关注效益与现金流量的匹配情况。

上述几个方面的脱节，均从某些侧面说明了企业管理所存在的问题。

（2）从上下游关系管理看企业的竞争力。这个问题已经在"看经营资产管理与竞争力"部分进行了讨论，这里不再赘述。

（3）从成本决定机制看成本节约的有效途径。这个问题已经在"看成本决定机制"部分进行了讨论，这里不再赘述。

10.7　流动资产整体质量分析

通常我们在分析流动资产整体质量时会关注下面两个内容：

$$流动比率 = \frac{流动资产}{流动负债}$$

净流动资产（即营运资本）＝流动资产－流动负债

我们在前面"看经营资产管理与竞争力"一章讨论了营运资本管理的问题，其中就涉及一些流动资产质量的因素。下面补充一些关于流动资产整体质量的内容。

关于流动资产与流动负债要看四个方面：采购付款、销售回款、短期融资，以及异常的其他应收款规模和异常的会计处理问题。这里要再次强调，对于大多数企业而言，流动资产和流动负债问题实质上是经营问题和短期融资问题。

只要企业经营活动带来的核心利润产生现金流量的能力足够强，对企业流动资产与流动负债的关系问题就根本不用担心；如果企业的融资环境足够好，融资能力足够强，那么对企业流动资产与流动负债的关系问题也根本不用担心。

在这里讨论一下低流动资产对高流动负债的保证情况。能够在较长时期内以较低的流动资产推动较高的流动负债，靠的是企业的综合竞争优势。较低流动资产保证较高流动负债的企业，一定具有较强的"两头吃"的能力（这是一种竞争优势）。注意，这里指的是持续能力，不是一年或者临时的情况。较低流动资产推动较高流动负债的好处就在于企业资源的利用效率高——企业更多地占用了其他经济组织的资源。

> **特别提示**
>
> 还要注意两个问题。第一，当企业的预收款项和合同负债比较高时，企业的流动负债会被夸大。
>
> 第二，要注意一些异常的会计处理，比较常见的就是通过操纵坏账准备和存货跌价准备来调节利润。还要注意异常的其他应付款，可能的情形是从子公司那里拿钱。这两种情形容易导致流动负债过高，影响我们对短期偿付能力的判断。

10.8　无形资产质量分析

无形资产是指没有一定的实物形态，但是企业可以长期利用的资源。我们经常说固定资产与存货和业务有联系，但账面上的无形资产与业务的联系很难看清楚。这是由无形资产的特点决定的。

10.8.1　无形资产的会计难点

企业的无形资产很多，但是在报表中看到的无形资产很少。这是因为虽然会计在核算中涉及的问题就是简单的增加、减少，但是在无形资产的核算上有困难。固定资产的增加、减少是非常容易看到的，但是无形资产的增加或减少容易看到吗？如果无形资产是外部购入的，增加是可以确定的；但是如果无形资产是内部产生的，其增加和减少就难以确定了，因为不确定性因素很多。

1. 自创无形资产成本难以确定

自创无形资产成本的高低更多地取决于人的素质差异，因此，自创无形资产的成本在很多情况下与所支出的费用难以确定明确的比例关系，也难以追溯具体原因。比如，某项专利的获得通常需要申请人准备很多材料，材料准备得不好可能影响专利申请结果。那么这项专利的获得是由于多年的努力还是几天的努力呢？很难说清楚。

2. 受益期难以确定，摊销难

无形资产发挥效用受到很多外部因素的影响。其一，取决于竞争对手的行动；其二，取决于法律的保护倾向；其三，与偶发因素有关。

以上问题使得企业在无形资产的处理上比较保守，即将复杂问题简单化、表内资源表外化——研究支出全部计入费用进入利润表，开发支出一般也计入费用，只有成功的开发支出才计入资产。因自创无形资产的支出会使企业当期业绩下滑，因此，很多企业的账面无形资产仅指从外部购入的部分，大量自创无形资产游离在表外。但是要注意，企业的研发支出反映了企业在许多方面的发展后劲问题，研发支出最后会形成新产品的竞争力。

可见，企业在并购时应该特别注意无形资产因素。

10.8.2　账外无形资产价值的实现方式

第一，转让和出售。

第二，用无形资产对外投资。前面我们提到了入资的效益问题，即入资后对企业发展、对盈利是否有贡献，是否对潜在债务提供了保证，是否与其他股东建立共享利益、共担风险的关系。我们可以用无形资产入资，但是如果无形资产入资比例过高，经营活动将很难开展。

　　第三，以无形资产作为质押物或抵押物获得贷款。这里需要强调与无形资产贷款相关的无形资产的价值走势。第一种情况，有的无形资产可以不依赖于企业而独立存在，并单独地保值和增值，比如一些配方的价值随处可以实现。第二种情况，有的无形资产在贷款期内不会减值到一定程度或不会消失。第三种情况，有的无形资产完全依赖于有形资产，与有形资产密切相关。也就是说，如果想用无形资产获得贷款，只有第一种情况的可能性较大。在其他情况下，债权人的风险太大。

10.9　投资资产质量分析

　　从广义上讲，资源的配置都是投资。在财务报表里，投资是以增值为目的而持有的股权和债权。那么应收账款是投资吗？不是的，应收账款是经营资产，因为它是以销售商品为目的，不是为了再增值。当然，有时应收票据中会有计息票据，但也不是投资资产。

10.9.1　短期投资

　　短期投资的目的并没有太多的战略性，更多的是强调增值目的。短期投资主要涉及交易性金融资产等。

10.9.2　长期投资

　　长期投资占用的资产，不但包括长期股权投资、债权投资等直接占用的资源，还包括由投资引发的相关资源的流出，比如在其他应收款、预付款项中，母公司报表比合并报表多出来的部分，之前我们通过分析这两个项目看到了投资的拉动效应。长期投资更多的是从战略布局和发展的角度去考虑问题。

10.9.3　长期投资决策评价方法的特征

长期投资决策评价是管理会计和财务管理中比较重要的内容。长期投资决策评价方法有不同的特征：

第一，考虑货币时间价值。货币时间价值表明相同币值在不同时点的价值是不同的。比如说去年的营业额是 1 亿元，今年仍是 1 亿元，那么今年和去年持平吗？如果不考虑货币时间价值，这种观点肯定正确；但如果考虑货币时间价值，这种观点肯定不正确，因为不同时点货币的价值是不同的。

现在的会计处理不会考虑剔除通货膨胀因素等，使用的是静态的反映与分析方法，比如历史成本法，不考虑时间差异导致的币值差异。所以，会计往往是面向历史的，而财务是面向未来的。比如，长期投资要面向未来，考虑货币时间价值。

第二，用现金流量作为"效益"。长期投资中，利润不是效益，经营净现金流量才是效益。这是由于从长期来看，所有投资资源的流出都是现金，因此要用现金流量作为投资回报。

第三，评价方法完全不同于一般的经营分析。对于长期投资决策，常用的三种方法是回收期法、净现值法和内部收益率法。凡是上董事会讨论的项目，都有回收期短（静态回收期通常小于项目寿命的一半）、净现值大于零、内部收益率高于期望报酬率等特点。但是未来的结果差异却很大。

那么，我们应该如何看待这些方法呢？这些方法在投资决策中的作用是什么呢？根据我的经验，这些方法基本上是道具。

企业在项目论证中往往估计过于乐观。乐观的估计主要表现在：

（1）投资现金流出量的估计过于保守。在很多项目的评估过程中，我们对于未来现金流出的估计会比实际支出少很多。这可能是由于项目执行时有不确定因素出现，更可能是由于上项目时估计得太过保守，很多因素都没有考虑到。

（2）对市场容量的估计过于乐观。对现金流出的估计过于保守，就是低估了投资支出和费用。过于乐观的收入估计主要表现在以下方面：其一，企业在做预测时，往往只考虑经济发展的惯性，而不考虑周期。尤其是在考虑宏观政策时，总是假设存在惯性。实际上，不断变化的政策对企业的影响非常大。其二，竞争与替代会影响特定资产、特定产品的市场能力，很多时候企业对竞争替代的估计不足。此外，对环保成本、产业政策、信贷政策、环境成本（在特定地区经营活动的环境差异极大）等不利因素考虑得不充分。

投资具有较高风险和较大不确定性，因此，面对一份项目投资论证报告，要从以下几个角度考虑：其一，在投资评价中要结合自己的经验与常识对项目进行估计和判断。未来不是仅由历史决定的，而是由诸多因素决定的——历史只是决定未来的诸多因素之一。其二，应该进行多种不利因素的敏感性分析，充分考虑各种可能的风险。其三，项目可行性报告的主要指标（如总投资规模、建设期等）应该考虑作为项目执行的考核依据。如果执行人对项目有信心，愿意以项目可行性报告的主要指标作为考核依据，那么项目的风险就比较容易控制。其四，既然是面向未来的投资，就难免有失误，对此要有宽容的心态。

10.9.4 投资资产质量分析

对投资资产质量进行分析时主要关注以下方面：

1. 投资的构成与方向

要了解投资的构成，可查看报表附注。

第一，看地域结构。地域结构布局对企业具有重要的战略意义。如果是控制性投资，企业已有的对外投资地域结构（即子公司的地域结构）布局在相当程度上将决定企业未来合并报表营业收入的地域分布，不同地区的政治、经济和人文环境等将决定特定区域业务发展；如果是非控制性布局，则投资对象在特定区域的业务发展及增长潜力既决定了企业对外投资的未来投资收益状况，也对企业未来针对特定区域的投资决策（如增持、减持等决策）有重要影响。

第二，看业务结构。企业投资方向业务结构布局既与企业多元化的布局战略有关，也与企业核心竞争力之间有密切联系。以美的集团为例，2016 年以前，其对外投资的业务结构分为大家电、小家电、电机和物流。这种业务结构的布局代表了当时企业对自身业务多元化的决策和布局。2017 年企业通过收购库卡公司的方式，让自己的对外投资业务布局横空出世了一个新的"物种"——机器人及自动化系统，而公司自 2017 年以来的业务结构也重新分类为暖通空调、消费电器、机器人及自动化系统和其他四类业务，从而在企业形象上实现了从传统家电制造企业向高端制造业的华丽转身。当然，截至 2022 年底，美的集团真正具有竞争力的产品还是传统的家电制造业务（暖通空调和消费电器），其机器人及自动化系统业务一直没有得到较大的发展。

第三，看持股结构。持股比例反映了企业对持股对象的控制力。一般来说，对子公司持股比例越高，母公司对子公司的控制力就越强。

合并资产负债表的少数股东权益反映了报表截止日子公司股东对整个集团资产贡献的累计状况。如果在合并报表资产负债表中，少数股东权益与归属于母公司股东所有者权益相比规模很小，则一般意味着子公司的少数股东对子公司持股比例不高，或者有少数股东入资的子公司对整个集团的资产贡献度不高；如果在合并报表资产负债表中，少数股东权益与归属于母公司所有者权益相比规模很大，则一般意味着子公司的少数股东对子公司持股比例较高，或者有少数股东入资的子公司对整个集团的资产贡献度很高。这意味着母公司以较少的对外控制性投资支配了更多的资源。

合并利润表的少数股东损益反映了报表所属期间子公司股东对整个集团净利润贡献的状况。如果在合并利润表中，少数股东损益与归属于母公司所有者净利润相比规模很小，则一般意味着子公司的少数股东对子公司持股比例不高，或者有少数股东入资的子公司对整个集团的利润贡献度不高；如果在合并利润表中，少数股东损益与归属于母公司所有者的净利润相比规模很大，则一般意味着子公司的少数股东对子公司持股比例较高，或者有少数股东入资的子公司对整个集团的净利润贡献度很高。这同样意味着母公司以较少的对外控制性投资支配了更多的资源。

下面我们看两个企业的相关信息。

案例 ▶ 10-3

恒瑞医药和中国联通的持股结构与对外投资质量分析

先看看江苏恒瑞医药股份有限公司（以下简称恒瑞医药）的相关信息，见表 10-2。

表 10-2　恒瑞医药部分年报项目　　　　　单位：元

报告期	2022-12-31	2022-12-31	2021-12-31	2021-12-31
报表类型	合并报表	母公司报表	合并报表	母公司报表
资产负债表信息				
归属于母公司所有者权益合计	37 823 808 247	33 439 493 134	35 002 961 304	31 239 935 800
少数股东权益	589 347 896		568 846 623	
所有者权益合计	38 413 156 143	33 439 493 134	35 571 807 927	31 239 935 800
利润表信息	**2022 年度**	**2022 年度**	**2021 年度**	**2021 年度**
净利润	3 815 070 903	3 584 674 184	4 484 026 884	3 693 296 736
减：少数股东损益	−91 233 488		−46 190 667	
归属于母公司所有者的净利润	3 906 304 391	3 584 674 184	4 530 217 550	3 693 296 736

在恒瑞医药的合并资产负债表上，无论是 2021 年末还是 2022 年末，少数股东权益的规模与归属于母公司所有者权益合计相比，远不在一个数量级上；在合并利润表上，无论是 2021 年还是 2022 年，少数股东损益的规模与归属于母公司所有者的净利润合计相比，也远不在一个数量级上。这或者意味着子公司的少数股东对子公司持股比例不高，或者意味着有少数股东入资的子公司对整个集团的净资产和净利润贡献度不高。

我们再看看中国联合网络通信股份有限公司（以下简称中国联通）的相关信息，见表 10-3。

表 10 - 3 中国联通部分年报项目

单位：元

报告期	2022 - 12 - 31	2022 - 12 - 31	2021 - 12 - 31	2021 - 12 - 31
报表类型	合并报表	母公司报表	合并报表	母公司报表
资产负债表信息				
归属于母公司所有者权益合计	154 370 434 728	104 759 772 360	149 217 148 845	103 595 451 225
少数股东权益	192 904 038 612		186 993 203 055	
所有者权益合计	347 274 473 340	104 759 772 360	336 210 351 900	103 595 451 225
利润表信息	2022 年度	2022 年度	2021 年度	2021 年度
净利润	16 651 299 177	3 551 584 695	14 416 186 638	3 875 814 029
减：少数股东损益	9 351 809 603		8 110 720 885	
归属于母公司所有者的净利润	7 299 489 574	3 551 584 695	6 305 465 753	3 875 814 029

在中国联通的合并资产负债表上，无论是 2022 年末还是 2021 年末，少数股东权益的规模已经赫然超过归属于母公司所有者权益；在合并利润表上，无论是 2022 年还是 2021 年，少数股东损益的规模也已经超过归属于母公司所有者的净利润。这肯定意味着从整体上看，子公司的少数股东对子公司的持股比例远高于母公司对子公司的入资比例，这也意味着少数股东入资的子公司对整个集团的净资产和净利润贡献度非常高。

类似于中国联通这种归属于母公司所有者净利润少于少数股东损益的企业并不多见。这说明中国联通以非常低的对外控制性投资为整个集团带来了非常高的资产贡献和净利润贡献。

2. 投资所消耗资源的含义

第一，用现金资源对外投资。现金流量表中有一项是"投资支付的现金"。用现金资源投资的好处在于：投资方向是任意的，可以买任何企业、任何行业的股份，与原有的竞争优势可以没有必然联系，投资后可以立即见效。

第二，用非现金资源对外投资。现金流量表附注中有一项是"不涉及现金收支的重大投资和筹资活动"，这是把企业拥有的非现金资源进行整合进而产生效益的行为。比如，可以用管理投资，用设备投资，用存货投资，用无形资产投资，等等。用非现金资源投资意味着企业盘活现有资产的一种努力，也意味着这种投资的方向与企业的核心竞争力联系比较密切，但是见效可能比较慢。

3. 看效益——投资收益的产生渠道与获现能力

投资有很多种分类方式：可以将投资分为债权投资与股权投资，可以将长期股权投资分为控制性投资与非控制性投资，等等。在会计上，根据对被投资公司的影响，可以将长期股权投资分为四类：控制性投资，共同控制的投资，重大影响的投资，无控制、无共同控制、无重大影响的投资。对于这四类长期股权投资的会计核算也有所不同。

下面讨论长期股权投资的投资收益确认方法。长期股权投资的会计处理有两种核算方法：

第一种是成本法。成本法适用于控制性投资，以及无控制、无共同控制、无重大影响的投资。对投资成本和投资收益的核算方法如下：

> 长期股权投资＝初始成本
> 投资收益＝应收的已宣布的红利

因此，在成本法下，投资收益基本对应等额货币资金的增加，不会带来投资收益的泡沫成分。

第二种是权益法。权益法适用于共同控制和重大影响的长期股权投资。对投资成本和投资收益的核算方法如下：

$$\frac{\text{长期}}{\text{股权投资}}=\frac{\text{初始}}{\text{成本}}+\frac{\text{持股后被持股企业新增}}{\text{股东权益非入资性净增加}}\times\frac{\text{持股}}{\text{比例}}-\frac{\text{收取的}}{\text{现金股利}}$$

投资收益＝持股后被持股企业新增净利润×持股比例

这就是说，在权益法下，只要被投资企业实现利润，投资方就有投资收益。因此，权益法的运用不可避免地会导致利润的泡沫化。通常来说，被投资企业的分红一定小于利润。因此，权益法确认投资收益导致的泡沫利润为：持股后被持股企业新增净利润×持股比例－收取的现金股利。

控制性投资的利润实现过程在报表上表现为：本公司的对外控制性投资将形成子公司的经营资产；子公司的经营资产产生子公司的核心利润，并在编制合并报表的过程中直接融入合并报表的核心利润。如果子公司不分配现金股利，投资方用成本法确认的投资收益就不会有数字；如果子公司分配现金股利，投资方就会按照自己应得的现金股利确认投资收益。

在企业对外控制性投资占资产总额比重较大、企业自身经营活动较少的情况下，有时会产生一种很尴尬的现象：从母公司的报表上看，不管子公司是否分红，有一些费用是一定会发生的，如管理费用。在母公司整合整个集团营销网络的情况下，母公司还会发生销售费用；在母公司为子公司融资的情况下，母公司也会发生财务费用。但是，母公司的营业收入可能不多。如果子公司在有利润的情况下不分配现金股利，或者分配的现金股利过低，母公司的净利润就可能为负数。但合并报表由于融入了子公司的利润，可能表现出较高的净利润。

成本法和权益法是我们分析投资收益的主体内容。除了成本法和权益法确认的投资收益以外，还有企业债权投资收益和投资转让收益等。这些投资收益是常规的成本法和权益法确认的投资收益以外的零散投资收益。

因此，在分析长期投资取得的收益时，首先看利润表中的"投资收益"，了解当年投资收益是多少，可以和上年相比较。然后一定要看报表附注中投资收益的构成。

一般来说，在报表附注对投资收益的详细披露中，首先是"权益法确认的投资收益"，它永远会导致泡沫利润；其次是"成本法确认的投资收益"，它应该对应现金的等额增加，是有支付能力的投资收益；最后则是各种转让收益等，转让收益一般对应现金流量的增加。

案例 ▶ 10-4

紫金矿业的投资收益分析

下面我们看一下紫金矿业集团股份有限公司（以下简称紫金矿业）关于投资收益的相关信息，见表 10 - 4。

表 10 - 4　紫金矿业合并报表中的投资收益信息　　　单位：元

报告期	2022 年度	2021 年度
报表类型	合并报表	合并报表
利润表信息		
投资收益	2 874 143 505	1 691 601 136
其中（取自报表附注）：		
权益法核算的长期股权投资收益	3 743 044 810	1 627 111 396
处置长期股权投资产生的投资收益/（损失）	34 864 096	（3 558 514）
仍持有的其他权益工具投资的股利收入	20 783 503	30 754 600

续表

报告期	2022 年度	2021 年度
处置以公允价值计量且其变动计入当期损益的金融资产和金融负债取得的投资（损失）/收益	（960 447 256）	11 806 943
其他	35 898 352	25 486 711
现金流量表信息		
取得投资收益收到的现金	1 408 491 399	593 774 292
资产负债表信息	**2022 - 12 - 31**	**2021 - 12 - 31**
应收股利（取自报表附注）	0	0

从上述构成来看，权益法确认的投资收益占投资收益的比重较大。从核算特点来看，权益法确认的投资收益往往会高于相应投资收益收到的现金——被投资企业一般不会把当期净利润全部分光。考察一下企业"取得投资收益收到的现金"的规模（由于企业权益法确认的投资收益占投资收益的主体，因而可以判断企业取得投资收益收到的现金主要来自权益法确认的投资收益）就会体会到，企业权益法确认的投资收益所带来的现金连续两年收到的现金股利不到投资收益的 50％。这基本说明了被投资企业现金股利的分配力度。

至于企业在"处置以公允价值计量且其变动计入当期损益的金融资产和金融负债取得的投资损失"，则意味着企业在此类投资上出现了亏损。企业应高度关注这种高风险、战略意义不强的投资，避免短期内此类投资对企业持续造成重大损失。

10.10 资本结构质量分析

资本结构的含义非常广泛，主要包括：资本结构是指股本或者股权结构，即企业的股东是谁，股份比例是多少；资本结构是指有代价的资本来源的结构，这时要看贷款与所有者权益的结构；资本结构还可以包括人力资本，即企业的资本结构要考虑三个结构：股东权益＋贷款＋人力资本。

资本结构揭示了利益相关者的基本利益关系，帮助我们回答"给谁干"的问题。

在公司理财中，对资本结构的决策分析主要关注资本成本。公司理财（财务管理）对资本成本的表述总结起来就是三句话：任何资本都有成本（机会成本）；不同来源的资本，其成本不同；加权平均成本最低的就是最佳资本结构。

如果你认为不同来源、不同结构的资本产生的效益是一样的，那么这个结论就是正确的。但是如果不同来源、不同结构的资本产生的效益是不一样的，那么这个结论就是不正确的。在不同来源、不同结构的资本产生的效益不一样的条件下，不能仅仅关注成本，一定要进行成本与效益间的对比分析。

有一个非常有意思的现象：在非常明显、简单的情况下，企业只考虑融资的具体成本。在大多数情况下，企业会依据融资目的来综合考察融资安排。

在实践中很难见到计算或者考虑包括股东权益在内的加权平均资本成本的中国企业，但确实到处可见融资成本很高却"迎高而上"的情形：

一类是高上市融资成本的情形。很多企业在发展到一定阶段后就开始谋求上市融资，但并不是每一个企业都能够获得上市融资的机会，很多企业在谋求上市的过程中失败了。但是，以往的失败案例并没有使准备上市的企业望而却步。面对可能的失败，企业家们考虑的不是加权平均资本成本，也不是和以往的融资成本进行比较，而是非常简单地关注：整个上市融资过程需要付出多大的代价？如果上市不成功，最大的损失是多少？本人或者整个企业的现有股东是否能够并愿意承受？对最大后悔值的担当能力决定了他们的决策。

另一类是高经营性融资成本的情形。一些企业用很高的成本去融资搞经营。此时，融资者考虑的绝不是自己的历史融资成本，而是增量融资成本和增量收益之间的关系：如果增量融资能够最终为企业带来利润，在财务上就可以接受较高成本的融资。还要注意的是，我们考察成本与效益或者效应的关系时，有的效应或效益是能够通过量化的利润表现出来的，但并不是所有的效应都能够量化表现，如上市融资后的各种效应。

下面从定性的角度谈谈如何进行资本结构的质量分析。

10.10.1　企业的股权结构与企业发展战略的关联度

谁决定了企业的战略？不是 CEO，而是大股东，或者控制性股东。

研究企业的成功，要从资本结构入手。很多企业不能突破瓶颈发展壮大，就是由于受到股权结构的制约。股权结构影响着企业的长期发展。这样的例子太多。

表面上看，出现问题的企业往往在产品、市场、管理等方面存在不足，但背后的根本原因是由股权结构决定的公司治理结构和用人政策等出了问题。

企业要面对的问题是：这样的股权结构能实现企业自己制定的发展战略吗？

10.10.2　股权结构对应的资产结构对企业的长期影响

分析股权结构的质量，还要考察入资内容的质量，因为入资内容对企业发展具有长期的根本性的影响，而且股东权益不会因为入资内容的变化而变化。

关于入资的效应问题，我们在前面的"看价值"一章已经讨论过。

10.10.3　负债与其推动项目的对应性

如果一个项目完全靠贷款来推动，对其最起码的要求是达到盈亏平衡以上。也就是说，利润是零的时候，其他利益相关者的利益都得到了满足，也能够还本付息，只是股东的要求没有满足——股东没有利润。如果亏损，要么折旧补偿不了——贷款的本金偿还不了，要么利息偿还不了。

因此，盈利能力有保证的项目可以更多地考虑负债融资，没有盈利保障的项目通常都要靠自有资金。

10.10.4　资本结构的"四度"分析

我们在前面曾经讨论过，资产负债表的右边展示的是企业发展的四大动力：金融性负债、经营性负债、股东入资和利润积累。

这样，我们就可以把资产负债表右边粗略地分为债权人贡献、股东贡献和利润积累（见表 10-5）。

表 10-5　资产负债表部分内容

资产	经营性负债	商业债权人贡献
	金融性负债	金融债权人贡献
	股本	股东贡献
	资本公积	
	盈余公积	利润积累
	未分配利润	

　　这样划分以后，就可以进行一些新的"四度"分析：**商业债务依存度**指企业对商业债权人负债的依赖程度；**金融债务依存度**指企业对金融债权人负债的依赖程度；**股东贡献度**指股本与资本公积对企业资产的贡献程度；**利润积累度**指盈余公积与未分配利润对企业资产的贡献度。股东贡献度与融资规划有关，而利润积累度与盈利能力和分配政策有关。

　　当企业债务规模比较大的时候，想要改善和维持它，就需要夯实资本，即股东权益。债务越高，企业的财务风险一般会越大，企业承受亏损的能力就越小，融资能力就越差。

　　降低债务依存度的方法有哪些呢？第一，股东入资；第二，提高利润积累度。但是提高利润积累度与现金股利分配政策相矛盾——为了改善财务杠杆、降低负债率，企业就应该考虑少分现金股利。

　　因此，企业股利分配政策既与利润和现金支付能力有关，也与利润分配前后的财务状况有关。

10.11　几种重组的财务效应分析

　　资产负债表左边关注战略、管理、效益（导向是效率与效益），

右边强调利益、分配和关系。

各种重组通常都会表现为资产负债表某些方面的变化。

1. 重组的类型

（1）企业重组。指企业间的股权结构调整。企业重组包括资产重组、债务重组和股权结构调整等。

（2）资产重组。资产重组直接影响的是资产的结构和盈利能力，着眼点在于把利润做大，单纯的资产重组不涉及资产负债表右边的问题，即不涉及利益相关者之间的利益关系调整。资产重组关注资产的存在方式、形态、空间的调整，目的是提高盈利能力。因此，资产重组的主旋律是提高利润以及持续的盈利能力。业务重组也包括在资产重组之中。

（3）债务重组。债务重组关注条件的改变（债务的偿还、期限、利率等）、缓解企业的偿债压力。既然条件改变了，就一定有利益关系的调整。

（4）资本重组。如果企业的名称没有变，股权结构变了（原股东之间股权结构调整或者新加入投资者等），从会计的角度看是企业内部的股权结构调整，我们称之为资本重组。人力资源重组、人事重组都包括在资本重组和企业重组之中。

不论是何种重组，关键在于重组过程产生了什么效应。不论重组采用何种方式，都要关注其效应。而所有的效应都可以在资产负债表上表现出来。

2. 重组的财务效应

重组的财务效应主要表现在三个方面：

（1）直接改善盈利能力。如果组织得当，重组有可能直接通过改变资产的组合、结构等提高盈利能力。但是，这里所指的盈利能力的改善是持续性的，一次性或者账面改善盈利能力不能表明重组成功。

（2）改善融资能力，通过融资改善盈利能力。债务重组和资本重组以及企业重组等有可能直接改善企业的融资能力。在改善融资能力以后，通过融资再提高企业盈利能力。也就是说，可以通过融资激活现有资产，进而使企业的盈利能力得到改善。

（3）改变股权结构、人力资源结构、资产结构和业务结构，实现盈利能力的改善。在资本重组、企业重组、债务重组的条件下，企业的股权结构可能发生变化。在控制权发生转移时，企业的核心人力资源也会随之发生变化。企业股权结构、人力资源结构变化了，企业的战略也可能发生变化。与此相适应，企业的资产结构和业务结构也会相应调整。

从上述三种重组效应可知，不论什么重组，其核心问题都是一样的——在资产方，强调提高企业长期、持续的盈利能力；在负债和股东权益方，强调利益关系的协调。

案例 ▶ **10-5**

重组失败案例

我们来看一个重组不成功的例子。某上市公司在大股东的蹂躏下已经严重资不抵债。在众多债权债务关系中，有一项是这样的：上市公司的母公司即集团欠上市公司 2.27 亿元，上市公司欠银行 2.27 亿元。由于长期无法收回该项债权，上市公司已经为此计提了 50% 的坏账准备，账面净值只剩下 1.135 亿元。

于是集团想出了一套债务重组方案：找一个壳——某房地产开

发公司作为实施重组的主体。该公司既接收上市公司的不良债权，同时也接收上市公司的优质债务（如图 10-1 所示）。

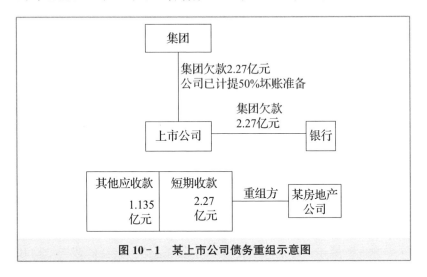

图 10-1　某上市公司债务重组示意图

　　为什么有公司愿意这样做呢？可能有以下原因：第一，这个公司本来就是关联方（经过调查，作为重组实施主体的某房地产公司的总经理是企业集团董事长的司机），甚至其开发资金来源于上市公司；第二，政府相关部门为了确保该公司不退市，帮助公司做了一些协调工作。

　　我们来看看这个重组对于上市公司的影响：资产方（左边）的 1.135 亿元与右边的 2.27 亿元同时转手给房地产公司，由此上市公司产生了 1.135 亿元的利润（账面上反映为营业外收入增加）。这就导致上市公司账面有利润没现金的情况发生。在企业的资产质量、经营能力、融资能力、人力资本等毫无变化的情况下，通过重组提高了企业当年的利润，但是其经营能力并没有实质性的变化。因此，这种重组注定不能成功。

综上所述，不论企业进行什么样的重组，一定要关注重组对企业盈利能力的持续性贡献。

10.12　税务规划的财务效应分析

在资产负债表中，与所得税相关的项目有资产方的"递延所得税资产"、负债方的"递延所得税负债"和"应交税费"（其中一定包含了应交所得税）。在利润表中，"利润总额"下面有"所得税费用"。

一般认为，利润总额与所得税费用之间存在比例关系，但是我们现在看不出利润总额和所得税费用之间的比例关系是怎样的。这是由于会计与税法的口径不同。

下面简要说明利润总额、应税利润、应交所得税、所得税费用和递延所得税的关系。

利润总额是指按照会计准则计算的企业当期的所得税前利润。应税利润又称应纳税所得额，其确认、计量和报告的依据是税法及相关规定，对收入和准予扣除项目的界定标准是由税法规定的。应交所得税是根据应税利润和企业所得税税率计算出的企业当期应缴纳的所得税。所得税费用则是按照会计准则的规定确认的所得税费用。递延所得税，通俗地讲就是会计上认定的所得税费用与按照税务口径认定的应交税费金额不一致时，将暂时性差异在资产负债表和利润表上进行平衡的项目。也就是说，**递延所得税既不属于债权资产，也不属于具有实际支付意义的负债，只是一个平衡项目**。

递延所得税具有一定的税务规划意义。虽然递延所得税本身不代表债权债务关系，仅仅是一个平衡项目而已，但这个平衡项目出现在资产负债表的哪一方是有税务规划含义的。如果递延所得税出现在负债方，就有推迟纳税的意思，表示企业的会计利润（利润总额）多于应税利润，即会计利润多而缴纳所得税少。这或者体现了企业的税务规划能力，或者体现了税法的鼓励与限制政策。如果递延所得税出现在资产方，则表示企业会计利润少于应税利润，即会计利润少而缴纳所得税多，这也有可能是由于企业故意低估当期利润以平滑未来年度利润。

10.13　对现金流量表的分析

现金流量表是一定时期企业的货币资金分类收支汇总表。

企业的现金流量一般分为三类：经营活动现金流量、投资活动现金流量和筹资活动现金流量。

第一类，经营活动现金流量。资产负债表中的经营资产包括货币资金、短期债权、存货、固定资产和无形资产。但是，现金流量表中的经营则仅仅包括部分与流动资产和流动负债有关的现金流量，不包括与固定资产和无形资产有关的现金流量。

利润表中的营业是一个更大更杂的概念，营业利润包括投资收益，与资产负债表的经营和现金流量表的经营形成了差异。要注意，三张报表的口径有很多不同之处。

现金流量表中的经营活动主要包括：销售和购买商品、工资支付、税金缴纳和其他相关支出。在利润表中，在汇总利润总额之后才减掉所得税。但是，我国现阶段的经营活动现金流量中不包括利息和股利因素。

第二类，投资活动现金流量。投资活动现金流量是与非流动资产和交易性金融资产相关的现金流量，以及与利息、股利收入有关的现金流量。分析投资活动现金流量，要重点关注流出量。"投资支付的现金"是对外扩张性投资，"购建固定资产、无形资产和其他长期资产支付的现金"是对内扩大再生产性投资。

第三类，筹资活动现金流量。包括股东入资与贷款，以及分配股利、利润、利息等。对现金流量表进行分析时，应分析经营活动产生的现金流量净额的充分性，投资活动应重点看投资流出量所包含的战略含义和效应，筹资活动则重点看流入量，以及企业的筹资规模与支持方向。

10.13.1 分析起点

传统的财务报表分析是对前两张报表进行分析，第三张报表怎么分析？这个问题理论界还没解决好。我认为**现金流量表的分析起点在于投资活动现金流出量的补偿机制分析**。认识到这一点，现金流量表的分析就应该很清楚了。所谓补偿机制，是指我们支出这笔费用之后，用什么来补偿。

1. "购建固定资产、无形资产的现金流出量"的补偿机制

下面用案例来说明。

案例 ▶ **10-6**

迈瑞医疗投资活动现金流出量的补偿分析

迈瑞医疗 2022 年度现金流量表见附录 1 中的附表 3，报表附注中现金流量表的补充资料见表 10 - 6。

表 10-6 合并现金流量表补充资料

编制单位：深圳迈瑞生物医疗电子股份有限公司　　2022 年度　　单位：元

报告期	2022 年年报	2021 年年报
报表类型	合并报表	合并报表
净利润	9 610 716 815.00	8 004 045 870.00
加：资产减值准备	107 908 309.00	125 920 260.00
信用减值损失		
固定资产折旧、油气资产折耗、生产性生物资产折旧	430 786 805.00	363 773 471.00
无形资产摊销	348 326 723.00	252 697 257.00
使用权资产折旧	105 943 016.00	83 937 326.00
长期待摊费用摊销	26 314 803.00	16 645 247.00
处置固定资产、无形资产和其他长期资产的损失（收益以"－"号填列）	－6 164 292.00	－4 065 884.00
固定资产报废损失（收益以"－"号填列）		
公允价值变动损失（收益以"－"号填列）	21 378 189.00	－9 878 833.00
财务费用（收益以"－"号填列）	－240 622 941.00	－226 917 278.00
投资损失（收益以"－"号填列）	5 061 416.00	－811 481.00
递延所得税资产减少（增加以"－"号填列）	－157 634 111.00	－92 925 820.00
递延所得税负债增加（减少以"－"号填列）	－17 307 220.00	152 810 489.00
存货的减少（增加以"－"号填列）	－523 005 447.00	－133 630 896.00
经营性应收项目的减少（增加以"－"号填列）	－1 047 003 749.00	－153 442 462.00
经营性应付项目的增加（减少以"－"号填列）	3 093 556 932.00	615 087 828.00
其他	382 892 628.00	5 404 081.00
间接法——经营活动产生的现金流量净额	12 141 147 876.00	8 998 649 175.00

　　在投资活动现金流量中有一项"购建固定资产、无形资产和其他长期资产支付的现金"，合并报表 2022 年支出 19.16 亿元。这笔钱花出去了，用什么补偿呢？

　　● 投资活动未来流入量的补偿。投资活动产生的现金流量中"处置固定资产、无形资产和其他长期资产收到的现金净额"，即残值收入，可以补偿一部分现金流出量。但这肯定不是现在可以实现的，一定是在未来多少年以后，即今天花钱明天补偿。但是，企业不能指望用未来多少年以后的残值收入来补偿原有固定资产和无形资产的现金流出。那应该用什么来补偿呢？

　　要往现金流量表的前面部分即经营活动产生的现金流量净额那里看：现在购建固定资产、无形资产和其他长期资产支付的现金要由未来使用相关固定资产、无形资产和其他长期资产年度内的经营活动现金流量净额来逐渐补偿。

　　● 经营活动产生的现金流量净额。经营活动现金流入量和流出量的关系为：在得到经营活动现金流量净额时，企业已经补偿了经营活动（缴税、工资支付等）的诸多消耗（如采购款、工资等），但绝对没有补偿折旧费、无形资产及其他长期资产摊销费等，虽然折旧费和摊销费是不需要现在花钱的，但绝不意味着不需要补偿。

〰〰〰〰〰〰〰〰〰〰〰〰〰〰〰〰〰〰〰〰〰〰〰〰〰〰

总结

　　所以，本年购建固定资产、无形资产的现金流出量应该由未来固定资产、无形资产和其他长期资产使用期内经营活动的现金流入量来补偿，补偿速度取决于折旧或者摊销速度。由此可见，加速折旧就是加速补偿。

在之前讨论利润质量时曾强调检验利润质量的试金石是现金流量，在企业存货周转速度大于 2 次的条件下，核心利润要产生相当于自身规模 1.2～1.5 倍的经营活动现金流量净额，也是这个道理。

2. "投资支付的现金"的补偿机制

对外投资支付的现金由谁来补偿呢？显然不能依靠经营活动，只能依靠投资活动现金流入量的前两项。

（1）未来期间"收回投资收到的现金"。比如，今年买的股票明年卖出，收到的货币资金就是"收回投资收到的现金"，注意一定是先买后卖。

（2）未来期间"取得投资收益收到的现金"。在企业长期持有一些投资的时候，其补偿只能靠未来不断收到的现金股利和利息。

这就是说，现在支付的对外投资现金流出量，一定由未来投资项目的现金流入量来补偿。

⨀ 特别提示

我为什么特别强调现在和未来的关系呢？这是因为：如果一个企业的投资活动现金流量净额是负的，一般表明企业整体上处于（对内或对外）扩张的态势。如果投资活动现金流量总是正的，企业今天卖厂房，明天卖设备，投资现金流量是正的了，但企业未来如何发展呢？

10.13.2 经营活动现金流量的质量分析

经营活动现金流量是企业持续发展的内部动力，是企业自我造血能力的表现。现金流量质量分析的核心是经营活动现金流量分析。

1. 经营活动现金流量净额的充分性分析

首先与核心利润相比较，看是否达到了预期的规模。前面讲过，在存货周转超过 2 次的条件下，经营净现金应该是核心利润[①]的 1.2～1.5 倍。如果存货周转次数少于 2 次，要从经营周期的角度去看，在一个周期内的核心利润与经营净现金流量之间应该满足这个关系。

经计算，迈瑞医疗 2022 年合并利润表的核心利润（包含其他收益）约为 106.58 亿元，按照 1.2～1.5 倍的关系来看，较为充裕的经营活动产生的现金流量净额应该在 127.90 亿～159.87 亿元之间。而企业合并报表 2022 年经营活动产生的现金流量净额为 121.41 亿元。虽然在数字感觉上略显不足，但应该说企业核心利润的质量是很高的，达到了有核心利润更有现金流量的境界——现金流量净额显著大于核心利润的规模。

然后与用途相比较。经营活动产生的现金净流量必须满足如下用途：

（1）要补偿固定资产折旧和无形资产、长期资产摊销。

现金流量表补充资料显示，企业的固定资产折旧、油气资产折耗、生产性生物资产折旧为 4.31 亿元，使用权资产折旧为 1.06 亿元，无形资产摊销为 3.48 亿元，长期待摊费用摊销为 0.26 亿元，上述三项合计为 9.11 亿元。

---

①　此处的核心利润应该加上代表补贴收入的其他收益，因为政府补贴带来的现金流量计入了经营活动现金流入量。

（2）要能够支付经营用融资利息和投资用融资利息。

用于固定资产和无形资产购建的贷款利息，应该由未来的经营活动现金净流量来补偿，但由于相关资产还没有投入使用，没有产生现金流入量，因此只能用现在的经营现金流量来支付；为了投资而发生的贷款的利息支出应该由该项目未来的投资收益来补偿，但同样由于相关资产还没有产生现金流入量，因此只能用现在的经营现金流量来支付。

如果某年进行了投资性融资，那么经营活动现金流量可能就不足以支付利息，所以对利息的支付能力既与经营活动现金流量净额的规模有关，也与企业的投资和融资状况有关。当然，有能力支付与长期资产相关的融资利息，是企业经营活动现金能力强的表现。

> 企业合并利润表 2022 年的利息费用为 0.11 亿元，而企业用于固定资产等长期资产建设方面所发生的利息费用，难以在报表本身直接获得。考虑到企业只有少量租赁负债而没有任何短期借款和长期借款，因此，企业在在建工程和固定资产上所消耗的货币资金并不是通过债务融资获得的，而应该是企业的股东入资、利润积累及经营性负债带来的，因而不会出现利息问题。
>
> 这就是说，企业 2022 年的利息费用的规模就是 0.11 亿元（应该是由租赁负债引起）。

（3）支付现金股利。

如果某年股利分配过高，以至于把以前年度的累积利润都分配了，那么经营活动现金流量可能就不够用，所以对现金股利的支付能力既与经营活动现金流量净额的规模有关，也与股利分配政策和融资状况有关。

迈瑞医疗 2022 年年报中关于利润分配的信息：公司经董事会审议通过的利润分配预案为以公司 2022 年 12 月 31 日的总股本 1 212 441 394 股为基数，向全体股东每 10 股派发现金红利 45 元（含税），送红股 0 股（含税），不以资本公积金转增股本。因此，2022 年利润分配所引起的现金流出量为 54.56 亿元。

从迈瑞医疗 2022 年经营活动产生的现金流量净额的规模来看，完全可以满足上述补偿和支付要求。

（4）扩大再生产。

如果满足了前三项还有剩余的资金，经营现金流量就可以用来扩大再生产。从这个角度看，仅仅关注"经营活动现金流量净额"与"投资活动现金流量净额"之和是大于零还是小于零毫无意义。它只代表一种状态，表明今年现金是不是有缺口需要填补，是由筹资来补充还是由以前的积累来补充。

从前面所述的情况看，与 2022 年有关的需要补偿和支付的现金流出规模为 63.78 亿元（9.11＋0.11＋54.56），企业在满足上述现金需求外，可用于资本性支出的现金规模为 57.63 亿元（121.41－63.78）。

思考

读者可能困惑了：前面我们分析了企业经营活动产生的现金流量净额并不充分，怎么现在又有了一定的能力来支持企业投资性现金流出量的需求呢？

请读者特别注意的是：这是从不同角度看问题所产生的差异。

当我们说企业经营活动现金流量净额是否充分的时候，首先要与企业的核心利润所应该引起的现金流量净额较为理想的规模（核心利润获现率在 1.2～1.5 之间）相比，如果企业经营活动产生的现金流量净额低于较为理想的规模，则一般会认为企业经营活动现金流量净额是不充分的。

但是，如果从经营活动产生现金流量净额的用途看其是否充分，还取决于企业的折旧政策、融资状况以及现金股利分红政策。即使企业经营活动产生的现金流量净额与核心利润相比并不充分，但如果企业像方大特钢那样，筹资不多又不分红，则企业经营活动产生的现金流量净额看上去也很充分。

2. 主要经营项目回款、付款的正常性分析

前文已作相关分析，这里不再赘述。

3. 巨额其他应收款对经营活动现金流量净额的干扰

巨额其他应收款一定是企业向关联方提供的资金。如果是向子公司提供的资金，则其本质属于投资活动现金流出量；如果是向自己的母公司和兄弟公司提供，则属于外部关联方占用资金。但是，不论是哪方占用，都不属于本公司的经营活动范畴。

因此，在考虑经营活动现金流量净额的充分性时，应剔除巨额其他应收款的干扰。

就迈瑞医疗 2022 年年报数据而言，其合并报表其他应收款的规模为 1.49 亿元。应该说这个规模并不大，不具有巨额其他应收款的特征。因此，对于迈瑞医疗经营活动产生现金流量净额的分析不受其他应收款的影响。

10.13.3　投资活动现金流量的质量分析

投资活动现金流入量代表企业投资的回收、收缩。既然是投资，就一定与扩张相关。所以我们要了解投资活动现金流出量所具有的战略含义。

1. 从投资流出量的结构看战略

购建固定资产和无形资产是对内扩大再生产；对外长期股权投资尤其是控制性投资是对外扩张，它的持续拉动效应能够使企业以较少的资源撬动较多的其他企业的资产。因此，从投资活动现金流出量的规模和结构分布就可以观察企业的战略调整信息。

迈瑞医疗的现金流量表显示，无论是 2022 年还是 2021 年，企业均进行了超过 10 亿元的"购建固定资产、无形资产和其他长期资产支付的现金"支出。这意味着企业在强化自身经营能力方面所进行的努力。企业在"购建固定资产、无形资产和其他长期资产支付的现金"支出将形成资产负债表中的固定资产、在建工程、无形资产等资产。

在对外投资方面，企业的活跃度并不高。2021 年企业有 35.20 亿元的"取得子公司及其他营业单位支付的现金净额"支出，应该说这样的投资具有极强的战略色彩。

2022 年企业的"投资支付的现金"只有 0.37 亿元。应该说，企业的主要精力聚焦在经营活动上。

综合来看，企业 2022 年和 2021 年的主旋律是扩大自身生产经营能力，而不是对外扩张建子公司、收购其他公司或对外参股性投资。

2. 看现金流出量变化与效益（或效用）的关系

简言之，对于本公司购建固定资产、无形资产和其他长期资产支付的现金，要关注持续增加的固定资产对本公司营业收入与核心利润（效益）的影响，关注在建工程规模的变化与固定资产规模变化之间的关系。虽然我们并不指望在建工程立即变成固定资产，固定资产马上变成实际利用的产能，但是从在建工程到固定资产、从形成固定资产到产生效益的时间不能太长。

🔍 特别提示

对于现金流量表中企业购建固定资产、无形资产和其他长期资产支付的现金，要特别关注其与资产负债表中在建工程、固定资产、无形资产等项目规模之间的关联以及与企业利润表营业收入和核心利润之间的关联。

如果企业在建工程持续规模过大、转化成固定资产的时间过长，或者短时间内企业固定资产原值增长过快，都可能使得企业近期的财务效益下降。

如果我们考察一下迈瑞医疗 2022 年和 2021 年的资产负债表、利润表和现金流量表，就会对企业投资活动现金流出量的效应做出这样的评价：企业投资活动现金流出量的主旋律是进行固定资产、无形资产的购建，并由此主要推动了合并资产负债表上固定资产净值和在建工程的增加；在固定资产原值和净值增加的背景下，企业 2022 年的营业收入、核心利润以及经营活动产生的现金流量净额等关键效益及质量指标均呈现持续向好的态势。

企业三张报表之间的这种内在联系，在很大程度上意味着企业的固定资产建设是有成效、与企业业务有关联的。这与一些固定资产长期高歌猛进、营业收入长期增长乏力甚至下降的企业形成了鲜明的反差。

10.13.4　筹资活动现金流量的质量分析

关注筹资活动现金流量，就要看现金流入量的来源以及相应的规模，即企业的筹资规模与支持方向，融资成功后，筹集的现金应该支持经营和投资的扩大。

下面分析迈瑞医疗 2022 年合并现金流量表筹资活动现金流入量的规模和支持方向。

迈瑞医疗 2022 年合并现金流量表显示，企业几乎没有筹资活动的现金流入量。连续两年筹资活动现金流出量的项目主要是"分配股利、利润或偿付利息支付的现金"。考虑到企业几乎没有什么债务融资，可以断定企业这部分现金流出量基本上就是给股东支付的现金股利。

企业在经营活动产生的现金流量净额足够充分的条件下不进行任何融资，应该是正常、恰当的行为。这再次印证了企业盈利能力、利润获现能力强和正常发展不需要债务融资的财务特征。

下面我们再看一个企业现金流量表的情况。

〰〰〰〰〰〰〰〰〰〰〰〰〰〰〰〰〰〰〰〰〰〰〰〰〰〰

案例 ⊙ 10-7

恩捷股份的现金流量表分析

表 10-7 列示了云南恩捷新材料股份有限公司（以下简称恩捷股份）2022 年年度报告中现金流量表的信息。

表 10－7　恩捷股份 2022 年现金流量表　　　　　单位：元

报告期	2022 年	2022 年	2021 年	2021 年
报表类型	合并报表	母公司报表	合并报表	母公司报表
一、经营活动产生的现金流量：				
销售商品、提供劳务收到的现金	8 308 323 229	145 968 617	6 192 723 976	148 332 357
收到的税费返还	280 936 013	8 852 166	357 117 869	2 400 340
收到其他与经营活动有关的现金	302 014 480	12 817 430	296 201 968	38 811 850
经营活动现金流入小计	8 891 273 722	167 638 213	6 846 043 813	189 544 547
购买商品、接受劳务支付的现金	6 268 851 124	20 871 989	3 844 341 884	57 469 798
支付给职工以及为职工支付的现金	883 089 073	24 270 586	653 147 819	23 671 851
支付的各项税费	900 675 889	44 796 094	705 344 942	24 606 426
支付其他与经营活动有关的现金	335 070 038	21 244 359	224 563 790	64 565 223
经营活动现金流出小计	8 387 686 124	111 183 028	5 427 398 435	170 313 297
经营活动产生的现金流量净额	503 587 599	56 455 185	1 418 645 378	19 231 250
二、投资活动产生的现金流量：				
收回投资收到的现金	55 000 000	30 000 000	1 770 600 000	1 203 711 110
取得投资收益收到的现金	12 217 775	164 200	39 541 818	70 285 904
处置固定资产、无形资产和其他长期资产收回的现金净额	5 081 978		4 743 027	2 717 734

续表

报告期	2022 年	2022 年	2021 年	2021 年
报表类型	合并报表	母公司报表	合并报表	母公司报表
收到的其他与投资活动有关的现金		589 627 793		1 318 235 358
投资活动现金流入小计	72 299 752	619 791 993	1 814 884 846	2 594 950 106
购建固定资产、无形资产和其他长期资产支付的现金	5 257 761 881	2 527 821	3 995 963 251	35 192 772
投资支付的现金	350 000 000		1 059 810 518	110 000 000
支付其他与投资活动有关的现金	150 164 556	530 126 014	474 586 406	3 410 258 479
投资活动现金流出小计	5 757 926 436	532 653 835	5 530 360 176	3 555 451 251
投资活动产生的现金流量净额	−5 685 626 684	87 138 158	−3 715 475 330	−960 501 145
三、筹资活动产生的现金流量：				
吸收投资收到的现金	372 446 947	101 753 347	41 323 783	
其中：子公司吸收少数股东投资收到的现金	270 693 600		41 323 783	
取得借款收到的现金	14 006 864 782	218 200 000	6 075 195 865	108 000 000
发行债券收到的现金				
收到其他与筹资活动有关的现金		200 800 000		918 990 596
筹资活动现金流入小计	14 379 311 729	520 753 347	6 116 519 648	1 026 990 596
偿还债务支付的现金	6 748 216 372	219 010 000	3 759 907 508	130 000 000

续表

报告期 报表类型	2022 年 合并报表	2022 年 母公司报表	2021 年 合并报表	2021 年 母公司报表
分配股利、利润或偿付利息支付的现金	595 877 608	278 706 732	387 731 900	166 972 238
支付其他与筹资活动有关的现金	256 109 826	131 740 025	355 820 209	891 825 843
筹资活动现金流出小计	7 600 203 807	629 456 757	4 503 459 617	1 188 798 082
筹资活动产生的现金流量净额	6 779 107 922	−108 703 410	1 613 060 031	−161 807 486
四、汇率变动对现金及现金等价物的影响	5 687 721		−1 846 295	
五、现金及现金等价物净增加额	1 602 756 557	34 889 933	−685 616 216	−1 103 077 381
加：期初现金及现金等价物余额	1 369 299 569	226 841 048	2 054 915 785	1 329 918 429
六、期末现金及现金等价物余额	2 972 056 126	261 730 981	1 369 299 569	226 841 048

我们以合并报表为基础来讨论。

在经营活动产生的现金流量净额方面，企业连续两年维持了正数，意味着企业的经营活动基本上不需要额外进行融资支持。2022年，企业经营活动产生的现金流量净额出现下滑，在一定程度上说明企业经营活动现金流量管理方面面临较大压力。

在投资活动现金流量方面，企业"购建固定资产、无形资产和其他长期资产支付的现金"连续两年远远超过经营活动产生的现金流量净额。这至少说明了两点：第一，企业希望通过加大固定资产、无形资产和其他非流动经营资产的建设强化企业的生产经营能力和研发能力；第二，企业的这些支出，要么需要额外的融资（发行股票或者进行债务融资）来支持，要么消耗企业已有的货币资金存量。

另一方面，企业也有部分"投资支付的现金"，但同时企业还有与"投资支付的现金"有一定联系的"收回投资收到的现金"。这意味着企业存在较为活跃的短期投资的交易活动。这方面的交易活动一般不具有战略意义，而仅仅具有短期增值的价值。

结论：企业 2021 年和 2022 年投资活动现金流出量的主旋律是购建固定资产、无形资产和其他长期资产支付的现金，并存在一定的资金缺口。

在筹资活动现金流量方面，企业基本上没有大规模发行股票筹资。较为活跃的是"取得借款收到的现金"和"偿还债务支付的现金"，且借款规模显著大于还款规模。这意味着企业投资活动现金流出量的缺口主要是靠债务融资来解决的。

感兴趣的读者，可以自己查阅恩捷股份 2022 年及以后各年度报告资产负债表中固定资产、在建工程与无形资产的增加情况以及合并利润表中营业收入规模与结构变化、产品毛利率的变化等信息，体会一下企业固定资产、无形资产和其他长期资产支出在未来产生的效益。

10.14　合并报表与财务状况质量

现在很多企业的财务报表都展示两套数字：母公司数字和合并

报表数字。我在此前的分析中多次涉及合并报表的分析，下面再简单分析合并报表中所包含的财务状况质量信息。

10.14.1 合并报表的若干认识问题

我们可以将企业的盈利模式分为三类：经营主导型、投资主导型以及经营与投资并重型。

（1）对于经营主导型企业，可按照**"经营资产—核心利润—经营净现金流量"**这个思路进行分析。

（2）投资主导型企业的控制性投资一般比较大。其母公司报表只包括三个主要的项目：货币资金、其他应收款和长期股权投资。

我们已经说过，企业的控制性投资就是被投资者的各项经营资产。但是这种概括性的表述使我们很难对投资的资源结构进行了解和分析，所以需要把企业的控制性投资进行分解和还原，这就形成了辅助说明长期控制性投资的合并报表。

一般来讲，投资的拉动效应会导致报表越合并越大的现象。但是有的时候，合并报表总资产比母公司总资产还少。这是因为子公司整体上严重亏损，已经处于整体资不抵债的状况。这种情况表明控制性投资在整体上是失败的。

分析投资主导型企业，应该按照**"母公司控制性投资—子公司核心利润（体现在合并利润表上）—合并现金流量表的经营净现金流量"**的思路进行分析。

（3）第三类企业就是经营与投资并重型企业，即以经营与投资两种方式分别发挥效应的企业。将第一类和第二类企业的分析方法结合起来，就形成了第三类企业的分析方法。

10.14.2　个别报表的特征

必须强调，合并报表是以个别企业的报表为基础编制的。因此，我们有必要先了解个别报表的一些特点。

（1）个别报表所代表的企业是真实存在的：每一个企业都以自己的资源为基础开展各种活动。

（2）企业以账簿记录为基础编制报表。

（3）在报表的编制过程中必须实现五个相符：表账相符、账实（实物）相符、账证相符、账账相符和表表相符。

（4）常规的财务比率分析有意义：比率分析大多是针对特定企业的。

🔍 特别提示

对一个公司而言，考察其存货周转率是有意义的；但是对全社会而言，考察存货周转率就没什么意义了。因此，计算一个集团的存货周转率可能会失去意义：如果企业集团内的业务关联度不大，一个集团里有从事房地产的、经营商场的、办教育的，单独计算各个企业的存货周转率或者有意义，或者没有意义（有的企业可能没有存货），但加总在一起计算整个集团的存货周转率就没有意义了。这一点要特别注意。

10.14.3　合并报表的特征

（1）合并报表所代表的企业并不存在：合并报表所反映的主体是会计意义上的主体，不反映任何现存企业的状况。比如子公司的资源是子公司自己管理和控制的资源，但是这些资源不可能在合并报表的范围内任意调动。

（2）总资源不代表任何企业可支配的资产：只代表一种存在，不代表可以对其进行控制。

（3）不能作为针对集团内个别企业的决策依据：和谁做交易就要看谁的报表，不能看着合并报表做决策。

（4）常规的比率分析经常会失去意义：合并报表是以报表为基础编制的，个别报表是以账簿记录为基础编制的。在合并报表条件下，许多周转率指标已经失去了意义。

10.14.4　合并报表与企业财务状况质量

实际上，第 5 章"看战略"的大量内容就是对合并报表的分析。下面我们再补充分析一下合并报表所展示的其他方面的财务状况质量信息。

1. 了解集团内母子公司的资源分布与资源结构状况

查看合并报表，首先可以帮助母公司股东了解母公司所控制的集团内的资源分布与资源结构状况。如果合并报表数与母公司数差别不大，那么编制这个合并报表就没有意义。母公司报表与合并报表相同项目的差异能说明资源的分布情况。

2. 帮助判断内部关联方交易的程度

这里要注意区分内部关联方和外部关联方。内部关联方是以自己为母公司的集团内部的有关各方。外部关联方是指自己的母公司集团外部的关联单位。

内部关联交易在外部看来没有意义，但对于内部是有意义的。

内部关联交易的发生经常会伴随财务报表中的项目"越合并越小"。可能出现"越合并越小"的项目及其含义为：

第一，债权、债务可能越合并越小。比如，很多企业的其他应收款、预付款项越合并越小，差额一般表明子公司占用的资金；债务越合并越小，则可能意味着本公司占用子公司的资金。

第二，长期股权投资和投资收益越合并越小。长期股权投资越合并越小，意味着企业的控制性投资规模、投资收益越合并越小，差额表明子公司的分红规模。

第三，存货、营业成本和营业收入越合并越小。这涉及内部销售问题。

3. 比较母公司与纳入合并范围的集团子公司在管理效率方面的差异

资产的管理效率体现在哪里呢？

第一，存货的毛利率，如比较合并报表与母公司报表在存货毛利率方面的差异，可以反映母子公司产品的比较竞争优势。

第二，固定资产的差别周转速度，如比较合并报表与母公司报表在固定资产原值周转速度方面的差异，可以反映母子公司固定资产推动营业收入的能力差异。

第三，各项利润表费用的有效性，如比较合并报表与母公司报表在各项费用率方面的差异，可以反映母子公司在费用有效性上的差异。当然，我们在分析费用情况时也要将企业的管理和经营方式结合起来考虑。可回顾前面讨论的通过比较母子公司费用的情况来考察企业集团的筹资与销售费用和管理费用的管理模式等。

4. 判断吸纳少数股东入资的成效

吸纳少数股东入资，是母公司试图分担风险的一种努力，或者是吸纳其他资源谋求更大发展的一种努力。通过吸纳少数股东入资，企业可以用较少的资源支配更多的资源。

10.15 财务比率分析的运用

在财务报表分析过程中，经常会用到财务比率。下面讨论财务比率分析的运用问题。

1. 比率的来源与科学性

在用一个财务比率进行分析的时候，我们应该问：这个比率是从哪里来的？它要分析企业财务状况的什么内容？对它的运用能够实现我们对特定财务指标所期待的财务分析目标吗？也就是说，这个指标的科学性在哪里？

实际上，我们通常熟悉的比率大多来源于美国，是以美国的报表体系为基础的财务比率。很多财务比率在美国的报表体系下是科学的，但是在中国运用可能就不一定恰当了，因为美国人在研究自己的财务比率时是以美国特定报表为基础的。所以，要特别注意我们在利用财务比率来评价企业财务状况时，财务比率的科学性问题。

2. 比较对象的确定

比率计算出来以后，要和谁比呢？与不同的对象比较各有什么意义？

（1）与同行业平均水平比。很多教材里都提出这种比较方式。但是应仔细思考一下：同行业平均水平的相关财务比率是怎样的？由谁计算？我的答案是：一般没有人认真计算，也没有人按照平均水平去开展自己的工作。因此，与所谓的同行业平均水平比通常没有意义。

（2）与特定对象比。与特定对象比，即使不是同行业，也永远会有意义。比较两个企业之间的财务比率差异，至少可以看出两个企业之间彼此相关方面的差异。

（3）与自己比。与自己比更有意义。可以与自己的历史比，一般来说比较过去三年的情况就能看出企业发展的大致方向。另外可以与自己的目标或内控指标比，这种比较对改善企业的管理意义重大。

3. 主要财务比率

（1）毛利率。毛利率是毛利（即营业收入减去营业成本）与营业收入的比率，反映企业产品初始的基本盈利能力。

（2）核心利润率。核心利润率是核心利润与营业收入的比率，反映企业产品经营的盈利能力。

（3）总资产报酬率。总资产报酬率是企业的息前税前利润与平均资产总额的比率，反映企业总资产的盈利能力。

（4）净资产收益率。净资产收益率，也叫股东权益报酬率，是企业的净利润与平均净资产（股东权益）的比率，反映企业净资产的盈利能力。

（5）存货周转率。存货周转率是企业一定时期营业成本与平均存货（原值）的比值，反映企业存货周转的速度。在周转一次有毛利的情况下，周转速度越快，企业盈利能力越强。

（6）固定资产周转率。固定资产周转率是企业一定时期营业收入与平均固定资产（原值）的比值，反映企业固定资产周转的速度。在周转一次有核心利润的情况下，周转速度越快，企业盈利能力越强。

（7）经营资产周转率。经营资产周转率是企业一定时期营业收入与平均经营资产的比值，反映企业经营资产周转的速度。在周转一次有核心利润的情况下，周转速度越快，企业盈利能力越强。

特别提示

注意，这里没有采用总资产周转率。这是因为对于对外投资比较大的企业，总资产周转率已经没有意义了。此时，经营资产（即资产总额减去投资资产）周转率是有意义的。

（8）流动比率。流动比率是指流动资产与流动负债的比率。此项比率虽然与利润没有直接关系，但正如我们之前分析的，流动资产与流动负债关系的核心是上下游关系管理。实际上，这种关系会间接影响企业的盈利能力。

（9）资产负债率。资产负债率是指负债与资产总额的比率。此项比率虽然与利润也没有直接关系，但如果企业的盈利能力比较强，更多地采用债务融资，企业的净利润就会更快速增长。因此，这个比率会间接影响企业的盈利能力。

（10）资产金融（有息）负债率。资产金融负债率是指企业金融性负债与资产总额的比率，可以用于考察企业资产对债务融资的依赖程度。资产金融性负债率越高，企业依靠债务筹资发展的特点越鲜明，企业偿债压力也就越大。

（11）资产经营性负债率。资产经营性负债率是指企业经营性负债与资产总额的比率，可以用于考察企业资产由业务推动的状况。

资产经营性负债率越高，企业的经营活动对资产发展的贡献越大。

（12）核心利润获现率。核心利润获现率是指经营活动产生的现金流量净额与核心利润的比率，它可以直接衡量企业核心利润的质量。

4. 合并报表条件下的财务比率运用

在合并报表条件下运用比率分析要特别谨慎。

（1）完全可以用的财务比率。利用合并报表信息，一些比率是完全可以用的。比如净资产收益率、总资产报酬率、毛利率、核心利润率、销售费用率、管理费用率、经营活动产生的现金流量净额与核心利润的比率等，都可以直接用来反映整个集团的效益状况。

（2）谨慎运用的比率。某些比率是不宜采用的，如展示某项资产活力的比率——存货周转率、固定资产周转率等。此外，流动比率、资产负债率等比率也失去了个别企业条件下的意义。

5. 综合比率分析

在综合比率分析中，有一个杜邦分析体系值得我们关注。杜邦分析体系分解图如图 10 - 2 所示。

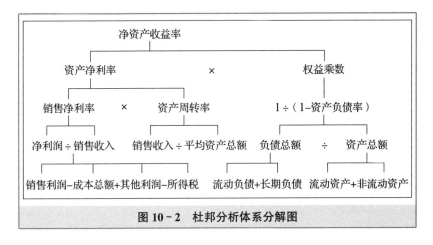

图 10 - 2　杜邦分析体系分解图

杜邦分析体系指向了最基本的净资产收益率，然后逐层分解，一般分析到第二个层次即可。这对我们有很大的启发：提高资产报酬率的手段主要有两个，一是提高资产周转率，二是提高每次周转的盈利率。这实际上就是要求尽可能地优化企业的资产系统，降低各种资源消耗。

为了更清晰地加以说明，我们可做一个简化处理和变形处理：

$$经营资产报酬率 = \frac{核心利润}{平均经营资产} = \frac{核心利润}{营业收入} \times \frac{营业收入}{平均经营资产}$$

这个关系式告诉我们如何提高经营资产报酬率：从提高盈利的角度来看，应该提高毛利率，提高费用的有效性；从提高资产周转率来看，要最大限度地降低不良资产占用，提高资产利用效率，有序地开展经营活动。

看风险

在企业的经营管理活动中，对风险的分析与防范越来越重要。

实际上，现在的管理界对风险的研究已经很多很系统了，但是以报表为基础的风险分析还不够。

那么，从报表上可以揭示企业的哪些风险呢？报表上看不到的企业风险又有哪些呢？

我们先讨论报表上可以看到的一般风险。一般来说，通过报表识别的风险可以分为经营风险和财务风险。

11.1　经营风险

我们知道，资产负债表中的资产包括经营资产和投资资产。经营资产肯定是要用来进行经营活动的，因此在三张报表中有一条非常清晰的线：**经营资产产生核心利润，核心利润产生经营活动的现金流量净额**。这是第一条线。

对于投资资产，我们要重点关注控制性投资。回忆一下，企业的控制性投资会形成谁的经营资产呢？一定会形成子公司的经营性资产，从而产生子公司的核心利润，然后产生子公司经营活动的现金流量净额，这是第二条线。因此我们将之视为经营风险，即母公司以及子公司的经营风险。

那么，什么是经营风险呢？经营风险就是与企业未来经营活动及盈利能力的不确定性有关的各种因素。当然，风险并不一定是危险，风险未必一定发生，只是有可能发生。

需要强调的是，通过财务报表看企业的经营风险，我们应该看这样几个最基本的比率关系：首先是流动资产和流动负债的关系，更多地强调短期经营和周转的关系，虽然我们不能用一个特定的比率来说明多大的规模合适，但应该知道流动资产和流动负债背后体现的核心问题是上下游关系管理。其次是我们耳熟能详的毛利率、存货周转率、核心利润率。最后是经营活动的现金流量净额与核心利润比率。

11.2　财务风险

财务风险实际上是与企业贷款的借入与偿还的不确定性有关的因素。也就是说，考察一家企业的财务风险，一般会关注企业债务融资（尤其是贷款融资）能力以及偿还本金、利息能力方面的不确定性问题。

从报表上看财务风险，可以通过考察企业的资产负债率、债务结构中贷款与商业负债的结构以及企业的综合盈利能力等因素来分析判断。

1. 资产负债率

资产负债率就是企业一定时期会计期末（如 12 月 31 日、1 月 31 日等）的负债总额除以资产总额。

一般来说，如果资产负债率超过 70%，企业的财务风险就比较大了。为什么会是 70%？这不是严格意义上的理论关系，而是我从实践中体会或者感悟出来的。

在 21 世纪初的几年里，我曾在几家上市公司担任独立董事。在此期间，董事会在开会时经常审核一些为子公司贷款的担保议案。当时按照规定，如果被担保企业资产负债率超过 70%，董事会的决议就不是最终决定。在董事会开完会以后，资产负债率超过 70% 的企业的被担保议案必须提交临时股东大会，通过投票做最后决定。

我担任独立董事的公司就曾经出现这样的情况：某些关于资产负债率超过 70% 的被担保公司的担保议案在董事会上通过了，但在临时股东大会上被否决了。为什么呢？应该是股东对被担保对象资产负债率超过 70% 感到担心，认为企业的发展面临风险。因此我们可以说，在企业管理的现实里，资产负债率达到 70% 是一个很重要的财务风险界限。

当然并不是说企业的资产负债率超过 70% 就一定会有危险。下面我们要考虑另外一个问题：企业的债务结构与企业风险之间的关系问题。

2. 资产金融（有息）负债率

资产金融（有息）负债率是指企业的金融性负债与资产总计的

比率。金融性负债主要体现在短期借款、交易性金融负债、一年以内到期的非流动负债、长期借款和应付债券这几个项目。有时企业发行不超过一年的债券到资本市场上融资，我看报表的时候发现，此类负债被归入"其他流动负债"里。

在我看来，由于企业金融性负债需要偿还本金和利息，因此，企业真正的财务风险主要体现在金融负债率上。

我查看很多企业的报表后发现，企业的负债率并不可怕。这是因为企业的负债中，如果商业性负债尤其是预收款项规模较大，由于此款项里包含了毛利，因此企业的实际负债被夸大了。预收款项越多、毛利率越高的企业，由此引起的高负债率越不可怕。比如，格力电器截至 2019 年度以前的各年度报表就是这样。有兴趣的读者可以去看一看。

可怕的是资产金融性负债率。资产金融性负债率越高，企业的财务风险就越大。

资产金融性负债率的计算公式为：

$$\text{资产金融}\atop\text{性负债率} = \frac{\text{短期借款} + \text{一年以内到期非流动负债中的贷款部分} + \text{长期借款} + \text{应付债券} + \text{其他流动负债中的贷款部分}}{\text{资产总额}}$$

3. 利息保障倍数

许多教材都提到利息保障倍数，认为这是衡量企业融资能力或者偿债能力的一个比率。但是我要告诉内行的读者或者会计与财务管理基础比较好的读者，这个比率衡量的是另外的东西。

特别提示

我认为，利息保障倍数是衡量企业贷款融资效用的一个比率，也就是说，这个比率越高，表明企业债务融资的效用越好——这个比率越高，留给股东的利润就越多。实际上，它与偿债能力无关，因为偿债能力与现金流量或者企业的现金能力有关，与利息保障倍数无关。

4. 核心利润率

我在此要特别强调核心利润率与企业融资之间的关系：经营风险与财务风险不是完全割裂的，而是密切相关的。

大家想一想，经营风险低的企业，财务风险不可能很高。如果企业没有产品经营的能力，其融资风险绝对很高。所以我们一定要把企业的利润情况与贷款的能力联系在一起考察。

一些在银行工作的 EMBA 学员跟我讲：我们给企业发放贷款时看报表，但是我们更看重三品。

所谓三品，首先是人品，也就是银行要看贷款企业负责人的人品。我想说的是，什么决定了人品及人的行为呢？其实除了特定人的自然特征以外，决定企业负责人所代表的企业管理层的行为的，还有很重要的公司治理因素。

我们经常会发现这样的情况：人品很好的人，当他代表一家企业开展商业活动时，为了满足特定企业在特定时期的特殊经营与发展需要，经常会出现与其人品和个人行为相冲突的组织行为。因此，一个公认的比较实在的老同学，可能为了自己所在公司贷款的事，去骗另外一个在银行工作的老同学，以获得企业需要的贷款。

因此，不能片面强调和相信人品。你现在打交道的是特定人所代表的组织。

其次是产品，即要看企业的产品有没有盈利能力，尤其是与未来贷款使用方向相关的产品有没有盈利能力。

　　最后是押品，即质押物或抵押物。这个问题实际上是有关保障手段或者保障措施的问题。

　　我们前面讨论的三品，第一个是人力资源和资本的关系问题，第二个实际上是经营活动盈利能力问题，第三个是保障手段问题。所以银行通过贷款中的三品考察，在很大程度上了解了企业可能存在的财务风险问题。

　　因此，对企业财务风险的考察，不能简单地看资产负债率，还要看企业的贷款率以及企业现有资产的营运状况和企业产品的盈利能力。

11.3　利润结构与企业风险

　　当我们把核心利润的概念建立起来后，按照现行的利润表结构，企业的营业利润就由三个支柱两减值构成，其中的三支柱是核心利润、杂项收益（包括利息收入、投资收益和公允价值变动收益）和代表政府补贴的其他收益。

　　通过考察企业利润结构与资产结构之间的对应关系来体会企业风险，可以采用合并报表的数据来进行：合并报表中的平均经营资产产生合并利润表的核心利润加其他收益（补贴收入为主）；合并报表中的平均非经营资产（货币资金加各项投资）产生合并利润表的杂项收益。通过比较结构性的盈利能力，就可以找到盈利能力弱的资产区域。

　　当然，对于不同子公司盈利能力的考察，也可以发现企业不同投资对象的比较盈利能力，从而发现质量较差、风险较大的投资区域。

案例 ⊙ 11-1

迈瑞医疗的利润结构分析

下面以我们展示过的迈瑞医疗合并资产负债表与合并利润表的数据为基础，对企业资产的结构性盈利能力进行分析。迈瑞医疗2022年年报中的相关数据见表 11-1 和表 11-2。

表 11-1　迈瑞医疗 2021—2022 年合并资产的结构性信息

单位：亿元

	2022 年 12 月 31 日	2021 年 12 月 31 日	平均资产
经营资产	234.66	227.15	230.91
非经营资产	232.79	153.88	193.33
资产总计	467.45	381.03	424.24

注：该公司其他流动资产和其他非流动资产规模较小，归为经营资产。

表 11-2　迈瑞医疗 2022 年资产的结构性报酬率　单位：亿元

指标	2022 年度
核心利润＋其他收益（100.77＋5.80）	106.57
平均经营资产	230.91
经营资产报酬率	46.15％
杂项收益	3.32
平均非经营资产	193.33
非经营资产报酬率	1.72％

从结构性盈利状况来看，迈瑞医疗经营资产的盈利能力远远高于非经营资产的盈利能力。这一方面意味着企业的经营资产具有极强的市场能力和盈利能力，产品或服务具有显著市场竞争力；另一方面也意味着企业非经营资产的管理还有进一步改善的空间。仔细考察迈瑞医疗非经营资产的结构就会发现，该企业合并报表非经营资产的主要内容是货币资金，对外投资的规

模非常小。如果企业非经营资产在资产总额中的占比长期过高且盈利能力长期低迷，那么企业的非经营资产就存在质量不佳的风险。

概言之，利润结构与资产结构出现反差的企业，其盈利能力低下的资产区域可能存在较大的前景不确定性（货币资金过高可能意味着企业存在战略困惑、不知向何处发展的情况）或者盈利手段缺乏等困难，应对其保持持续关注。

11.4　过度融资、过度投资与企业风险

1. 过度融资与企业风险

过度融资是指企业融资规模超过正常经营与投资需求的情形。有这么一句话：企业不是饿死的，而是撑死的。这就是说，很多企业因为钱多而死。当然，没有现金流量企业一样会死。

读者可能会说：钱多了不好吗？钱多了还有风险？

千万别忘了：企业是以盈利为目的的经济组织。企业盈利的过程，就是其经营资产不断转化形态并实现增值的过程。过多的资金放在企业那里，一般会形成相应的资金闲置而不会参与经营周转，从而导致整个企业的资产报酬率下降。

过度融资的另一个风险是导致企业资产结构失衡。很多企业的管理者在看到账上有很多资金尤其是筹资获得的（不是自己卖东西辛辛苦苦赚来的）资金时，总有一种要把它花出去的冲动。在现实的企业管理中，管理层可以通过很多方式把资金（即使有一定的筹资约束或者限制）花出去，用在企业根本不需要的方面（如加大固

定资产投入，盲目对外投资）。结果可想而知：这样花钱的结果一定是企业资产失衡，很难促进企业整体效益提高。

2. 过度投资与企业风险

过度投资是指企业的固定资产、在建工程、无形资产建设规模以及对外控制性投资的规模过大，没有相应的市场容量进行消化吸收的情形。

过度融资实际上是过度投资的推手。对于融资能力相对较强的企业来说，特别容易出现自身产能利用率不高、产能过剩的情况。

总结

总结一下过度融资与过度投资的财务表现：

第一，在资产负债表的右方（负债与股东权益方），企业的金融性负债长期居高不下，股东入资频繁。

第二，在资产负债表的左方（资产方），企业的货币资金（融资后闲置导致）、在建工程、固定资产和无形资产等增长过快，固定资产原值的增长显著快于营业收入的增长。

第三，在企业通过融资并购进行扩张的条件下，不惜代价的并购将导致合并资产中出现较高商誉。

第四，在利润表上，企业的财务费用长期居高不下。

第五，在现金流量表上，企业投资活动的现金流出量较为活跃，筹资活动的现金流入量在逻辑关系上支持了投资活动的现金流出量。

案例 ⊙ 11-2

中芯国际的过度融资与过度投资分析

下面列示的是中芯国际集成电路制造有限公司（以下简称中芯国际）2019—2022 年度财务报表中的一些相关项目（见表 11 - 3），体会一下该企业是否有过度融资与过度投资的味道。

表 11 - 3　中芯国际财务报表部分项目　　　　单位：元

报告期	2022 - 12 - 31	2021 - 12 - 31	2020 - 12 - 31	2019 - 12 - 31
报表类型	合并报表	母公司报表	合并报表	母公司报表
资产负债表项目				
货币资金	74 921 998 000	79 875 097 000	86 667 869 000	37 268 472 714
固定资产	85 403 283 000	65 366 428 000	51 415 003 000	36 866 121 114
在建工程	45 761 724 000	25 243 863 000	27 661 244 000	17 059 667 869
无形资产	3 427 981 000	2 876 645 000	2 423 597 000	1 863 505 040
资产总计	305 103 691 000	229 932 806 000	204 601 654 000	114 817 063 255
负债项目：				
短期借款	4 519 383 000	1 082 458 000	2 956 808 000	698 116 894
一年内到期的非流动负债	4 763 925 000	6 203 882 000	6 150 902 000	8 493 518 536
长期借款	46 790 301 000	31 440 128 000	26 331 038 000	13 987 779 511
应付债券	4 167 467 000	3 805 556 000	5 469 756 000	1 495 176 851
负债合计	103 398 978 000	67 957 975 000	62 965 701 000	43 558 038 614
利润表项目	**2022 年**	**2021 年**	**2020 年**	**2019 年**
营业收入	49 516 084 000	35 630 634 000	27 470 709 000	22 017 882 940
利息费用	850 310 000	710 143 000	506 036 000	437 304 538
利息收入	2 385 181 000	1 438 956 000	1 174 152 000	960 175 363
营业利润	14 761 704 000	11 645 217 000	4 498 100 000	1 432 183 105
现金流量表项目				
经营活动产生的现金流量净额	36 591 209 000	20 844 994 000	13 174 290 000	8 139 992 543

续表

报告期	2022-12-31	2021-12-31	2020-12-31	2019-12-31
报表类型	合并报表	母公司报表	合并报表	母公司报表
购建固定资产、无形资产和其他长期资产支付的现金	42 205 585 000	28 361 900 000	37 168 174 000	12 722 754 917
吸收投资收到的现金	8 110 258 000	12 679 718 000	70 848 593 000	7 953 870 759
其中：子公司吸收少数股东投资收到的现金	8 110 258 000	12 679 718 000	18 332 986 000	
取得借款收到的现金	25 360 826 000	12 103 247 000	23 092 145 000	9 158 278 584
发行债券收到的现金			7 207 560 000	8 116 947 200
偿还债务支付的现金	8 834 742 000	9 547 079 000	10 897 759 000	15 413 364 761

从上表的财务数据中，我们可以看到：

第一，企业的资产总规模在不断增长。短短几年时间，企业资产总额就从 1 000 多亿元增加到 2022 年底的 3 000 多亿元！在资产增长的项目中，固定资产、在建工程的增长规模大，增长速度快。这种经营资产的超常规增长为企业未来生产经营能力的提升奠定了坚实的基础。

第二，在企业的负债结构中，截至 2022 年 12 月 31 日，企业的负债合计 1 034 亿元，其中，各类债务融资规模高达 600 多亿元。相对资产总额 3 000 多亿元、固定资产净值规模 800 多亿元来说，企业经营性负债对资产的贡献度有点低。

第三，在利润表方面，企业的营业收入连年增长，营业利润的规模也显示出逐年增长的态势，企业核心利润占营业利润的主导地位。这是企业产品具有市场成长性、盈利能力强的表现。但是，如果结合资产的增长尤其是固定资产的增长，企业的营业收入量级显然不足：企业营业收入尽管增长迅速，但其规模即使 2022 年也没有达到 500 亿元。如果要计算经营资产周转率、固定资产原值周转率，你会发现这个企业的资产周转速度比较低。

资产周转速度低，既有可能是企业生产经营的特点决定的，如企业所从事的经营活动需要投极重的资产（固定资产、无形资产等），也有可能是企业的固定资产投资太超前了，导致资产增长过快。

第四，在利润带来的现金流量方面，企业经营活动产生现金流量净额的能力极强，企业经营活动产生的现金流量净额远超营业利润的规模，更远超核心利润的规模。这意味着企业的营业收入虽然规模不是很大，但在上下游关系中处于优势地位——企业可以综合利用上下游提供的商业信用有效开展经营活动，同时为企业贡献大量货币资金。

第五，企业的现金流量管理特征。尽管企业经营活动产生的现金流量净额与核心利润加补贴收入相比极其充分，但企业各年购建固定资产、无形资产和其他长期资产支付的资金过高，导致企业必须通过筹资或者消耗现金存量来解决资金缺口。

企业连续多年大幅度超常规增加固定资产建设，应该是在坚定执行企业的战略——通过强化固定资产建设来增加企业未来的竞争力。从资产的变化来看，企业的在建工程和固定资产确实在迅猛增长。

在补充固定资产等建设资金缺口方面，企业进行了全方位的融资：积极筹措股东入资——既发行股票募集资金（如 2020 年及以前），也积极吸纳子公司非控股股东的入资（如 2020 年及以后）；

积极举借各种债务——企业每年借款金额普遍大于偿还债务的规模；企业还发行债券融资，如 2019 年和 2020 年。

仔细比较一下企业购建固定资产、无形资产和其他长期资产支付的现金与企业各种融资之间的数量对应关系，明显看出企业有过度债务融资的现象。过度债务融资会导致企业债务融资规模高、货币资金存量高和利息费用高的情况出现。

当然，企业有可能获得极低的融资成本的贷款。在这种情况下，企业虽然因借款支付了一定规模的利息，但有可能拥有高于借款利息的存款利息收入或获取高于利息费用的稳定投资收益的能力。在这种情况下，企业的过度债务融资是可以为企业带来财务利益的。

从 2022 年底的财务数据看，中芯国际比较让人担心的是：企业持续投入并形成生产经营能力的固定资产能否持续释放出符合预期的营业收入与核心利润？

请读者对中芯国际 2023 年以后的财务走势予以持续关注，看看基于 2022 年的财务基础，企业会走向何方？

11.5　公司股权结构变化、治理环境变化以及核心管理人员变更与企业风险

在企业已有的资产结构、业务结构和行业内竞争地位均没有显著变化的情况下，如果企业的股权结构发生变化（如大股东或者实际控制人变更），公司的治理环境和核心管理人员就可能随之发生变化；即使股权结构没有变化，基本的治理环境没有变化，但核心

管理人员发生人事更迭也可能导致企业发展出现较大变故。这种风险是难以用财务比率来计算的。

案例 ▶ **11-3**

同济科技股东"内斗"与企业风险分析

2023 年 6 月 30 日，《证券日报》刊登了记者施露和刘钊的文章《同济科技股东大会上 17 项议案全数被否，交易所旋即发出监管工作函》，谈到了上市公司同济科技的股东之间内斗的问题。相关内容如下：

6 月 28 日，同济科技 2022 年年度股东大会举行。根据当晚公司发布的 2022 年度股东大会决议公告，本次年度股东大会上公司董事会提交股东大会审议的 17 份议案遭到公司股东全数否决。

股东纷争由来已久

同济科技主要依托同济大学的人才、技术、学科优势，集中精力发展具有同济品牌优势的工程咨询服务、环境工程科技服务与投资建设、科技园建设与运营、建筑工程管理、房地产开发等业务领域。

2021 年，代表同济大学行使经营性资产所有者职能的同济控股将其持有的同济科技 1.46 亿股（占比 23.38％）无偿划转给上海市杨浦区国资委旗下的上海同杨实业有限公司（以下简称同杨实业），同杨实业成为同济科技大股东。在上述股权转让进行过程中，2021 年一季度，上海量鼎实业发展合伙企业（有限合伙）（以下简称量鼎实业）通过二级市场两度举牌同济科技，成为公司二股东。

财务数据显示，2020—2022 年，同济科技分别实现营业收入 63.03 亿元、61.32 亿元、39.43 亿元；实现归母净利润 5.96 亿元、5.77 亿元、3.52 亿元，近三年公司的营业收入和归母净利润连续下滑。

公司的业绩不佳让量鼎实业对同济科技"失望透顶"。量鼎实业认为，公司近三年已无新增投资项目，原先的核心主业逐年萎缩，且公司董事会迟迟未提出有效可实施的战略发展方向，使同济科技无法真正回归"科技"属性，并打算以"撒胡椒面式"的投资代替长远的战略规划，使公司不能实现战略跨越式发展。

有鉴于此，量鼎实业希望通过推举高管进入管理层的方式参与同济科技的日常管理，不过均以失败告终。2021 年 6 月，在同济科技 2020 年度股东大会上，由于量鼎实业在关键议案上投反对票，致使部分议案未能通过。2022 年 6 月，量鼎实业再次"卷土重来"，在同济科技 2021 年度股东大会上，量鼎实业通过向全体股东公开征集投票权的方式集中部分股份，虽然所提议案未能通过，但与大股东之间的得票差距进一步缩小。

据同济科技此前公告，量鼎实业拟于 7 月 7 日自行召开 2023 年第一次临时股东大会，审议包括罢免董事长余翔、总经理骆君君、官远发、高欣的董事职务，罢免应礼敏、陆美红监事职务，以及选举郑伟强等人担任公司董事等议案。

17 项议案遭全数否决

同济科技年度股东大会期间，公司高层就股东关心的热点问题进行解答，同时也想借此挽留住中小股东的"信任"。据公司负责人介绍，由于新冠疫情的影响，公司 2022 年业绩受到了较大冲击，公司有信心在今明两年恢复到疫情前的业绩水平。

然而公司的喊话并未奏效，根据决议公告，17 项议案的表决中，同济科技第二大股东量鼎实业及多位中小股东均投出反对票；其中，在多个重大事项的表决上，公司持股 5% 以下股东参与投票的股票数在 1 亿股以上，占公司总股本的比例超 16％。同济科技披露股东大会表决结果后不久，上交所火速下发监管工作函，涉及对象包括上市公司、董事、监事、高级管理人员、一般股东、控股股东及实际控制人。

同杨实业相关负责人告诉《证券日报》记者，作为公司大股东，其对现任董事会和管理团队的工作成效是认同的。近期，公司与量鼎实业进行了多次沟通，希望能够与其他股东共同赋能，促进上市公司高质量发展。遗憾的是，公司并未收到量鼎实业对上市公司发展的建设性意见。相反，截至目前量鼎实业的一些做法，对上市公司的正常经营和良性发展带来了大的负面影响。需要提出的是，股东谋取自身利益不能以破坏上市公司治理、损害上市公司长期稳定发展为代价。

量鼎实业相关负责人回复《证券日报》记者称，6 月 28 日股东大会的投票结果体现了广大中小股东行使股东权利，积极参与公司治理的意愿。从表决结果来看，中小股东参与审议的多个重大事项中，参与投票的数量近 1.2 亿股，占公司总股本（6.25 亿）比例超 16％，在单独列示的参与投票的 5％以下中小股东的信息中，有大约八成左右的中小股东投出了反对票，说明绝大部分中小股东对公司的经营状况和发展战略是非常不满意的。希望有关方面能够尊重全体股东特别是广大中小股东的意愿，维护中小股东的利益。

同济科技上述负责人表示，量鼎实业对公司董监事的一味指责、对公司战略和经营以及相关议案的全盘否定，将给生产经营造成重大不利影响，增加不稳定因素，可能导致融资中断、重大投资暂停、公司形象受损、合作方解约、公司业务陷入停滞，最终损害上市公司和全体股东的根本利益。

请注意，文章展示的信息确实证实同济科技发生了股东之间的内斗。从表面上看，股东之间的意见不合不会影响企业经营层面的问题。但实际情况则是，股东之间的意见不合导致冲突激烈（股东大会议案大量被否决，二股东积极筹备召开临时股东大会准备罢免董事长和企业高管等就是冲突激烈的表现）。正如文章最后同济科技负责人表示的，如果股东之间的冲突持续下去，将给公司造成重大不利影响。

而之所以出现股东之间的激烈冲突，根本原因在于同济科技近年来的股权结构变化。所以，治理风险是企业最应该关注的风险。

希望同济科技的股东们一起向前看，尽快携手推进企业的高质量发展。

11.6　惯性依赖与企业风险

很多企业都有惯性依赖的问题。

1. 上下游关系未来发展惯性的依赖

我们在前文已分析了企业以存货为核心的上下游关系管理。企业要保持竞争力，除了自身有一定的综合竞争优势以外，还依赖于一个重要的假设，就是上下游企业会按照现在的惯性往前发展。一旦上下游企业的经营环境出现较大变化，原有的惯性将不复存在。此时，企业会面临较大的经营风险。

2. 组织文化惯性的依赖

在一些发展较好的企业里，大都有"企业皇帝"。他们的特点是：第一，永远正确；第二，一个人说了算。因此，在"企业皇帝"威望极大、权威很难受到挑战的情况下，企业的安危就在相当大程度上维系在"企业皇帝"一个人或者极少数人身上。在这样的组织里，"企业皇帝"以下的人往往是不愿意担当的。

这种组织文化的惯性会导致企业在"企业皇帝"出现各种问题的情况下迷失方向。

3. 竞争环境惯性的依赖

这里所指的竞争环境，一是指企业在业内的竞争地位，二是指企业所在行业的发展前景。

企业的决策尤其是重大投资决策，一般是基于对竞争环境的惯性判断来进行的，比如在决定固定资产投资、企业地区布局、产能结构安排等时就是如此。但是，企业竞争是动态的，很多产能的形成是需要时间的。企业的竞争能力不仅取决于自己的努力，更取决于竞争对手的行动。

如果由于企业自身竞争地位出现变化，或者由于行业发展出现变化等而使判断出现偏差，则现在的投资与布局极有可能在未来形成产能之时就是亏损之时。

中国在过去的发展过程中经常出现全行业产能过剩的情况，应该吸取这方面的教训。

4. 核心业务发展惯性的依赖

核心业务既是支撑企业业绩的根本力量，也是符合企业发展战略、体现企业核心竞争力的业务。一般来说，企业会依赖这样的业务打天下。但是，如果市场竞争优势不明显、市场出现重大不利变化、市场容量较低或者核心业务的抗变能力太差，企业的发展将会遭遇很大的威胁。

案例 ▶ 11-4

格力电器的核心业务发展惯性分析

我们看看格力电器发展对核心业务的依赖情况。

格力电器有三个广告语深入人心：一个是 1997 年的"好空调，格力造"，一个是 2010 年的"格力掌握核心科技"，一个是 2015 年的"让世界爱上中国造"。

这三个广告语的意思很明白：第一，格力电器的空调好，其中凝聚了格力电器所掌握的核心科技，格力电器所掌握的核心科技主要与空调有关；第二，格力电器要成为一个全球化的公司，让格力电器的产品因世界人民喜欢而遍布世界。

实际上，这三个广告语的战略味道也很浓：一是格力电器专注于空调生产，以走专业化的道路为主；二是格力的发展战略从本土到国际再到全球。

从格力电器历年的财务数据看，企业的营业收入中，空调销售收入占据了绝大部分，专业化色彩非常强。但是，在营业收入的境内境外结构和境内境外毛利率水平的数据方面，境内营业收入占据了营业收入的主体，境内营业收入的毛利率显著高于境外营业收入的毛利率水平。这表明，到现在为止，爱格力电器的还是境内的消费者。世界爱上中国（格力）造的路还很远。

这就是说，如果不出现重大的战略调整，格力电器业务发展的空调依赖和境内依赖会持续一段时间。这种依赖既是企业的优势和竞争力的体现，也可能是企业的风险因素：一旦出现企业内部或者外部不利于格力电器空调业务发展的主要因素，企业的经营前景就会面临风险。

11.7　外部环境变化与企业风险

前面讲的竞争环境惯性等因素，实际上已经包含了外部竞争环境的因素。这里再强调一下，引起外部环境变化的因素有很多，包括政治因素、特定地区主要行政领导人的变化、经济发展的总态势以及结构性变化、互联网时代对产业结构深刻影响所导致的企业业务市场变化以及特定时期的经济政策等等。

案例 ⊙ 11-5

通威股份外部环境变化与企业风险分析

请看上市公司通威股份有限公司（以下简称通威股份）的相关公告所反映出来的企业外部环境变化对其生产经营以及资产质量的影响。

通威股份 2023 年 1 月 20 日发布了《关于 2022 年度计提资产减值准备及固定资产报废的公告》（以下简称《公告》）。《公告》主要内容为：

1. 计提减值准备事项的具体说明，见表 11-4

表 11-4　计提减值准备事项　　　　单位：亿元

项目	2022 年度计提金额
应收账款坏账准备	0.98
其他应收款坏账准备	0.08
合同资产减值准备	0.11
存货跌价准备	6.97
固定资产减值准备	14.87
长期股权投资减值准备	0.25
商誉减值准备	1.05
合计	24.31

（1）金融资产减值准备（应收账款、其他应收款和合同资产）。

本公司以预期信用损失为基础，对分类为以摊余成本计量的金融资产、以公允价值计量且其变动计入其他综合收益的金融资产进行减值处理并确认损失准备。2022 年计提应收账款坏账准备 0.98 亿元，计提其他应收款坏账准备 0.08 亿元，计提合同资产减值准备 0.11 亿元。

（2）存货跌价准备。

公司存货按照成本与可变现净值孰低计量。期末在对存货进行全面盘点的基础上，对因遭毁损、全部或部分陈旧过时、成本低于可变现净值等存货，计提存货跌价准备。2022 年计提存货跌价准备 6.97 亿元。2022 年 12 月以来，光伏产业链价格发生大幅波动，公司太阳能电池片、组件产品及作为电池片生产原材料的硅片市场价格有所下降，存货出现跌价迹象。计提存货跌价准备时，对于有订单的库存商品，按照订单约定售价作为可变现净值计算基础；对于无订单的库存商品，按照市场价格作为可变现净值计算基础；对于原材料，按照产品的市场价格减去加工成本作为可变现净值计算基础。至 2022 年年度报告正式报出前，若产品市场售价继续发生大幅波动，公司计提的存货跌价准备金额可能存在变化。

（3）固定资产减值准备。

公司固定资产按照账面价值计量，对于资产可收回金额低于账面价值的，按差额计提减值准备。经评估，公司小尺寸太阳能电池片生产线等的可回收金额低于账面价值，合计计提固定资产减值准备 14.87 亿元。光伏行业发展日新月异，技术、产品、市场需求快速迭代。2022 年以来，小尺寸太阳能电池片市场份额日益缩小，盈利能力持续下降，大尺寸太阳能电池片已成为市场主流需求，小尺寸太阳能电池片的预期未来盈利能力、生存空间均存在较大不确定性。基于谨慎性原则，公司在 2022 年中、年末均对小尺寸太阳能电池片生产线进行资产评估，对预计未来可收回金额低于账面价值的差额部分，计提固定资产减值准备。

（4）长期股权投资减值准备。

公司长期股权投资按照账面价值计量，对于资产可回收金额低于账面价值的，按差额计提减值准备。公司联营企业海茂种业科技集团有限公司经营业绩不及预期。经评估，对其长期股权投资存在减值，计提长期股权投资减值准备 0.25 亿元。

（5）商誉减值准备。

财务报表中单独列示的商誉，在进行减值测试时，将商誉的账面价值分摊至预期从企业合并的协同效应中受益的资产组或资产组组合。测试结果表明包含分摊的商誉的资产组或资产组组合的可收回金额低于其账面价值的，确认相应的减值损失。因固定资产存在减值，相关资产组对应的商誉合计计提商誉减值准备 1.05 亿元。

2. 固定资产报废情况的具体说明

为提高资产使用效益，公司淘汰部分因老旧、故障率高、毁损而无法正常使用的生产设备，2022 年度发生固定资产报废损失 11.87 亿元，主要为小尺寸太阳能电池片生产线等。2022 年，公司为适应市场需求对部分小尺寸太阳能电池片生产线进行升级改造，对改造过程中拆除且无法继续使用的设备进行报废处理。

虽然案例给出的资料中涉及计提减值损失的项目有七项，但实际上减值损失集中在固定资产和存货上。这两项资产减值损失之所以发生，是公司现有产品的市场出现了较大的变化，而这种变化是朝着不利于公司的方向发展的：与产品有关的市场价格出现了显著下跌，致使企业期末库存的货物出现显著的变现能力下降的情况；而固定资产减值则更是因为企业现有设备所生产的产品的未来市场大幅萎缩，继续生产将难以产生效益。

这就是环境变化对企业所带来的风险因素。

不过，就本案例而言，需要注意的是，企业存货的规模是依据什么做出的：是依据订单还是依据企业发展的惯性做出的经验式预测？无论如何，不能简单认为就是外界环境的不可抗力导致企业资产变现能力下降。

另外，企业对固定资产报废的说明中，认为公司淘汰的固定资产是因老旧、故障率高、毁损而无法正常使用的生产设备，2022 年度发生固定资产报废损失 11.87 亿元。请读者注意的是，既然老旧、故障率高、毁损而无法使用，那么，这些"老旧、故障率高、毁损而无法使用"是在 2022 年集中发生的吗？如果是，是不是太巧合了？如果不是，就意味着企业在 2021 年及以前这些固定资产已经出现了"老旧、故障率高、毁损而无法使用"的问题，如果真是这样，企业是否早就应该报废这些固定资产或对其早些进行减值处理？

11.8　审计报告与企业风险

在上市公司的年度报告中，通常会在年度财务报告之前，注册会计师要出具一份关于企业财务报表质量的审计报告。

审计报告既然是注册会计师出具的关于企业财务报表质量的意见，其中的内容就非常有可能出现与企业风险高度相关的信息。而这部分与企业发展高度相关的信息，很多读者并不注意。

11.8.1 审计意见自身包含的风险因素

现阶段，审计意见的类型划分为五种，分别是：

第一，标准的无保留意见。说明注册会计师认为被审计者编制的财务报表已按照适用的会计准则的规定编制并在所有重大方面公允反映了被审计者的财务状况、经营成果和现金流量。

第二，带强调事项段的无保留意见。说明注册会计师认为被审计者编制的财务报表符合相关会计准则的要求并在所有重大方面公允反映了被审计者的财务状况、经营成果和现金流量，但是存在需要说明的事项，如对持续经营能力产生重大疑虑及重大不确定事项等。

第三，保留意见。说明注册会计师认为财务报表整体是公允的，但是存在影响重大的错报或不同意见。

第四，否定意见。说明注册会计师认为财务报表整体是不公允的或没有按照适用的会计准则的规定编制。

第五，无法表示意见。说明审计师的审计范围受到了限制，且其可能产生的影响是重大而广泛的，审计师不能获取充分的审计证据。

上述五个类型的审计意见中，除了第一种在字面上我们不能立即感受到企业的风险因素外，其他几种均有风险因素。当然，风险因素的严重程度是有差异的。

下面我们看一下，上述除了标准无保留意见审计报告以外的几个类型的审计意见与企业风险。

1. 带强调事项段的无保留意见

案例 ▶ 11-6

顾地科技带强调事项段的无保留意见审计报告

2023 年 4 月 19 日，顾地科技股份有限公司（以下简称顾地科技）发布了 2022 年年度报告。其中，注册会计师出具的审计意见为带强调事项段的无保留意见。强调内容为：

> 我们提醒财务报表使用者关注，截至 2022 年 12 月 31 日，顾地科技流动负债高于流动资产。其重要的全资子公司阿拉善盟梦想汽车文化旅游开发有限公司（以下简称梦汽文旅）工程款到期无法偿还，欠缴税款，银行账户被冻结，梦汽文旅用于经营活动的主要资产被查封，顾地科技于 2022 年 1 月 26 日召开第四届董事会第十二次会议，审议通过《关于公司申请全资子公司阿拉善盟梦想汽车文化旅游开发有限公司破产清算的议案》，董事会同意公司以梦汽文旅资不抵债且不能清偿到期债务为由，以债权人的身份向法院申请梦汽文旅破产清算，同时授权经营层在法律法规允许的范围内组织实施梦汽文旅破产清算相关具体事宜。公司以债权人的身份向法院申请梦汽文旅破产清算，法院是否受理、最终如何裁决均存在不确定性。本段内容不影响已发表的审计意见。

请注意，注册会计师虽然出具了无保留意见，但同时强调了有可能影响企业持续发展的主要事项：一个是企业流动资产不抵流动负债的问题；一个是子公司要破产清算的问题。

关于第一个问题。从行文来看，注册会计师所说"流动负债高于流动资产"应该是指企业的合并报表数据。一般来说，不能仅凭流动负债高于流动资产就认定企业有风险：如果企业在市场竞争中具有较强的上下游关系管理能力并能够持续发展，由于经营性负债高而导致流动资产不抵流动负债，这应该是企业的竞争优势而不是风险点。但是，如果企业流动负债的债务结构中以各类贷款等金融性负债为主并出现偿债压力问题，则这种流动资产低于流动负债就是企业的一个重要风险点。

关于企业全资子公司因偿债压力问题而步入破产清算问题。如果这个子公司真的是"重要子公司"，则有可能导致企业未来出现较大资产损失。企业也可能因此出现资产规模、营业收入规模和盈利能力等下降的情况。

因此，注册会计师强调的往往是企业的主要风险点。

2. 保留意见

案例 ⊙ 11-7

联创股份保留意见审计报告

2023 年 4 月 22 日，山东联创产业发展集团股份有限公司（以下简称联创股份）发布了 2022 年年度报告。其中，注册会计师出具的审计意见为保留意见。形成保留意见的基础为：

（1）联创股份 2021 年度利润表中含丧失控制权前的原控股子公司上海麟动市场营销策划有限公司（以下简称上海麟动）及其子公司营业收入 6 935.33 万元、营业成本 7 237.97

万元。受客观因素限制，我们未能实施有效的函证程序，也未能获取上海麟动及其子公司 2021 年度收入实现和成本发生的充分适当的审计证据。上述事项对本期数据的影响可能不重大，但该事项对本期与上期合并利润表相关数据的可比性可能存在影响。

（2）如附注五、7 及十四、1 所述，2021 年 12 月 29 日，联创股份全资子公司山东联创聚合物有限公司向上海属郡新材料合伙企业（有限合伙）支付 4 200 万元，向其购买部分债权。我们针对该款项执行了检查合同、函证、访谈、分析、利用外部专家工作等审计程序，但未能就该款项的可收回金额获取充分、适当的审计证据。

（3）如附注十四、3 所述，2022 年 11 月，公司对外披露了山东省淄博市中级人民法院出具的（2022）鲁 03 刑初 1 号《刑事判决书》，公司原子公司上海鳌投网络科技有限公司（以下简称上海鳌投）前股东等涉案人员在公司收购上海鳌投股权事项中存在合同诈骗行为。截至本审计报告批准报出日，该案件已进入二审程序，联创股份尚未收到终审判决结果，该事项可能对公司财务报表产生重大影响。我们无法就该事项对财务报表可能产生的影响获取充分、适当的审计证据。

实际上，稍微有企业管理常识的人都会认识到，注册会计师指出的三个方面的内容均包含了需要关注的风险：第一个事项是企业在会计核算上把不应计入合并报表的企业财务数据涵盖进合并报表，从而影响了数据的可比性，使得企业财务数据质量下降。第二个事项是对企业债权质量存有疑问。由于债权质量涉及债权减值（信用减值损失）的确认，因而此事项对企业资产质量和利润质量产生了直接影响。第三个事项属于或有事项，未来企业可能由于诉讼结果而遭受损失。

当然，从整体上来看，上述三个风险还不是全局性风险。

3. 否定意见

否定意见的审计报告非常难找。

案例 ▶ 11-8

圣达莱否定意见审计报告

2022 年 4 月 28 日，注册会计师为宁波圣莱达电器股份有限公司（以下简称圣达莱）2021 年度的财务报表出具了否定意见的审计报告。审计意见是这样的：

> 我们认为，由于"形成否定意见的基础"部分所述事项的重要性，后附的财务报表没有在所有重大方面按照企业会计准则的规定编制，未能公允反映圣莱达 2021 年 12 月 31 日的合并及母公司财务状况以及 2021 年度的合并及母公司经营成果和现金流量。

> 形成否定意见的基础为：

> （1）持续经营。

> 圣莱达 2021 年度归属于母公司的合并净利润为 3 698.45 万元，截至 2021 年 12 月 31 日止，圣莱达累计亏损 37 098.37 万元，归属于母公司股东的期末净资产为 2 342.15 万元；圣莱达的子公司宁波圣莱达电气设备有限公司的电力配电行业成套设备制造未取得行业相关生产资质；连同财务报表附注十

（二）所示的圣莱达投资者索赔事项，表明存在可能导致对圣莱达持续经营能力产生重大疑虑的重大不确定性。

（2）对外合作事项。

如财务报表附注十一（二）所述，2020 年 1 月，圣莱达的子公司宁波圣汇美商贸有限公司（以下简称圣汇美）与内蒙古态和共生农牧业发展有限公司（以下简称态和共生公司）签署合作贸易协议，合作进行肉牛养殖产业链贸易业务，圣汇美预付合作款 2 000 万元，期末其他应收款账面余额 1 970 万元。对于上述其他应收款，我们实施了检查合同和付款凭证、函证、检查工商登记信息、查阅态和共生公司银行流水等审计程序，但无法就上述其他应收款是否按协议约定执行获取充分、适当的审计证据，也无法确定上述其他应收款能否收回。

（3）收入确认、成本结转事项。

圣莱达 2021 年度财务报表收入 111 584 734.43 元、成本 100 148 038.44 元。收入主要来源于电力配电行业成套设备的销售，共有项目 88 个，截至审计报告日，我们走访了其中 28 个项目现场，我们不能进一步获取充分适当的审计证据，以证明收入、成本的真实性、完整性。

请读者注意： 导致否定意见的第一个事项是注册会计师认为企业持续经营具有重大不确定性；第二个事项是一个债权可回收性存疑；第三个是利润表的盈亏确定。

首先必须肯定的是，这三个方面都是企业的主要风险点。但仅从这三个事项来看，似乎注册会计师"下手重了些"：这些事项很难看出企业严重违反会计准则或严重歪曲财务状况、误导信息使用者。从字面上的信息感觉注册会计师出具无法表示意见的审计报告比较恰当。

但是，注册会计师坚持出具这样的审计意见一定有其道理。有可能是这样的情况：注册会计师并没有提及企业更为严重的在财报信息披露中的问题，而是选择一些看上去拿得出来的原因来支持其审计意见。

被出具这种审计意见的企业，其治理、经营、内部控制系统、财报信息质量以及发展前景等都值得高度警惕。

4. 无法表示意见

案例 ⊙ 11-9

未来股份无法表示意见审计报告

2023年4月29日，上海智汇未来医疗服务股份有限公司（以下简称未来股份）发布了2022年年度报告。其中，注册会计师出具的审计意见为无法表示意见。这个审计报告中既包括了导致审计意见的形成基础，也包括了质疑企业持续经营的内容，还包括了强调事项段。相关内容为：

一、形成无法表示意见的基础

参见财务报表附注七中的5. 应收账款，附注七中的61. 营业收入和营业成本，公司在2022年度主营业务为煤炭贸易，确认的煤炭贸易收入为110 334 012.52元，确认的贸易货款应收账款账面余额1 339 267 207.45元（其中坏账准备13 392 672.07元），我们无法获取煤炭贸易相关客户、供应商的上下游资料，原始供货方、终端使用方的出入场资料及物流资料，无法核实收入的真实性、准确性，无法核实煤炭贸易产生的应收账款真实性、准确性和可收回性。参见财务报表附注十五、资产负债表日后事项，2023 年 4 月 24 日，公司因涉嫌信息披露违法违规收到中国证券监督管理委员会《立案告知书》(编号：证监立案字 0032023014 号)，我们无法确认该事项对公司财务报表的影响。

二、与持续经营相关的重大不确定性

我们提醒财务报表使用者关注，如财务报表附注七、合并财务报表项目注释 1. 货币资金，未来股份期末货币资金余额为 1 343 601.12 元；未来股份 2022 年度审计报告被出具无法表示意见，公司股票可能被上海证券交易所终止上市。这些事项或情况，表明存在可能导致对未来股份持续经营能力产生重大疑虑的重大不确定性。该事项不影响已发表的审计意见。

三、强调事项

我们提醒财务报表使用者关注，如财务报表附注十三、承诺及或有事项 2. 或有事项所述，公司因虚假陈述收到证监会《行政处罚决定书》。截至财务报表日，已有部分投资者对未来股份提起诉讼，共收到 19 起诉讼案件，其中对方撤诉的 17 起；尚在审理中的 2 起，涉及金额为 42 422.54 元。本段内容不影响已发表的审计意见。

在一个审计报告中，既出现非常具有负面信息含量的审计意见，又对企业的持续经营和或有事项进行强调，内容实在是丰富。

上述三项内容，每一项内容都是企业的重大风险点：

企业的应收账款规模远远大于当年营业收入的规模，企业长期积累的大量没有收到的应收账款存在巨大减值风险。实际上，应收账款所能影响的报表项目还包括营业收入、营业成本（如果企业通过虚增应收账款的方式虚增营业收入，营业成本也会有相应的虚计因素）、信用减值损失等项目的确认问题。与此同时，企业因涉嫌信息披露违法违规收到中国证券监督管理委员会《立案告知书》，这又是一个不确定的风险因素。

企业面临的终止上市风险对投资者而言意义重大：投资者可能面临重大投资损失。

投资者对企业的诉讼一旦导致企业支付赔偿金，则对企业而言更是雪上加霜。

上述几个审计意见所涉及的内容，尽管表现形式各不相同，但其性质是一样的，就是企业在相关领域所面临的风险。

11.8.2　关键审计事项与企业风险

审计报告中出现关键审计事项是近几年的事。

关键审计事项是注册会计师根据自己的职业判断认为对企业财务信息质量有重大影响的最为重要的内容。当然，关键审计事项应该是注册会计师注意到且在审计过程中得到解决的重大事项。

实际上，在大多数情况下，关键审计事项展示了企业的重要风险区域。

案例 ⊙ 11-10

紫金矿业关键审计事项与企业风险分析

表 11-5 是紫金矿业集团股份有限公司（以下简称紫金矿业）2022 年年报审计报告（标准无保留意见审计报告）中的关键审计事项。

表 11－5 紫金矿业关键审计事项

关键审计事项	该事项在审计中是如何应对的
非流动资产减值——固定资产、在建工程、无形资产及商誉减值	
于 2022 年 12 月 31 日，紫金矿业的固定资产、在建工程、无形资产及商誉分别为人民币 72 746 422 792 元、人民币 21 866 653 969 元、人民币 68 279 910 055 元及人民币 717 723 949 元，合计占总资产比例为 53.46%。对合并财务报表总资产而言金额重大。紫金矿业管理层于资产负债表日判断非流动资产是否存在可能发生减值的迹象。针对存在减值迹象的非流动资产及包含所分配商誉的资产组或资产组组合，紫金矿业进行减值测试，并按照公允价值减去处置费用后的净额和预计未来现金流量的现值中的较高者估计资产组或资产组组合的可收回金额。可收回金额的计算涉及管理层的重大估计，其中关键假设包括矿山储量、排产计划、销售价格、运营成本、税金及折现率等。获取可收回金额的评估过程比较复杂并且涉及重大估计，因此我们认为该事项为关键审计事项。该会计政策、重大会计判断和估计以及相关财务报表披露参见附注三、14、15、18、19、38 以及附注五、17、18、20、21 和 61 中。	我们在审计过程中对该等非流动资产减值评估执行了以下工作： 1. 了解、评价和测试与减值相关的关键内部控制设计和运行的有效性。 2. 与管理层讨论并复核非流动资产是否存在减值迹象；对于存在减值迹象的非流动资产以及包含所分配商誉的资产组或资产组组合，复核管理层对资产组的认定、商誉的分配以及减值测试模型的合理性。 3. 复核可收回金额计算中引用的资产估值报告，与管理层聘任的估值专家进行访谈，对其独立性和胜任能力进行评价，引入内部评估专家复核其估值过程中使用的市场参数。 4. 复核可收回金额计算中使用折现现金流计算模型及所采用的关键假设的合理性（主要包括矿山储量、排产计划、销售价格、运营成本、税金及折现率等）；引入内部评估专家复核折现现金流计算模型及模型中使用的假设以及参数的合理性，包括销售价格及折现率等。 5. 评估管理层内部地质专家的胜任能力与资质，了解其工作内容及工作方法并对其进行评估。 6. 回顾复核以前年度管理层预测的准确性，对比模型中使用的假设前提与经济形势及市场趋势是否相符，复核管理层本年的关键假设与上年关键假设是否发生变化以及变化是否合理。 7. 复核财务报表附注中相关披露的充分性和完整性。
非同一控制下企业合并	

续表

关键审计事项	该事项在审计中是如何应对的
2022年5月，紫金矿业通过协议转让方式收购福建龙净环保股份有限公司（以下简称龙净环保）160 586 231股股份（占龙净环保总股本的15.02%），收购价格为10.80元/股，收购价款合计为人民币1 734 331 295元。 上述股权购买交易涉及非同一控制下企业合并会计处理，紫金矿业需要判断是否属于业务收购及需要在购买日对合并成本进行分配，确认所取得的被购买方各项符合确认条件的可辨认资产及负债于购买日的公允价值，并计算收购产生的商誉或购买折价。由于金额重大，且被收购资产和负债的公允价值的确定涉及复杂的估值技术以及管理层重大估计，其中关键假设包括营业收入、运营成本、折旧费用、税金、资本性支出及折现率等。因此，我们将其列为关键审计事项。 该会计政策、重大会计判断和估计以及相关财务报表披露参见财务报表附注三、4、38及附注六、1中。	我们在审计过程中对非同一控制下企业合并事项执行了以下工作： 1. 了解、评价和测试与收购相关的关键内部控制设计和运行； 2. 复核相关的收购协议，复核管理层对购买类型和收购日的判断、对相关合同条款的理解以及对会计处理影响的分析； 3. 与管理层聘任的估值专家进行访谈，对其独立性和胜任能力进行评价，以及了解其对于购买日各项可辨认资产及负债公允价值的评估所采用的方法和模型； 4. 基于我们对于行业的了解以及相关的专业报告，复核可辨认资产和负债折现现金流计算模型及所采用的关键假设的合理性（主要包括营业收入、运营成本、折旧费用、税金、资本性支出及折现率等），引入内部评估专家，复核模型中使用的假设以及参数的合理性，包括销售价格及折现率等； 5. 评估相关收购在财务报表中披露的充分性和完整性。

　　由于行业特点及企业发展战略的选择，在过去一段时间内，紫金矿业发起了多项并购。在这些非同一控制并购案例中，由于交易对价高度接近评估师对被收购企业的评估价值而产生很少商誉或者根本就不产生商誉。

　　那么，评估增值主要集中在哪里呢？

　　如果考察紫金矿业2020年年度报告，就会发现紫金矿业在当年实施了三项非同一控制企业合并，每一个收购的交易对价都刚好等于评估师的评估价值。

　　实际上，导致商誉为零的收购代价并不一定低——被收购企业的无形资产等在收购过程中评估价值出现了极大的增值！

　　注册会计师关注的第一和第二个关键审计事项就是这个问题。既然商誉不高了，似乎与收购有关的风险降低了。实际上风险一点都没有降低，只不过转移到了更加隐蔽的无形资产和固定资产那里了。因此，如果被收购企业的财务业绩不能按照预期释放，未来出现与并购有关的风险就会集中在固定资产、在建工程、无形资产和商誉几个项目上。

　　注册会计师通过关键审计事项告诉了信息使用者：与企业并购有关的几个资产项目可能蕴含着风险。

看前景

在前面"七看"的基础上，我们可以把三张基本报表的关系再总结一下：现金流量表是对资产负债表中货币资金变化情况的展开说明，利润表是对资产负债表中股东权益未分配利润、盈余公积和资本公积项目部分内容的展开说明。所以三张表是有内在互相勾稽关系的。

三张报表的核心是资产负债表。下面就以资产负债表为核心讨论对企业前景的预测问题。

12.1 基础分析

在看企业前景的时候，我们可以先从以下几个方面来做基础分析：

第一，以母公司资产负债表为基础，观察资产总规模及其变化。先看看企业的大势，是稳定发展、持续扩张，还是持续萎缩。如果企业的资产规模出现重大变化，则应该立即考察企业资产负债表的负债和股东权益部分，看看是"四大动力"的哪一个或几个导致资产的巨大变化。

第二，观察资产总规模中揭示的企业发展或者扩张方面的信息：经营资产与投资资产各占多大比重？尤其要注意通过合并报表找到母公司向子公司提供的所有资源（即控制性投资的规模），并对企业控制性投资的扩张效应进行分析。

第三，观察主要资产规模的变化及其方向性含义。从流动资产、投资资产到固定资产和无形资产，逐一考察，找出变化的状况及其对盈利的影响。

第四，观察主要不良资产区域。这里所说的不良，并不是指物理质量的不良，而是指不能按照预期利用、不能发挥应有效用。主要的不良资产包括闲置的固定资产、包含潜亏因素的投资、周转缓慢的存货和债权等。

第五，观察流动资产对流动负债的保障。不需要计算流动比率。流动资产和流动负债问题的实质是经营中的上下游关系管理问题和短期融资安排以及集团资金管理问题。要观察企业是否有"两头吃"的能力，这关系到判断企业的核心利润能否产生足够的现金流量。

第六，观察企业负债融资发展的潜力，重点考察企业的金融负债率，也就是企业资产对总负债的保障程度。除了看负债率外，银行还通过看"三品"（人品、产品、押品）来决定是否向企业发放贷款。这表明决定企业融资能力的重要因素不是负债率，而是企业的盈利能力、利润带来现金的能力、企业对贷款是否有其他保障措施等。

第七，结合母公司资产负债表与合并资产负债表、母公司利润表与合并利润表、母公司现金流量表与合并现金流量表进行分析，对企业集团的管理特征、业务关系、管理效率、其他战略信息、经营资产及其竞争力、企业的盈利能力及其质量进行分析。

12.2   对企业发展前景的预测

我们以资产负债表为核心按照三步法对企业的前景进行预测。

1. 从企业的经营活动看前景

企业的经营资产包括货币资金①、商业债权、存货、固定资产和无形资产。对于债权，看其回收状况；对于存货，主要看其规模、结构、周转、毛利率等；对于固定资产，可以从规模、结构、周转等方面进行分析。综合来看，**经营资产对应着利润表的核心利润，利润表的核心利润对应着现金流量表中的经营净现金流量**。

要使企业步入良性发展的轨道，就应该不断优化经营资产的结构，减少不良资产占用，及时处置闲置资产，适量增加经营资产的规模，改善经营资产的结构，通过经营资产的合理利用来提高企业产品的市场竞争力和盈利能力，也可进行适当的经营资产置换，增强与其他资产组合后的增值潜力等。

如果企业的经营资产结构失衡、不良资产占用加剧，难以对利润做出贡献，产品难以满足市场需求，则企业的经营活动会日趋恶化。

2. 从企业的投资活动看前景

关于投资，我们重点关注控制性投资。企业的控制性投资就是被投资者的经营资产。而被投资者的经营资产总规模基本上可以从合并报表数与公司报表数之差中看出一些端倪。

① 如果企业经营活动产生的现金流量净额规模较高且资产中的货币资金较大，则货币资金不宜归为经营资产

要使企业步入良性发展的轨道，就应该不断优化投资资产的结构，及时处置盈利能力较弱的投资资产，以改善其结构等。

3. 从融资、重组、并购等手段看前景

以上关注的是经营资产、投资资产等资产层面，下面结合资产负债表从整体上来看企业的前景。

企业通过融资、重组、并购等手段来加快发展有几种途径：

（1）增量贷款。这是盈利能力比较强的企业发展的首选融资方式。但在负债率较高、企业盈利能力较弱的情况下，企业能否取得增量贷款取决于是否有人做担保。

（2）债转股。这里的债转股是指债务转股本。通常来讲，债转股有两种情况：一种情况是企业资不抵债，要进行债务重组；另一种情况是以前发行了可转债，在一定条件下可以实行债转股。债转股会改善企业的融资能力。

（3）股东增量入资。这是通过股东投入现金或非现金（土地使用权、其他公司的股权等）方式支持企业的发展。对于非现金入资（比如土地使用权、存货和其他公司的股权等）的情形，我们要特别关注入资过程中相关资产估价的公允性。

（4）控制权变更、核心人力资源变动等。企业如果出现控制权变更，核心人力资源通常也会发生变化。此时，企业的发展前景可能发生新的变化。但是，控制权变更与否取决于企业原有控制性股东是否愿意，是否能够实现控制权转移。

（5）资产置换。企业为了自身发展还可选择将现有资产进行置换，使企业完全变换行业。不同行业的盈利能力是不一样的，通过资产置换可以达到提高资产盈利能力的目的。

综合案例分析

本章将提供一个完整的财务分析框架，并以江苏恒瑞医药股份有限公司（以下简称恒瑞医药）2022年年度报告为基础进行综合案例分析。

13.1 企业财务状况质量的综合分析方法

13.1.1 背景分析

在面对一份企业的财务报告（年度报告、半年度报告或季度报告）时，首先应当对该报告进行综合浏览，对企业的经营背景进行概括分析。浏览与分析时应该重点关注企业的基本情况与行业分析、企业自身对经营活动及经营战略的表述、企业竞争环境与竞争优势、政策法规环境带给企业的机会或者制约、企业的控制性股东及其状况、企业发展沿革及主要人力资源状况等等。

13.1.2　会计分析

我们可以通过关注审计意见的类型与措辞来间接对企业的会计质量进行分析与判断。需要特别注意的是，不同类型的审计意见蕴含着极为丰富的企业会计质量信息。因此，可以通过分析审计师的措辞和对相关事项的说明，在整体上对企业财务报表的会计质量作出初步判断，而不必再进行单独的会计分析。

13.1.3　战略视角下的财务分析

1.财务比率分析

在对企业的财务报告进行综合浏览后，就可以进行初步的财务比率分析。需要重点考察的比率包括：（1）偿债能力与企业资源依存状况比率，包括流动比率、速动比率、资产负债率、资产金融性负债率、资产经营性负债率、利息保障倍数等；（2）盈利能力比率，包括毛利率、核心利润率、核心利润获现率、销售净利率、股东权益报酬率、资产报酬率以及每股收益等；（3）营运能力比率，包括商业债权周转率（应该考察应收票据、应收账款以及应收款项融资合在一起的回收期）、存货周转率、流动资产周转率、固定资产周转率、总资产周转率、经营资产周转率等。

在计算出上述主要比率后，就可以进行年度间的相同比率比较，了解企业财务状况的基本情况及其发展趋势。

2.战略与竞争力分析

第一，以母公司资产负债表为基础，观察资产总规模及其变化，以及导致重大变化的"四大动力"中的哪一个或几个导致了资产的巨大变化。

第二，观察资产总规模中揭示的企业发展或者扩张方面的信息：经营主导型、投资主导型还是并重型？在有控制性投资的条件下，立即确定控制性投资的规模，并对企业控制性投资的扩张效应进行分析。

第三，观察主要资产规模的变化及其方向性含义。

第四，观察主要不良资产区域。主要通过考察企业的资产减值准备来进行。

第五，考察企业的负债与股东权益的结构，分析企业发展的四大动力的结构。

第六，观察流动资产对流动负债的保障。

第七，观察企业负债融资发展的潜力，重点考察企业的金融负债率。

第八，结合企业的母公司资产负债表与合并资产负债表、母公司利润表与合并利润表、母公司现金流量表与合并现金流量表进行分析，对企业集团的管理特征、业务关系、管理效率、其他战略信息等进行分析。

13.1.4 对企业发展前景进行预测

在对企业财务报表进行全面分析的基础上，就可以对企业的发展前景进行更有方向性的预测。

（1）以经营资产的盈利能力和产生经营活动现金流量的状况为基础，预测经营活动的前景。

（2）以投资资产的盈利能力和产生现金流量的状况为基础，预测对外投资活动的前景。

（3）预测以重组、并购等方式谋求发展的企业前景。

13.2　恒瑞医药案例资料

13.2.1　基本财务报表

1. 资产负债表，见表 13-1

表 13-1　恒瑞医药资产负债表　　　　单位：元

报告期	2022-12-31	2022-12-31	2021-12-31	2021-12-31
报表类型	合并报表	母公司报表	合并报表	母公司报表
流动资产：				
货币资金	15 110 680 634	13 329 563 208	13 630 819 616	11 597 787 977
交易性金融资产	2 760 493 971	2 681 198 796	5 090 350 802	4 915 720 574
应收票据及应收账款	6 394 187 930	5 447 738 826	5 713 546 460	4 771 268 148
应收票据	502 790 603	464 200 453	1 081 031 082	1 037 410 445
应收账款	5 891 397 328	4 983 538 373	4 632 515 378	3 733 857 704
应收款项融资	1 947 283 306	1 542 773 823	1 170 380 436	1 058 240 441
预付款项	1 054 793 778	761 698 769	973 021 538	776 070 424
其他应收款	562 175 451	3 838 885 050	658 004 599	3 843 221 314
存货	2 450 574 758	1 585 150 686	2 402 673 360	1 680 371 964
其他流动资产	653 864 367	511 111 915	548 952 226	339 500 283
流动资产合计	30 934 054 195	29 698 121 072	30 187 749 036	28 982 181 126
非流动资产：				
其他非流动金融资产	739 710 772	590 676 313	807 857 365	624 020 023
长期股权投资	767 861 518	4 984 820 238	192 826 122	3 607 813 429
固定资产	5 383 158 420		4 462 870 399	
在建工程（合计）	1 193 198 498	105 344 912	1 659 021 854	314 544 716

续表

报告期	2022 - 12 - 31	2022 - 12 - 31	2021 - 12 - 31	2021 - 12 - 31
报表类型	合并报表	母公司报表	合并报表	母公司报表
在建工程	1 193 198 498		1 659 021 854	
使用权资产	99 381 391		153 710 385	
无形资产	519 895 053	100 595 767	442 454 193	64 188 462
开发支出	1 681 033 856	1 335 545 743	259 982 322	154 139 862
商誉				
长期待摊费用	371 134 634		309 393 680	
递延所得税资产	223 030 662	41 590 164	141 362 707	20 496 119
其他非流动资产	442 550 129	132 982 874	648 993 636	215 786 084
非流动资产合计	11 420 954 933	9 531 826 845	9 078 472 664	7 116 197 768
资产总计	42 355 009 128	39 229 947 917	39 266 221 700	36 098 378 894
流动负债：				
短期借款	1 260 943 474	1 260 943 474		
应付票据及应付账款	1 767 548 600	3 902 078 580	2 252 777 275	3 826 830 024
应付票据	280 578 048	280 578 048	465 637 161	465 637 161
应付账款	1 486 970 552	3 621 500 532	1 787 140 114	3 361 192 862
预收款项				
合同负债	187 075 474	28 950 669	219 554 459	27 575 314
应付职工薪酬	10 920 364		47 352 857	
应交税费	119 181 285	9 134 155	166 358 669	68 465 744
其他应付款（合计）	282 172 642	491 714 820	700 435 081	858 631 009
其他流动负债	11 377 764	2 316 054	15 054 113	2 206 025
流动负债合计	3 639 219 603	5 695 137 751	3 401 532 454	4 783 708 115
非流动负债：				
租赁负债	98 860 622		151 588 888	
递延所得税负债	84 332 760	45 347 032	24 772 431	24 684 979
递延收益——非流动负债	119 440 000	49 970 000	116 520 000	50 050 000

续表

报告期	2022 - 12 - 31	2022 - 12 - 31	2021 - 12 - 31	2021 - 12 - 31
报表类型	合并报表	母公司报表	合并报表	母公司报表
非流动负债合计	302 633 382	95 317 032	292 881 318	74 734 979
负债合计	3 941 852 985	5 790 454 783	3 694 413 773	4 858 443 094
所有者权益（或股东权益）：				
实收资本（或股本）	6 379 002 274	6 379 002 274	6 396 011 914	6 396 011 914
资本公积	3 020 238 194	2 365 856 303	3 356 184 541	2 984 556 080
减：库存股	398 027 856	398 027 856	664 935 177	664 935 177
其他综合收益	3 228 413		−12 159 390	
专项储备				
盈余公积	3 298 912 012	3 279 357 428	3 054 742 777	3 035 188 194
未分配利润	25 520 455 211	21 813 304 983	22 873 116 639	19 489 114 788
归属于母公司所有者权益合计	37 823 808 247	33 439 493 134	35 002 961 304	31 239 935 800
少数股东权益	589 347 896		568 846 623	
所有者权益合计	38 413 156 143	33 439 493 134	35 571 807 927	31 239 935 800
负债和所有者权益总计	42 355 009 128	39 229 947 917	39 266 221 700	36 098 378 894

2. 利润表，见表 13 - 2

表 13 - 2 恒瑞医药利润表 单位：元

报告期	2022 年	2022 年	2021 年	2021 年
报表类型	合并报表	母公司报表	合并报表	母公司报表
一、营业总收入	21 275 270 682	16 500 065 507	25 905 526 376	21 722 149 403
营业收入	21 275 270 682	16 500 065 507	25 905 526 376	21 722 149 403
二、营业总成本	17 747 084 301	12 889 660 324	21 792 968 501	18 129 929 470
营业成本	3 486 638 890	3 626 165 500	3 741 798 550	4 017 723 298
税金及附加	190 388 736	114 265 548	201 805 370	139 158 062

续表

报告期	2022 年	2022 年	2021 年	2021 年
销售费用	7 347 893 145	5 036 126 318	9 383 708 325	7 761 751 883
管理费用	2 306 477 952	1 781 917 839	2 860 306 640	2 185 356 850
研发费用	4 886 552 651	2 753 941 162	5 943 306 005	4 312 457 791
财务费用	−470 867 073	−422 756 043	−337 956 390	−286 518 414
其中：利息费用	6 491 853	943 474	4 710 237	
利息收入	385 275 276	336 834 993	367 462 518	309 042 961
加：其他收益	287 401 388	74 920 195	309 036 020	107 288 434
投资净收益	387 364 613	202 025 348	213 433 867	171 891 823
公允价值变动净收益	76 502 527	112 134 512	36 232 636	27 892 157
资产减值损失	−146 684 221	−140 845 775	−13 861 068	−13 798 254
信用减值损失	−26 284 422	−10 120 708	4 045 555	4 883 995
资产处置收益	5 473 706	1 820 226	3 371 242	4 258 023
三、营业利润	4 111 959 972	3 850 338 982	4 664 816 128	3 894 636 111
加：营业外收入	2 081 702	415 338	2 222 922	905 284
减：营业外支出	145 549 555	140 436 457	200 730 259	196 673 967
四、利润总额	3 968 492 119	3 710 317 863	4 466 308 790	3 698 867 427
减：所得税费用	153 421 216	125 643 679	−17 718 094	5 570 692
五、净利润	3 815 070 903	3 584 674 184	4 484 026 884	3 693 296 736

3. 现金流量表，见表 13-3

表 13-3　恒瑞医药现金流量表　　　　　　单位：元

报告期	2022 年	2022 年	2021 年	2021 年
报表类型	合并报表	母公司报表	合并报表	母公司报表
一、经营活动产生的现金流量：				
销售商品、提供劳务收到的现金	18 567 439 286	15 806 318 856	25 023 905 344	22 643 902 608

续表

报告期	2022 年	2022 年	2021 年	2021 年
报表类型	合并报表	母公司报表	合并报表	母公司报表
收到的税费返还	260 229 594		167 495 926	
收到其他与经营活动有关的现金	727 342 112	606 657 298	485 226 979	216 492 502
经营活动现金流入小计	19 555 010 993	16 412 976 155	25 676 628 249	22 860 395 109
购买商品、接受劳务支付的现金	1 073 321 879	2 812 800 892	1 026 371 079	2 538 986 060
支付给职工以及为职工支付的现金	6 234 169 735	853 030 147	7 144 921 317	2 692 219 084
支付的各项税费	1 891 336 552	1 197 790 159	1 774 875 347	1 043 090 915
支付其他与经营活动有关的现金	9 090 918 195	9 159 251 815	11 511 644 453	11 931 770 610
经营活动现金流出小计	18 289 746 361	14 022 873 012	21 457 812 196	18 206 066 669
经营活动产生的现金流量净额	1 265 264 632	2 390 103 143	4 218 816 053	4 654 328 440
二、投资活动产生的现金流量：				
收回投资收到的现金	9 602 363 873	8 296 022 000	14 044 580 779	9 104 801 099
取得投资收益收到的现金	166 492 049	153 705 560	259 766 921	218 224 877
处置固定资产、无形资产和其他长期资产收回的现金净额	20 212 977	3 466 677	16 113 347	17 545 366
处置子公司及其他营业单位收到的现金净额	36 045 413			

续表

报告期	2022年	2022年	2021年	2021年
报表类型	合并报表	母公司报表	合并报表	母公司报表
投资活动现金流入小计	9 825 114 312	8 453 194 238	14 320 461 047	9 340 571 342
购建固定资产、无形资产和其他长期资产支付的现金	1 992 177 711	1 298 694 823	1 664 635 232	517 598 986
投资支付的现金	7 442 647 234	7 174 738 110	13 202 088 844	9 467 624 023
投资活动现金流出小计	9 434 824 945	8 473 432 933	14 866 724 076	9 985 223 009
投资活动产生的现金流量净额	390 289 367	−20 238 696	−546 263 029	−644 651 667
三、筹资活动产生的现金流量：				
吸收投资收到的现金	378 863 693		342 000 000	
其中：子公司吸收少数股东投资收到的现金	378 863 693		342 000 000	
取得借款收到的现金	1 260 000 000	1 260 000 000		
收到其他与筹资活动有关的现金	159 991 788			
筹资活动现金流入小计	1 798 855 481	1 260 000 000	342 000 000	
偿还债务支付的现金				
分配股利、利润或偿付利息支付的现金	1 015 542 765	1 014 981 682	1 066 246 266	1 066 246 266
其中：子公司支付给少数股东的股利、利润				

续表

报告期	2022 年	2022 年	2021 年	2021 年
报表类型	合并报表	母公司报表	合并报表	母公司报表
支付其他与筹资活动有关的现金	1 102 082 926	1 065 797 973	274 075 551	235 161 467
筹资活动现金流出小计	2 117 625 690	2 080 779 655	1 340 321 817	1 301 407 732
筹资活动产生的现金流量净额	−318 770 209	−820 779 655	−998 321 817	−1 301 407 732
四、汇率变动对现金的影响	80 497 370	75 263 922	−16 866 441	−16 110 527
五、现金及现金等价物净增加额	1 417 281 160	1 624 348 714	2 657 364 767	2 692 158 514
期初现金及现金等价物余额	13 120 156 088	11 214 867 964	10 462 791 321	8 522 709 450
六、期末现金及现金等价物余额	14 537 437 248	12 839 216 677	13 120 156 088	11 214 867 964

13.2.2 年报中的其他相关信息

1. 所处行业

公司所处行业为医药行业。

2. 主要业务

公司的主要业务涉及药品的研发、生产和销售。公司始终牢记"科技为本，为人类创造健康生活"的使命，致力于新药研发和推广，以解决未被满足的临床需求。公司具有行业领先的制药全面集成平台，已前瞻性地广泛布局多个治疗领域，并向纵深发展。

公司在肿瘤领域有丰富的研发管线，覆盖激酶抑制剂、抗体偶联药物（ADC）、肿瘤免疫、激素受体调控、DNA 修复及表观遗传、支持治疗等广泛研究领域，针对多靶点，深耕组合序贯疗法，力求高应答、长疗效。与此同时，公司在自身免疫疾病、疼痛管理、心血管疾病、代谢性疾病、感染疾病、呼吸系统疾病、血液疾病、神经系统疾病、眼科、核药等领域也进行了广泛布局，根据疾病进程，全方位、多器官覆盖，打造长期发展的多元化战略支柱。

3. 经营范围

公司的经营范围为：片剂（含抗肿瘤药）、口服溶液剂、混悬剂、无菌原料药（抗肿瘤药）、原料药（含抗肿瘤药）、精神药品、软胶囊剂（含抗肿瘤药）、冻干粉针剂（含抗肿瘤药）、粉针剂（抗肿瘤药、头孢菌素类）、吸入粉雾剂、口服混悬剂、口服乳剂、大容量注射剂（含多层共挤输液袋、含抗肿瘤药）、小容量注射剂（含抗肿瘤药、含非最终灭菌）、生物工程制品（聚乙二醇重组人粒细胞刺激因子注射液）、硬胶囊剂（含抗肿瘤药）、颗粒剂（抗肿瘤药）、粉雾剂、膜剂、凝胶剂、乳膏剂的制造；中药材处理及提取；医疗器械的研发、制造与销售；一般化工产品的销售；自营和代理各类商品及技术的进出口业务，但国家限定公司经营或禁止进出口的商品和技术除外（依法须经批准的项目，经相关部门批准后方可开展经营活动）。

4. 主营业务分行业、分产品、分地区、分销售模式情况

（1）主营业务分行业情况，见表 13-4。

表 13-4　主营业务分行业情况

分行业	营业收入	营业成本	毛利率（%）	营业收入比上年增减（%）	营业成本比上年增减（%）	毛利率比上年增减（%）
医药制造业	21 213 025 401.29	3 459 724 923.57	83.69	−17.72	−6.71	减少 1.92 个百分点

（2）主营业务分产品情况，见表 13 - 5。

表 13 - 5　主营业务分产品情况

分产品	营业收入	营业成本	毛利率(%)	营业收入比上年增减(%)	营业成本比上年增减(%)	毛利率比上年增减(%)
抗肿瘤	11 313 013 427. 97	1 110 544 533. 50	90. 18	—13. 45	—8. 87	减少 0.49 个百分点
麻醉	3 335 662 678. 34	548 962 056. 18	83. 54	—32. 15	2. 24	减少 5.54 个百分点
造影剂	2 728 731 268. 44	940 828 460. 27	65. 52	—16. 54	3. 66	减少 6.72 个百分点
其他	3 835 618 026. 54	859 389 873. 62	77. 59	—15. 19	—17. 79	增加 0.71 个百分点

（3）主营业务分地区情况，见表 13 - 6。

表 13 - 6　主营业务分地区情况

分地区	营业收入	营业成本	毛利率(%)	营业收入比上年增减(%)	营业成本比上年增减(%)	毛利率比上年增减(%)
国内	20 433 808 659. 01	3 005 014 433. 23	85. 29	—18. 80	—12. 53	减少 1.05 个百分点
国外	779 216 742. 28	454 710 490. 34	41. 65	26. 37	66. 56	减少 14.08 个百分点

（4）主营业务分销售模式情况，见表 13 - 7。

表 13 - 7　主营业务分销售模式情况

分销售模式	营业收入	营业成本	毛利率(%)	营业收入比上年增减(%)	营业成本比上年增减(%)	毛利率比上年增减(%)
自营销售	20 678 570 450. 96	3 202 162 687. 59	84. 51	—18. 59	—10. 37	减少 1.42 个百分点
代理销售	534 454 950. 33	257 562 235. 98	51. 81	41. 23	89. 42	减少 12.26 个百分点

13.3 对恒瑞医药 2022 年度财务状况的整体分析

下面以上市公司恒瑞医药 2022 年年报中的信息（注册会计师出具的是标准无保留意见的审计报告）为基础，对企业财务状况进行整体分析。

13.3.1 综合浏览

通过对恒瑞医药 2022 年报部分内容的综合浏览，我们可以了解企业所处的行业以及生产经营业绩。从年度报告的有关信息中，我们可以了解到：公司所处行业为医药行业，主要业务涉及药品的研发、生产和销售。公司产品为抗肿瘤、麻醉和造影剂。企业分产品信息显示，企业的核心产品盈利能力较为突出。

2022 年度，公司合并报表中营业收入与净利润较上一年均有明显下降。与利润相比，企业经营活动产生的现金流量净额是比较低的。

13.3.2 关注审计报告的措辞

注册会计师出具的审计意见是一份无保留意见的审计报告。也就是说，注册会计师认为企业的财务报告符合以下条件：

（1）会计报表的编制符合企业会计准则和国家其他财务会计法规的规定。

（2）会计报表在所有重要方面恰当地反映了被审计单位的财务状况、经营成果和资金变动情况。

（3）会计处理方法遵循一致原则。

（4）注册会计师已按照独立审计原则的要求，完成预定的审计程序，在审计过程中未受阻碍和限制。

（5）不存在影响会计报表的重要的未确定事项。

（6）不存在应调整而被审计单位未予调整的重要事项。

13.3.3　基本的财务比率分析

我们以恒瑞医药报表数据（母公司数据）为基础，计算企业的基本财务比率（见表 13-8）。

1. 财务比率计算说明

（1）计算存货周转率所采用的平均存货数据应该是不扣除减值准备以前的原值。本计算中，尽管我们不能直接获得母公司存货原值的资料，但由于母公司利润表中基本没有什么资产减值损失，因此可以用上市公司资产负债表的存货金额来代替不扣除减值准备以前的原值。这样计算出来的比率不会出现大的失真。

（2）由于无法直接在财务报表中获得上市公司自身固定资产原值信息，固定资产周转率没有计算。

（3）由于企业属于经营主导型，大量的财务比率分析可以在一定程度上得以应用。

（4）核心利润率、资产金融性负债率以及核心利润获现率是针对中国企业财务报表分析的独创比率。

除了上述说明以外，需要密切关注的内容还包括：

第一，我国现行的财务信息披露模式是：在主表（利润表）中仅概括性地出现"资产减值损失"和"信用减值损失"，并没有披

表13-8 恒瑞医药 2022 年基本财务比率

比率名称	计算公式	分子（亿元）	分母（亿元）	比率值
毛利率	毛利/营业收入×100%	165.00－36.26=128.74	165.00	78.02%
核心利润率	核心利润/营业收入×100% 核心利润=毛利－税金及附加－销售、管理、研发、利息费用	128.74－1.14－50.36－17.82－27.54－0.1 =31.78	165.00	19.26%
净资产收益率	当年净利润/当年平均净资产×100%	35.85	（312.40＋334.39）/2 =323.40	11.09%
总资产报酬率	（当年利润总额＋利息费用）/当年平均资产总额×100%	37.10＋0.1=37.20	（360.98＋392.30）/2 =376.64	9.88%
流动比率	年末流动资产/年末流动负债	296.98	56.95	5.21（倍）
存货周转率	营业成本/平均存货	32.26	（16.80＋15.85）/2 =16.33	1.98（次/年）
资产负债率	年末负债总额/年末资产总额×100%	57.90	392.30	14.76%
资产有息负债率	年末有息负债总额/年末资产总额×100%	12.61	392.30	3.21%
核心利润获现率	经营活动现金流量净额/（核心利润＋其他收益）	23.90	31.78＋0.75=32.53	0.73（倍）

露计算减值准备的具体结构数额（如在资产负债表中明确列示坏账准备、存货跌价准备的年末和年初数额等），而是在报表附注中单独列示有关减值准备的信息。这种看似概括性强的"集中披露"却为恰当的比率分析设置了极大的障碍。这是因为常规的比率计算一般会直接利用资产负债表中的相关信息，如应收账款、存货、流动资产等。但是，有关周转率指标的计算依据是计提减值准备以前的原始金额，而不是计提减值准备以后的净额。

第二，某些比率的科学性有待研究，因此在此案例的比率计算中没有进行处理。如应收账款周转率的计算已在前面讨论过了。这里再次提醒：在资产负债表上，与营业收入相对应的项目除了应收账款和应收票据以外，还有应收款项融资、预收款项与合同负债！这五个项目共同推动了本期的营业收入。

在本案例中，企业的合同负债规模较小且没有预收款项，意味着企业的预收款项与合同负债对营业收入的贡献比重较小。

在应收款项方面，由于合并报表附注中披露的应收款项融资全部来自应收票据，因而母公司报表中的应收款项融资也可以归于应收票据。这样，在 2022 年 12 月 31 日，母公司应收票据的规模至少是 20.06 亿元（4.64 亿元的应收票据＋15.42 亿元的应收款项融资）。尽管应收票据的整体规模小于应收账款的规模（58.91 亿元），但已经对营业收入做出了重大贡献。

在这种情况下，以营业收入（没有区分应收票据、应收账款和合同负债分别推动的营业收入）计算出来的应收账款周转率就会有很大失真。基于此，作者在这里并没有展示应收账款周转率的计算。此外，此次比率分析没有计算总资产周转率、流动资产周转率，因为母公司的资产中有大量不支持企业营业收入的资产，如巨额货币资金、交易性金融资产和长期股权投资等。

第三，直接通过上述计算对企业进行较为全面的分析难度较大。这是因为：其一，我们仅仅计算了企业当年的有关比率，没有计算企业过去若干年的相关比率，因而对企业在年度间有关比率的发展变化情况难以进行分析；其二，我们也没有有关行业同类企业具有可比性的比率资料，因而不能进行企业间的比较。

第四，之所以选择母公司数据来进行财务比率计算的展示，主要是要告诉读者：母公司是一个实实在在的经济实体，对该公司的财务比率计算，在相当大的程度上是有意义的。

2. 母子公司之间的业务关系分析

在进一步分析以前，我们还要注意母子公司之间的业务关系。从资产负债表与合并资产负债表经营性项目之间的对比关系来看，在与企业销售有关的应收账款、应收票据、应收款项融资、合同负债等项目上，与合并报表相比，母公司数据规模较大，但均小于合并报表数据，这在一定程度上可能意味着企业有较大规模的对外（母公司和子公司以外的外部市场）销售，且销售给子公司的业务规模要么较小，要么没有；在与企业采购有关的预付款项、应付票据、应付账款等项目上，与合并报表相比，除了预付款项外，母公司数据规模大于合并报表数据，这在一定程度上可能意味着企业有较大规模的原材料等采购自子公司。这种情况的进一步验证，可以借助合并报表的数据来进行。

从母公司利润表与合并利润表的收入、费用项目之间的对比关系来看，合并营业收入显著大于母公司营业收入，说明子公司有一定规模的对外销售业务。在销售费用的规模上，可以看到大量的销售费用也发生在母公司，这应该意味着在以母公司为主的企业集团（即合并报表范围内的企业）中，母公司承担了大量的对外销售工作。还应该看到，母公司的研发费用也占据合并报表的 50％以上。综合来看，母公司具有完备的研发、生产和销售系统。

还有一个需要注意的项目是营业成本：合并报表的营业成本小于母公司营业成本的规模，这和我们在前面的分析中得出的印象是一致的——母公司相当一部分采购来自子公司，这意味着企业的部分子公司是为母公司提供配套服务的。这类子公司的使命主要是为母公司服务，而不是对外部市场进行销售。这类子公司存在的价值是要提升整个企业集团的盈利能力。

当然，合并报表的营业收入大于母公司营业收入，合并报表的销售费用和研发费用大于母公司销售费用，这说明在子公司中，有的子公司是为母公司提供配套服务的，有的子公司则具有研发、生产、销售能力。母子公司一起在为企业整体营业收入的规模扩大、盈利能力提高而努力。

从上述财务数据所展示出来的信息来看，母公司与子公司的业务联系较多。因此，从盈利能力的角度来看，合并报表的信息更具综合性。

3. 财务状况分析

第一，企业的主要盈利能力指标，主要包括毛利率、核心利润率、净资产收益率、存货周转率等，保持了一定的水平。当然，这些指标如果采用合并报表数据，会更有整体感觉。

第二，母公司的核心利润获取现金的能力不太强，核心利润获现率并不是很理想。当然，考虑到母子公司之间复杂的业务关系，用合并报表数据计算的核心利润获现率应该更能体现集团整体核心利润的含金量。请读者自行计算一下，会发现集团的核心利润获现率也不理想。

第三，企业短期偿债能力的指标——流动比率较高，这意味着企业的短期偿债能力非常好。但需要注意的是：

（1）母公司与子公司之间的复杂业务关系可能对某些财务指标的计算产生影响。

（2）企业流动资产的结构也对流动比率的实质性质量有重要影响。该公司流动资产中交易性金融资产规模很大，质量也较高，公司的短期偿债能力是不错的。

（3）考察企业短期偿债能力的另一个指标——核心利润率更加综合。我们已经看到，企业的核心利润获现率并不高，但流动比率又很好。这种矛盾产生的原因就在于流动比率仅仅是年末这一天的，核心利润获现率是这一年的。因此，核心利润获现率的综合性更强。应该说，该公司的短期偿债能力还是不错的。

第四，关于企业的资产负债率和资产有息负债率。企业的资产负债率为 14.76％，一般认为这是比较低的资产负债率指标。同时，企业的资产有息负债率 3.21％也比较低，在说明企业负债风险很低的同时，也说明企业利用债务融资发展的潜力较大。

上述两个指标综合考察，我们可以做出这样的判断：企业的全部资产资源中，贡献最大者为企业的股东——既包括股东的入资贡献，也包括包含在盈余公积和未分配利润中的累积利润；其次是企业的经营活动或者说是企业的业务贡献。企业业务发展和通过债务融资谋求更大发展的空间较大。

第五，企业的总资产报酬率与净资产收益率相对较为平稳——

企业总资产和净资产（即股东权益）在增加、净利润与利润总额在增加。这说明企业资产整体处于正常有效的运营状态。

通过简单的比率分析和比较，我们得出这样的初步认识：企业的毛利率、核心利润获现率以及两个资产报酬率展示出来的状况表明企业具有一定的盈利能力，对负债（包括短期和长期负债）的偿还能力较强，经营资产质量较高。如果结合合并报表的相关数据进行分析，还会发现企业通过合理组建子公司、合理规划母子公司之间的业务关系提升了整个集团的盈利能力。

13.3.4　战略、竞争力与效益的综合分析

1. 扩张战略的识别

下面我们从母公司资产负债表开始，对企业资产负债表中所包含的战略信息进行揭示。

母公司资产总计年初为 360.98 亿元，年末为 392.30 亿元，年末比年初有所增加。从负债和股东权益的结构和规模看，支撑企业资产总额增长的主要是未分配利润和短期借款这两个因素。而企业年末货币资金相当充裕，很难想象企业的短期借款是由于自身的实际需要而举借的。至于这种无实际需求而举借的债务，既可能是单纯照顾金融机构要求企业借款的"面子"，也可能是企业获得了较低成本的债务融资，企业有办法把这种低成本融资再投到某个领域并获得更高收益，从而使得这种看似无意义的融资还能够为企业赚得一部分利润。

因此，企业资产总规模增加，具有重要意义的是利润积累的贡献。这意味着企业年度内的资产尤其是经营资产在有效运营。这与我们前面的分析是一致的。

母公司的资产结构中，具有投资性质的资产——长期股权投资为 49.85 亿元，其他非流动金融资产为 5.91 亿元，交易性金融资产的规模为 26.81 亿元（此项投资不具有战略意义），可能具有投资性质的其他应收款为 38.39 亿元。当然，由于合并报表中的其他应收款为 5.62 亿元，且母公司有大量的销售活动，其 38.39 亿元的其他应收款中应该有部分是正常业务产生的。根据报表编制原理，合并报表其他应收款小于母公司报表其他应收款，且越合并越小的差额就是母公司以其他应收款向子公司提供资金的基本规模，这个规模是 32.77 亿元（38.39－5.62）。

上述投资性质的资产合计为 115.34 亿元（49.85＋5.91＋26.81＋32.77）。

去掉自身不具有战略属性、属于战略后备军的货币资金 133.30 亿元，企业资产已经用于战略部署的资产为 259.00 亿元（392.30－133.30）。

在具有战略属性的 259 亿元资产中，投资资产为 115.34 亿元。显然，具有战略属性的资产中，经营资产占据一半以上。这说明该公司为经营主导型企业。

2. 控制性投资占用资源的识别以及控制性投资的扩张效应分析

（1）控制性投资占用资源，见表 13 - 9。

表 13 - 9 　恒瑞医药母公司控制性投资占用资源 　　单位：亿元

项目	合并数 (1)	母公司数 (2)	合并数小于母公司数 (3)＝(2)－(1)
其他应收款	5.62	38.39	32.77
长期股权投资	7.68	49.85	42.17
合计	13.30	88.24	74.94

注：(3) 即为控制性投资占用资源的基本规模。

（2）控制性投资增量所撬动的资源。恒瑞医药合并资产与母公司资产 2022 年 12 月 31 日的差额如表 13 - 10 所示。

表 13 - 10　恒瑞医药控制性投资的扩张效应　　　单位：亿元

项目	合并数 （1）	母公司数 （2）	合并数大于母公司数 （3）＝（1）－（2）
资产总计	423.55	392.30	31.25

注：（3）即为控制性投资增量撬动的子公司资源。

这说明母公司以 74.94 亿元的控制性投资，实现了对子公司增量 31.25 亿元的控制。这应该是一个不大的扩张效应。

控制性投资资产为企业集团带来的增量资产贡献不大的原因主要是两个：一是部分子公司主要不是对企业外部进行销售，而是为母公司提供配套服务；二是母公司通过其他应付款整合了子公司部分资金，致使在整合子公司资金时母公司资产增加、负债增加，导致母公司资产整体虚增一部分，降低了合并报表资产与母公司资产之差。

3. 考察企业主要资产规模的变化及其方向性含义

从母公司主要资产的变化来看，出现主要变化的项目及其方向性含义为：

（1）货币资金显著增加。母公司货币资金从年初的 115.98 亿元显著增加到年末的 133.30 亿元。这种增加的资产自身质量是较高的，但处于货币资金状态的资产增值能力注定不高。当然，现金流量表的结构表明，企业的货币资金主要来自经营活动产生的现金流量。这不会引起资金成本问题。

（2）交易性金融资产大幅度减少。母公司的交易性金融资产从年初的 49.16 亿元显著降低到年末的 26.81 亿元。这种减少的资产既不是由于企业的战略调整，也不能据此变化做出好坏评价。这种变化更应该理解为企业在运用暂时闲置资金时所进行的技术性调整。

（3）应收票据与应收账款之和显著增加。母公司的应收票据与应收账款之和从年初的 47.71 亿元显著增加到年末的 54.48 亿元。这种增加意味着企业年度内的赊销债权在增加。这种增加的直接效果就是对企业经营活动产生的现金流量净额产生不利影响。核心利润获现率不高也证实了这一点。

（4）预付款项略有下降。结合存货规模在年度内的变化，我们会发现企业的预付款项和存货均在降低（虽然规模不大），但考虑到企业利润表中的营业收入与营业成本均比上年有显著下降，这种下降应该理解为企业由于业务萎缩而降低了存货储备的结果。

（5）存货规模略有下降。前面的分析指出，企业年度内的业务在萎缩，因而存货储备在减少；也说明本年度的存货流转处于平稳状态，存货周转较为正常。

（6）长期股权投资有较大增加。这是企业年度内对外进行投资的结果，反映了企业的发展战略。不过，与公司的整体资产规模相比，扩张的速度还可以再快些。

4. 考察主要不良资产区域

谈到不良资产，我们往往会关注企业应收账款中的坏账、存货中的呆滞和减值的资产、其他应收款中费用化或者坏账的部分、长期股权投资中盈利能力较差或亏损的部分、闲置固定资产、不需用固定资产等。

一般而言，企业的不良资产已经计提了资产减值准备。因此，本年度新增的不良资产及其结构可以通过考察企业利润表中的资产减值准备来进行。

母公司利润表显示，本年度资产减值损失为 1.41 亿元，这个数字虽比上年的 0.14 亿元显著增加，但其规模无论是对营业利润的冲击还是与资产总额相比，并不能说很大。但一年内大幅度增加资产减值损失，如果企业资产减值损失确认的规模是正确的，则意味着这些计提减值损失的资产出现了质量恶化的情况。在信用减值损失方面，企业 2022 年的规模是 0.10 亿元，意味着企业债权资产质量是比较高的。

由于企业并没有披露母公司资产减值损失的具体构成，有兴趣的读者可以参阅该公司 2022 年年度报告中合并报表披露的资产减值损失的具体构成（合并报表资产减值损失规模与母公司资产减值损失的规模接近），体会一下是哪些具体的母公司资产项目出现了减值问题。

5. 对企业发展"四大动力"的分析

为从整体上考察企业发展的"四大动力"，我们需要以合并报表为基础来分析。

考察一下企业自身资产负债表的负债与股东权益部分，我们就会发现：

（1）关于有息负债。企业的负债中，有息负债只有短期借款和租赁负债，且加在一起的规模为 13.59 亿元（12.6＋0.99），占全部负债（39.42 亿元）的规模较小，且短期借款也不是企业因经营或投资需要而进行的融资。因此，有息负债不是支撑企业资产的主要力量。

（2）关于经营性负债。从整体看，流动负债的主体是经营性流动负债，且年度间有较大下降。这种下降与企业 2022 年营业收入相比上年下降较多有直接联系。在流动负债构成中，常规的经营性负债项目（应付账款、应付票据、合同负债、应付职工薪酬、应交税费与其他应付款等）均出现了下降的情况。这一方面反映了企业的业务规模变化对经营性负债的影响，另一方面也反映支撑企业日常经营活动所需资金的主要项目正是这些经营性负债。

这就是说，经营性负债是企业发展的重要财务动力。

（3）关于股东入资。企业的股东入资将计入股本和资本公积。虽然股本和资本公积整体的规模变化并不一定是股东入资的结果①，但是，在动力机制分析中，考察股本和资本公积的基本规模占负债和股东权益的比重就可以说明问题。

从规模看，企业的股本和资本公积之和为 93.99 亿元（63.79＋30.2），与上年持平（出现细微变化的原因是企业进行了库存股的处理）。这个规模大于企业的负债。

（4）关于利润积累。企业的利润积累对资源的贡献体现在盈余公积和未分配利润上。企业 2022 年 12 月 31 日的盈余公积和未分配利润的规模之和为 288.19 亿元（32.99＋255.2）。

总结一下，按照企业发展的四大财务动力的贡献排序如下：利润积累、经营性负债、股东入资和金融性负债。

这表明企业发展的财务动力不依赖于债务性融资，主要依赖于利润积累和股东入资，企业自己在长期的经营过程中所确立的市场地位及其带来的市场经营性资源的贡献处于不断增长中。

---

① 比如，企业利润分配采用股票股利的方式、企业回购自己的股份并产生盈利或者亏损等，均属于非股东入资性质的变化。

6. 企业流动资产对流动负债的保障分析

我们在本章前面讨论财务比率中的流动比率时看到，企业的流动比率比较高，企业流动资产对流动负债的保证程度较为充足。

7. 企业负债融资发展的潜力分析

直观地看，企业的资产负债率比较低，负债融资发展的空间比较大。

从企业现有的经营状况来看，如果没有扩大再生产或者对外扩张的战略规划，企业的经营活动完全可以实现自我循环并不断增长。这就是说，企业完全可以在不进行债务融资的情况下，在现有框架内发展自己的经营活动和投资活动。

但是，如果企业希望在较短时间内实现大规模的对内对外扩张，就可以利用企业所具备的债务融资能力，筹借必要的资金来实施扩张与发展的战略。

8. 其他分析

（1）企业集团管理特征与业务关系。

第一，从资产结构的角度考察企业集团的管理特征与业务关系。比较一下公司资产与合并资产的结构关系，我们很容易发现：子公司（当然是一批而不是一个）拥有远远高于母公司的无形资产，在建工程主要集中在子公司，子公司的固定资产相对较少。但整体上看，企业的子公司大多拥有较为完整的生产经营体系。

另一方面，我们在前面曾经提到：合并报表的应收账款略小于母公司应收账款，合并报表的应付账款和预收款项的规模比母公司的相应项目略小，存货与公司相应项目的增量并不是很大。这说明整个集团母子公司之间存在较为复杂的业务关系。

第二，从利润表结构的角度考察企业集团的管理特征与业务关系。比较一下母公司利润表与合并利润表的关系，我们很容易发现：合并报表营业收入与母公司营业收入相比相差很大——整个集团的销售主要集中在子公司，企业对外销售的主体是子公司。

还有，合并报表营业收入比母公司营业收入增加了约 47.75 亿元（212.75－165），而合并报表营业成本比母公司营业成本减少了1.39 亿元（36.26－34.87）！我们不能据此简单地说子公司的毛利率显著高于母公司的毛利率，而只能说，尽管母公司控制性投资所形成的部分子公司为母公司提供了配套服务，这类子公司的存在，其价值首先不在于向市场进行销售，而在于提升整个集团的毛利率水平。

第三，从销售费用与研发费用的规模差异考察企业的销售活动与研发活动。这一点我们已经在前面讨论比率分析时强调过。

（2）关于企业营业利润的结构问题。

我们在前面的有关内容中曾经讨论过这个问题。无论是母公司营业利润还是合并报表营业利润，2022 年均低于 2021 年，差额不大。但是，如果考察结构，我们就会发现，2022 年的营业利润构成中，利息收入、其他收益、投资收益和公允价值变动收益等几个项目的整体规模连续两年占当年营业利润的比重都是较低的，企业营业收入带来的核心利润稳居营业利润的主体。这应该意味着企业经营活动有较强的盈利能力。

（3）其他需要关注的方面。

第一，企业货币资金规模较高问题。不论是母公司资产负债表还是合并资产负债表，货币资金的规模均有较大增长。虽然企业的现金存量主要是经营活动带来的，不会产生财务费用，但会影响企业的总资产周转率、总资产报酬率等指标。当然，货币资金占资产总额的比重不是特别高，但这种闲置的货币资金的发展态势是需要关注的。

第二，关于企业整体发展与扩张的财务动力。2021 年合并现金流量表中经营活动产生的现金流量净额远大于当年购建固定资产、无形资产和其他长期资产支付的现金，2022 年出现了反转：经营活动产生的现金流量净额显著小于当年购建固定资产、无形资产和其他长期资产支付的现金。但 2022 年的资金缺口并不大——这种缺口不需要债务融资（企业还有较为充裕的货币资金存量可以动用）。这意味着 2002 年企业仍然处于不融资就可以实现常规发展与一般性扩张的财务境界。

第三，关于母子公司资金管理方式问题。有几个地方需要注意：一是母公司货币资金小于合并报表货币资金的规模，说明子公司保有了一定规模的货币资金；二是母公司其他应收款大于合并报表其他应收款的规模比较大，表明母公司向子公司提供资金支持的规模较大；三是母公司其他应付款的规模大于合并报表其他应付款的规模，但差额不大，这意味着母公司整合子公司货币资金的力度较小。

综合来看，母公司对子公司货币资金的管理方式是以分散管理为主。实际上，如果在母公司的平台上对子公司货币资金进行集中整合，将会有助于解决在不融资条件下企业的发展问题。

13.3.5　对企业财务状况质量的总体评价

综合上述分析，我们可以对企业整体的财务状况作出如下基本判断：

就企业的发展战略而言，企业走的是经营主导的发展战略。对外控制性投资虽然实现的资产扩张效果不是很大，但对利润表营业收入和毛利的贡献还是比较显著的。企业具备一定的盈利能力，利润质量处在较好的水平。在日常发展的资源运用方面，企业发展所依赖的资源主要是经营性负债带来的资源，企业可以在不融资条件下实现基本的生存和一般性扩张。

就业务结构来说，企业聚焦在有限的产品领域，且具备一定的市场竞争力。

企业业务分地区、分销售模式的信息表明，企业市场的主战场在国内，且以自营销售为主。企业业务的产品结构、地区结构和销售模式结构惯性会在 2023 年继续发挥作用。至于企业是否在此基础上有新的发展战略的调整，还请读者持续关注企业发布的相关信息。

就竞争力和盈利能力而言，企业的经营资产有不错的盈利能力，且经营性资产周转比较正常。在营业收入与上年相比出现一定下降的情况下，企业营业利润和净利润与上年相比也有一定下降，这种下降与营业收入的变化是相适应的。

就合并资产的结构性盈利能力而言，企业非经营资产（货币资金加各种投资）的盈利能力显著低于经营资产的盈利能力（请读者自行计算合并报表中的经营资产报酬率与非经营资产报酬率）。

就现金流转状态而言，尽管企业经营活动产生的现金流量净额无论是与核心利润加其他收益比，还是与购建固定资产、无形资产和其他长期资产的规模相比显得不充分，但企业的货币资金存量相当厚实，完全可以满足日常经营与为扩大经营而进行的基本建设所需资金的需求。因此，企业现金流转是顺畅的。

就企业的资产总体状况而言，企业整体资产质量完全可以满足企业经营活动的需要，且有较强的盈利性、变现性和周转性。企业没有明显的不良资产占用。企业资产偿还债务的能力较强。

13.3.6 对企业发展前景的预测

以前面分析的企业财务状况质量为基础，我们可以对企业的未来发展进行财务预测。

1. 强化经营活动的盈利能力

我们已经看到，企业各项经营资产（如应收账款和应收票据、存货、固定资产、无形资产等）均处于较好的状态，不良资产不多。上述资产的有机结合已经产生了较好的财务业绩。

从未来的发展来看，需要解决的问题主要是：第一，继续提高固定资产的利用率，扩大市场规模。同时优化企业的费用结构，降低单位产品的固定费用水平，以提升综合盈利能力。第二，改变企业销售产品的结构，提升企业的综合毛利率。第三，进一步加快存货周转速度，降低存货占用资金。第四，尽可能降低现金存量，减少不必要的非经营性占用。

2. 通过长期股权投资实现产品结构的丰富化和更广泛的地域扩张

企业现有的投资已经具有不错的盈利能力，而且整个企业集团核心利润获取现金流量的能力极强。但是，企业在年度间的营业收入、营业利润和净利润均在下降，市场规模的扩张受现有资源结构、地域结构和营销模式以及政策环境的制约，在市场上的扩大遇到了一定困难。

因此，如果企业希望未来每年营业收入保持一定规模的增长，实现产品结构的丰富化或者在不同地域进行有针对性的投资扩张是必然的途径。

实现产品结构的丰富化或者在不同地域进行有针对性的投资扩张，并能够迅速为企业的营业收入与利润做出贡献，可行的途径是控股并购。

至于并购所需要的资源，除了企业现有账面上的现有现金可用外，企业还可以通过融资方式来解决——既可以通过债务融资来解决，也可以通过发行股票来解决。注意，我们曾经分析过，企业的资产有息负债率并不高，债务融资空间较大。

3. 以融资能力的改善来提升企业的整体盈利能力

前面分析过，企业现有的资产有息负债率不高，因此，单纯以企业现有资产为基础进行债务融资空间较大。如果企业进行融资，在未来一段时间内应该首先考虑以债务融资为主。从长期发展来看，公司应该在确立投资方向的基础上，考虑权益资本融资（即通过证券市场募集权益资本，或者将某些企业的经营资产注入上市公司，同时作为权益资本的增加）和债务资本融资相结合的方式，保持恰当的资产负债率，以扩大企业的经营规模，增强综合盈利能力。

附　录[*]

附录 1　迈瑞医疗 2021—2022 年度资产负债表、利润表和现金流量表

附表 1　资产负债表

编制单位：深圳迈瑞生物医疗电子股份有限公司　2022 年 12 月 31 日　　　　单位：元

| 报告期 | 2022 - 12 - 31 | 2022 - 12 - 31 | 2021 - 12 - 31 | 2021 - 12 - 31 |
报表类型	合并报表	母公司报表	合并报表	母公司报表
流动资产：				
货币资金	23 185 663 305	16 103 578 216	15 361 062 758	7 954 682 464
交易性金融资产				
衍生金融资产			9 820 000	
应收票据及应收账款	2 660 805 729	4 346 160 973	1 790 373 229	2 559 183 380
应收票据	2 094 202		131 697 681	128 842 000
应收账款	2 658 711 527	4 346 160 973	1 658 675 548	2 430 341 380

---

*　附录中各公司的财务报表数据来源于万德数据库。由于报表数据四舍五入，会出现部分报表项目合计数有一定误差的情况。

续表

| 报告期 | 2022 - 12 - 31 | 2022 - 12 - 31 | 2021 - 12 - 31 | 2021 - 12 - 31 |
报表类型	合并报表	母公司报表	合并报表	母公司报表
应收款项融资				
预付款项	289 434 034	251 707 860	237 870 214	277 098 209
其他应收款（合计）	149 105 941	4 230 251 043	126 035 180	2 842 154 142
应收股利		1 575 000 000		
应收利息		0		
其他应收款	149 105 941	2 655 251 043	126 035 180	2 842 154 142
存货	4 024 915 834	2 277 062 186	3 565 329 699	2 136 627 811
合同资产				
一年内到期的非流动资产	31 819 900	23 019 900	26 369 000	19 690 000
其他流动资产	264 060 901		217 989 794	49 563 883
流动资产合计	30 605 805 644	27 231 780 178	21 334 849 874	15 838 999 889
非流动资产：				
长期应收款	25 282 311	4 468 406	34 545 215	5 742 721
长期股权投资	60 800 660	10 052 408 776	26 356 400	9 754 156 533
投资性房地产	43 371 175	43 371 175	45 256 251	45 256 251
固定资产（合计）	4 260 989 068	3 264 354 647	3 771 794 343	2 856 791 061
固定资产	4 260 989 068		3 771 794 343	
固定资产清理				
在建工程（合计）	1 802 682 137	260 815 439	1 126 309 549	482 093 178
在建工程	1 802 682 137		1 126 309 549	
使用权资产	225 854 257	17 683 504	233 244 486	21 422 248
无形资产	1 976 730 192	786 888 741	2 061 210 179	814 072 388
开发支出	296 901 995	263 237 837	140 061 226	113 175 263
商誉	4 403 193 037		4 218 327 427	
长期待摊费用	82 552 342	9 718 040	84 174 207	11 515 956
递延所得税资产	755 078 884	501 334 069	596 428 529	408 616 753
其他非流动资产	2 205 995 107	531 469 274	4 430 465 304	3 763 140 537
非流动资产合计	16 139 431 165	15 735 749 908	16 768 173 116	18 275 982 889

续表

报告期	2022 - 12 - 31	2022 - 12 - 31	2021 - 12 - 31	2021 - 12 - 31
报表类型	合并报表	母公司报表	合并报表	母公司报表
资产总计	46 745 236 809	42 967 530 086	38 103 022 990	34 114 982 778
流动负债：				
短期借款				
应付票据及应付账款	2 290 617 795	3 169 223 027	2 281 108 321	2 631 129 833
应付票据				
应付账款	2 290 617 795	3 169 223 027	2 281 108 321	2 631 129 833
预收款项	300 851	300 851	231 787	231 787
合同负债	4 142 767 341	3 200 572 005	2 408 192 187	1 370 771 903
应付职工薪酬	2 162 216 866	1 378 601 036	1 771 044 552	1 256 379 251
应交税费	573 402 030	181 917 683	473 651 796	195 156 767
其他应付款（合计）	1 901 416 886	1 880 278 032	1 309 047 185	1 427 840 230
应付利息				
应付股利				
其他应付款	1 901 416 886		1 309 047 185	
一年内到期的非流动负债	97 216 877	10 342 959	85 084 923	9 544 197
其他流动负债	601 874 175	515 271 695	300 712 562	244 273 383
流动负债合计	11 769 812 821	10 336 507 288	8 629 073 313	7 135 327 351
非流动负债：				
长期借款				
应付债券				
租赁负债	139 307 612	7 713 565	152 152 581	9 483 931
长期应付职工薪酬	2 160 645 101	1 749 937 108	1 811 731 273	1 487 304 344
预计负债	231 940 129	186 175 043	186 766 880	145 638 673
递延所得税负债	183 128 092		200 435 312	
递延收益——非流动负债	92 942 716	88 561 816	105 094 391	101 964 391
其他非流动负债	168 348 175	105 697 338	49 723 249	2 039 981
非流动负债合计	2 976 311 825	2 138 084 870	2 505 903 686	1 746 431 320
负债合计	14 746 124 646	12 474 592 158	11 134 976 999	8 881 758 671

续表

报告期	2022 - 12 - 31	2022 - 12 - 31	2021 - 12 - 31	2021 - 12 - 31
报表类型	合并报表	母公司报表	合并报表	母公司报表
所有者权益（或股东权益）：				
实收资本（或股本）	1 212 441 394	1 212 441 394	1 215 691 266	1 215 691 266
资本公积	7 508 886 780	5 571 037 569	8 152 584 784	6 217 377 712
减：库存股	999 990 786	999 990 786	999 990 786	999 990 786
其他综合收益	−109 069 401		−409 739 649	
盈余公积	607 845 633	607 845 633	607 845 633	607 845 633
未分配利润	23 760 711 503	24 101 604 118	18 386 411 971	18 192 300 282
归属于母公司所有者权益合计	31 980 825 123	30 492 937 928	26 952 803 219	25 233 224 107
少数股东权益	18 287 040		15 242 772	
所有者权益合计	31 999 112 163	30 492 937 928	26 968 045 991	25 233 224 107
负债和所有者权益总计	46 745 236 809	42 967 530 086	38 103 022 990	34 114 982 778

注：本书中的报表数据均来源于万德数据库。由于报表数据四舍五入，会出现部分报表项目合计数有一定误差的情况。

附表 2   利润表

编制单位：深圳迈瑞生物医疗电子股份有限公司   2022 年度   单位：元

报告期	2022 年	2022 年	2021 年	2021 年
报表类型	合并报表	母公司报表	合并报表	母公司报表
一、营业总收入	30 365 643 811	25 422 092 418	25 269 580 818	20 937 437 210
营业收入	30 365 643 811	25 422 092 418	25 269 580 818	20 937 437 210
二、营业总成本	19 826 760 259	19 140 473 725	16 667 539 189	16 469 817 321
营业成本	10 885 289 458	13 853 584 238	8 842 715 216	11 641 235 126
税金及附加	348 286 018	230 027 367	281 988 904	173 082 440
销售费用	4 801 555 324	2 780 197 244	3 998 947 743	2 412 996 229
管理费用	1 320 052 334	809 765 913	1 105 683 090	703 809 101
研发费用	2 922 614 427	1 950 355 734	2 524 177 625	1 655 382 541
财务费用	−451 037 302	−483 456 771	−85 973 389	−116 688 116
其中：利息费用	10 686 780	1 018 463	8 634 183	513 536
利息收入	357 905 784	237 591 834	407 324 996	313 132 239

续表

报告期	2022 年	2022 年	2021 年	2021 年
报表类型	合并报表	母公司报表	合并报表	母公司报表
加：其他收益	579 815 101	103 941 820	574 839 415	188 471 277
投资净收益	−5 061 416	4 572 072 741	811 481	3 459 397 895
公允价值变动净收益	−21 378 189		9 878 833	
资产减值损失	−71 094 102	2 988 134	−131 734 229	−41 335 699
信用减值损失	−36 814 207	−31 023 581	5 813 969	7 154 235
资产处置收益	6 164 292	−3 735 188	4 065 884	1 099 761
三、营业利润	10 990 515 031	10 925 862 619	9 065 716 982	8 082 407 358
加：营业外收入	35 283 143	21 126 950	23 240 924	20 800 507
减：营业外支出	72 247 521	68 386 890	71 873 073	62 526 108
四、利润总额	10 953 550 653	10 878 602 679	9 017 084 833	8 040 681 757
减：所得税	1 342 833 838	736 424 281	1 013 038 963	517 019 549
五、净利润	9 610 716 815	10 142 178 398	8 004 045 870	7 523 662 208
持续经营净利润	9 610 716 815	10 142 178 398	8 004 045 870	7 523 662 208
终止经营净利润				
减：少数股东损益	3 542 721		2 492 264	
归属于母公司所有者的净利润	9 607 174 094	10 142 178 398	8 001 553 606	7 523 662 208
六、其他综合收益	300 670 248		−287 162 436	
七、综合收益总额	9 911 387 063	10 142 178 398	7 716 883 434	7 523 662 208

附表 3 现金流量表

编制单位：深圳迈瑞生物医疗电子股份有限公司　2022 年度　　　　　　单位：元

报告期	2022 年	2022 年	2021 年	2021 年
报表类型	合并报表	母公司报表	合并报表	母公司报表
一、经营活动产生的现金流量：				
销售商品、提供劳务收到的现金	34 571 634 884	28 264 766 175	26 136 465 139	21 319 871 774
收到的税费返还	647 165 750	147 556 092	490 853 871	81 488 367

续表

报告期 报表类型	2022 年 合并报表	2022 年 母公司报表	2021 年 合并报表	2021 年 母公司报表
收到其他与经营活动有关的现金	482 865 372	304 987 670	791 628 656	588 815 548
经营活动现金流入小计	35 701 666 006	28 717 309 937	27 418 947 666	21 990 175 689
购买商品、接受劳务支付的现金	12 097 385 989	14 603 676 732	8 675 969 493	11 784 326 915
支付给职工以及为职工支付的现金	6 132 767 749	3 652 988 884	5 349 441 531	3 347 361 955
支付的各项税费	3 359 152 955	1 649 543 945	2 560 077 388	1 137 620 730
支付其他与经营活动有关的现金	1 971 211 437	1 488 894 276	1 834 810 079	1 298 901 093
经营活动现金流出小计	23 560 518 130	21 395 103 837	18 420 298 491	17 568 210 693
经营活动产生的现金流量净额	12 141 147 876	7 322 206 100	8 998 649 175	4 421 964 996
二、投资活动产生的现金流量：				
收回投资收到的现金				
取得投资收益收到的现金		2 999 164 035		3 441 100 000
处置固定资产、无形资产和其他长期资产收回的现金净额	73 327 178	169 021 419	21 734 097	28 604 266
处置子公司及其他营业单位收到的现金净额		50 020 000		
收到其他与投资活动有关的现金	191 680 800	544 500 000	140 000 000	161 749 246
投资活动现金流入小计	265 007 978	3 762 705 454	161 734 097	3 631 453 512
购建固定资产、无形资产和其他长期资产支付的现金	1 915 528 356	822 638 957	1 402 493 907	789 565 706
投资支付的现金	36 500 000			
取得子公司及其他营业单位支付的现金净额		350 000 000	3 519 676 951	4 291 976 000

续表

报告期	2022 年	2022 年	2021 年	2021 年
报表类型	合并报表	母公司报表	合并报表	母公司报表
支付其他与投资活动有关的现金	1 532 750 207	231 087 981	51 680 800	1 580 570 129
投资活动现金流出小计	3 484 778 563	1 403 726 938	4 973 851 658	6 662 111 835
投资活动产生的现金流量净额	−3 219 770 585	2 358 978 516	−4 812 117 561	−3 030 658 323
三、筹资活动产生的现金流量：				
吸收投资收到的现金				
其中：子公司吸收少数股东投资收到的现金				
取得借款收到的现金				
收到其他与筹资活动有关的现金	153 694 520	152 433 100		
筹资活动现金流入小计	153 694 520	152 433 100		
偿还债务支付的现金			440 732 118	
分配股利、利润或偿付利息支付的现金	4 233 373 015	4 232 874 562	3 039 228 165	3 039 228 165
其中：子公司支付给少数股东的股利、利润		498 453		
支付其他与筹资活动有关的现金	1 114 599 275	1 013 175 299	1 124 910 023	1 013 820 752
筹资活动现金流出小计	5 347 972 290	5 246 049 861	4 604 870 306	4 053 048 917
筹资活动产生的现金流量净额	−5 194 277 770	−5 093 616 761	−4 604 870 306	−4 053 048 917
四、汇率变动对现金的影响	113 815 806	37 910 538	−171 446 283	−102 032 544
五、现金及现金等价物净增加额	3 840 915 327	4 625 478 393	−589 784 975	−2 763 774 788
加：期初现金及现金等价物余额	15 132 728 506	7 866 631 250	15 722 513 481	10 630 406 038
六、期末现金及现金等价物余额	18 973 643 833	12 492 109 643	15 132 728 506	7 866 631 250

附录2　海尔智家 2021—2022 年度资产负债表、利润表

附表 4　海尔智家资产负债表　　　　　　　　单位：元

报告期	2022 - 12 - 31	2022 - 12 - 31	2021 - 12 - 31	2021 - 12 - 31
报表类型	合并报表	母公司报表	合并报表	母公司报表
流动资产：				
货币资金	54 138 815 683	5 747 356 591	45 857 170 275	4 043 535 735
交易性金融资产	519 812 881		2 786 075 529	
衍生金融资产	183 185 161		79 819 974	
应收票据及应收账款	25 493 883 375	913 643 071	27 985 809 466	546 532 443
应收票据	9 580 191 838		13 354 791 068	
应收账款	15 913 691 537	913 643 071	14 631 018 397	546 532 443
预付款项	1 120 756 200	3 116 793	857 233 123	275 052 865
其他应收款（合计）	2 380 929 623	14 387 031 658	1 955 082 163	16 245 280 168
应收股利	0	1 015 840 000	0	3 615 840 000
应收利息	513 320 377	29 783 517	294 379 439	51 632 472
其他应收款	1 867 609 246	13 341 408 141	1 660 702 724	12 577 807 696
存货	41 542 713 112	9 245 508	39 863 171 040	1 139 135
合同资产	309 930 359		304 434 295	
其他流动资产	4 692 515 577	1 642 423 150	3 918 981 117	337 476 209
流动资产合计	130 382 541 971	22 702 816 771	123 607 776 983	21 449 016 556
非流动资产：				
债权投资	1 034 222 222	1 034 222 222		
其他权益工具投资	5 851 882 930	1 618 513 056	4 848 709 439	1 615 450 033
长期应收款	305 070 001		308 998 755	
长期股权投资	24 527 800 291	52 744 139 528	23 232 200 859	52 513 760 278
投资性房地产	25 678 493		24 964 888	
固定资产（合计）	27 158 348 424	167 043 774	22 307 089 801	179 789 817
固定资产	27 158 348 424		22 302 546 432	
固定资产清理			4 543 370	

续表

| 报告期 | 2022－12－31 | 2022－12－31 | 2021－12－31 | 2021－12－31 |
报表类型	合并报表	母公司报表	合并报表	母公司报表
在建工程（合计）	4 094 684 500	2 667 681	4 183 263 399	17 569 516
在建工程	4 094 684 500		4 183 263 399	
使用权资产	3 795 225 354	357 996	2 734 016 745	1 217 186
无形资产	10 505 881 377	48 239 513	9 549 607 918	55 171 485
开发支出	154 480 516		227 892 229	
商誉	23 643 595 644		21 827 103 061	
长期待摊费用	759 883 174	3 910 065	588 676 389	3 781 399
递延所得税资产	1 722 223 038		1 854 809 733	159 338 212
其他非流动资产	1 880 736 892	1 302 773 743	2 164 384 013	803 323 404
非流动资产合计	105 459 712 856	56 921 867 579	93 851 717 230	55 349 401 331
资产总计	235 842 254 827	79 624 684 350	217 459 494 213	76 798 417 887
流动负债：				
短期借款	9 643 374 732		11 226 212 134	
交易性金融负债			6 294 014	
衍生金融负债	104 594 041		80 212 433	
应付票据及应付账款	66 974 639 720	521 733 556	67 368 095 551	183 690 890
应付票据	25 090 945 421		25 023 238 407	
应付账款	41 883 694 299	521 733 556	42 344 857 144	183 690 890
预收款项				
合同负债	9 329 554 748	13 084 443	10 016 870 340	12 605 140
应付职工薪酬	4 050 464 754	9 696 654	4 113 881 587	12 323 670
应交税费	2 872 846 827	7 479 878	2 603 683 462	1 747 024
其他应付款（合计）	17 511 771 663	32 659 845 830	17 524 160 066	34 484 355 763
应付利息	0		0	
应付股利	1 246 573		10 639 313	
其他应付款	17 510 525 089	32 659 845 830	17 513 520 752	34 484 355 763
一年内到期的非流动负债	6 294 750 667		9 623 014 848	877 996
其他流动负债	1 850 426 116	5 876 887	2 234 530 125	5 420 157

续表

报告期	2022 - 12 - 31	2022 - 12 - 31	2021 - 12 - 31	2021 - 12 - 31
报表类型	合并报表	母公司报表	合并报表	母公司报表
流动负债合计	118 632 423 269	33 217 717 248	124 796 954 561	34 701 020 639
非流动负债：				
长期借款	13 590 866 873	2 195 000 000	3 038 573 825	
应付债券			334 730 049	
租赁负债	2 824 477 671		1 960 894 981	
长期应付款（合计）	44 240 088		99 602 708	
长期应付职工薪酬	1 010 547 202		1 173 151 762	
预计负债	1 611 029 220		1 948 565 477	
递延所得税负债	2 358 860 559	420 805 601	2 121 803 174	448 965 654
递延收益——非流动负债	948 935 134	12 355 000	852 794 567	19 270 000
其他非流动负债	107 332 101		49 461 684	
非流动负债合计	22 496 288 849	2 628 160 601	11 579 578 226	468 235 654
负债合计	141 128 712 118	35 845 877 848	136 376 532 787	35 169 256 293
所有者权益（或股东权益）：				
实收资本（或股本）	9 446 598 493	9 446 598 493	9 398 704 530	9 398 704 530
其他权益工具			118 017 508	
其中：优先股				
永续债				
资本公积	23 852 037 325	27 300 899 020	22 549 345 569	25 802 279 483
减：库存股	3 857 807 196	2 308 138 558	2 424 038 820	1 495 170 675
其他综合收益	1 990 683 498	602 091 350	−1 176 851 700	621 302 945
盈余公积	4 014 190 623	3 409 044 398	3 438 615 910	2 833 469 684
未分配利润	57 976 944 921	5 328 311 800	47 907 134 329	4 468 575 627
归属于母公司所有者权益合计	93 422 647 664	43 778 806 501	79 810 927 326	41 629 161 594
少数股东权益	1 290 895 044		1 272 034 100	
所有者权益合计	94 713 542 709	43 778 806 501	81 082 961 426	41 629 161 594
负债和所有者权益总计	235 842 254 827	79 624 684 350	217 459 494 213	76 798 417 887

附表 5　海尔智家利润表

编制单位：海尔智家股份有限公司　　　　　　　　　　　　　　　　　　单位：元

报告期	2022 年度	2022 年度	2021 年度	2021 年度
报告类型	合并报表	母公司报表	合并报表	母公司报表
一、营业总收入	243 513 563 671	424 661 926	227 556 143 618	353 798 249
营业收入	243 513 563 671	424 661 926	227 556 143 618	353 798 249
二、营业总成本	226 725 145 620	1 102 268 136	213 331 476 543	438 935 789
营业成本	167 223 167 396	370 625 213	156 482 657 367	315 357 106
税金及附加	813 289 228	3 356 878	806 978 591	1 315 011
销售费用	38 597 810 391	2 255 209	36 553 667 004	8 325 070
管理费用	10 837 316 879	844 381 395	10 444 475 658	126 563 950
研发费用	9 499 191 098	19 067 425	8 357 332 946	29 294 764
财务费用	−245 629 371	−137 417 983	686 364 977	−41 920 112
其中：利息费用	984 142 709	33 870 759	712 448 120	7 328 998
利息收入	855 178 861	158 040 014	564 584 789	56 558 736
加：其他收益	1 069 763 609	32 862 066	957 500 458	45 491 182
投资净收益	1 832 656 953	6 431 738 016	2 403 102 640	3 918 401 071
公允价值变动净收益	−122 442 934		119 277 624	
资产减值损失	−1 499 859 761		−1 418 753 619	
信用减值损失	−431 377 481	−3 315 123	−520 299 915	187 273
资产处置收益	206 742 816	102 421 079	110 983 720	40 509 777
三、营业利润	17 843 901 252	5 886 099 828	15 876 477 983	3 919 451 762
加：营业外收入	136 527 270	209 515	198 793 345	855 198
减：营业外支出	190 706 970	149 807	159 240 779	53 851
四、利润总额	17 789 721 552	5 886 159 536	15 916 030 549	3 920 253 109
减：所得税	3 057 539 933	130 412 402	2 698 963 371	−12 560 594
五、净利润	14 732 181 619	5 755 747 134	13 217 067 179	3 932 813 702
持续经营净利润	14 732 181 619	5 755 747 134	13 217 067 179	3 932 813 702
终止经营净利润				
减：少数股东损益	21 258 127		150 028 907	
归属于母公司所有者的净利润	14 710 923 492	5 755 747 134	13 067 038 272	3 932 813 702

续表

报告期	2022 年度	2022 年度	2021 年度	2021 年度
报告类型	合并报表	母公司报表	合并报表	母公司报表
六、其他综合收益	3 164 841 092	−19 211 595	−148 110 005	631 333 649
七、综合收益总额	17 897 022 711	5 736 535 539	13 068 957 174	4 564 147 351
减：归属于少数股东的综合收益总额	18 900 173		134 168 682	
归属于母公司普通股东综合收益总额	17 878 122 538	5 736 535 539	12 934 788 492	4 564 147 351

附录 3　金隅集团 2021—2022 年度资产负债表、利润表

附表 6　金隅集团资产负债表

编制单位：金隅集团股份有限公司　　　　　　　　　　　　　　单位：元

报告期	2022 - 12 - 31	2022 - 12 - 31	2021 - 12 - 31	2021 - 12 - 31
报表类型	合并报表	母公司报表	合并报表	母公司报表
流动资产：				
货币资金	15 996 435 858	5 576 380 942	21 921 968 520	7 179 017 854
交易性金融资产	1 116 954 485		1 152 240 648	
应收票据及应收账款	8 040 437 269	18 318 892	8 229 619 124	3 487 404
应收票据	422 263 122		705 691 611	
应收账款	7 618 174 146	18 318 892	7 523 927 513	3 487 404
应收款项融资	1 496 573 942		2 514 575 159	
预付款项	1 705 162 282		1 745 572 088	
其他应收款（合计）	7 357 457 848	66 506 150 598	9 432 966 788	75 591 816 316
应收股利	30 905 485	92 503 525	0	88 656 882
应收利息	204 053 501	1 166 904 324	37 746 687	702 117 151
其他应收款	7 122 498 863	65 246 742 749	9 395 220 101	74 801 042 282
存货	111 184 131 017		116 928 823 488	
合同资产	222 802 260		60 328 702	

续表

报告期	2022－12－31	2022－12－31	2021－12－31	2021－12－31
报表类型	合并报表	母公司报表	合并报表	母公司报表
一年内到期的非流动资产	269 845 114		127 377 277	
其他流动资产	9 434 556 250	632 310 000	7 845 259 543	591 650 000
流动资产合计	156 824 356 325	72 733 160 432	169 958 731 337	83 365 971 574
非流动资产：				
债权投资	1 155 764 073		490 902 028	
其他权益工具投资	773 948 748	200 000	596 774 849	200 000
其他非流动金融资产	263 969 459	263 969 459		
长期应收款	2 851 242 784		1 004 712 318	
长期股权投资	7 736 678 183	54 404 744 834	6 484 148 920	54 585 516 002
投资性房地产	38 705 919 637	13 430 463 320	36 092 290 069	13 068 045 425
固定资产（合计）	43 653 968 154	858 392 108	44 371 375 769	920 965 319
固定资产	43 653 968 154		44 371 375 769	
在建工程（合计）	3 604 955 673		1 901 031 174	
在建工程	3 561 174 244		1 854 266 306	
工程物资	43 781 429		46 764 868	
使用权资产	953 854 889		710 751 129	
无形资产	15 887 353 097	305 745 638	16 280 896 982	313 440 856
商誉	2 513 503 267		2 438 315 746	
长期待摊费用	1 763 529 450	9 640 701	1 683 402 757	11 833 131
递延所得税资产	3 826 913 824	318 439 754	3 711 928 081	318 439 754
其他非流动资产	1 004 096 766	506 377 834	631 549 282	469 593 713
非流动资产合计	124 695 698 004	70 097 973 649	116 398 079 104	69 688 034 200
资产总计	281 520 054 328	142 831 134 081	286 356 810 442	153 054 005 774
流动负债：				
短期借款	25 482 825 771	19 132 310 000	25 140 608 000	20 712 310 000
应付票据及应付账款	22 660 422 000	14 960 058	23 014 120 291	8 950 584
应付票据	3 633 062 025		3 217 498 008	
应付账款	19 027 359 975	14 960 058	19 796 622 282	8 950 584

续表

报告期	2022 - 12 - 31	2022 - 12 - 31	2021 - 12 - 31	2021 - 12 - 31
报表类型	合并报表	母公司报表	合并报表	母公司报表
预收款项	315 238 032	101 298 863	328 325 876	120 788 577
合同负债	30 357 771 576		26 822 950 419	
应付职工薪酬	541 223 371	17 661 612	436 570 855	15 085 430
应交税费	1 841 142 424	42 859 099	2 356 197 065	47 064 179
其他应付款（合计）	9 241 191 495	4 038 122 523	9 701 552 655	4 117 386 653
应付利息	1 403 033 226	1 113 953 832	1 283 850 568	
应付股利	317 934 964	248 921 653	258 868 380	
其他应付款	7 520 223 305	2 675 247 038	8 158 833 707	
一年内到期的非流动负债	16 724 946 326	22 834 140 952	15 125 801 960	9 657 162 217
应付短期债券	5 000 000 000	5 000 000 000	7 500 000 000	7 500 000 000
其他流动负债	6 679 901 097		9 307 669 006	
流动负债合计	118 844 662 093	51 181 353 107	119 733 796 128	42 178 747 641
非流动负债：				
长期借款	32 637 155 002	17 066 570 000	29 001 712 450	28 569 769 282
应付债券	26 493 958 938	19 482 734 796	33 499 674 505	27 270 685 513
租赁负债	481 532 951		395 211 551	
长期应付款（合计）	299 650 815		345 169 769	
长期应付款	299 650 815		345 169 769	
长期应付职工薪酬	449 511 909	237 462 411	498 937 108	311 661 558
预计负债	478 333 745		503 461 378	
递延所得税负债	6 176 449 472	2 562 800 987	6 044 933 885	2 472 196 513
递延收益——非流动负债	762 550 771		795 357 235	
其他非流动负债		310 124		4 750 000
非流动负债合计	67 779 453 727	39 349 568 194	71 089 207 879	58 624 312 867
负债合计	186 624 115 820	90 530 921 301	190 823 004 007	100 803 060 508
所有者权益（或股东权益）：				

续表

报告期	2022 - 12 - 31	2022 - 12 - 31	2021 - 12 - 31	2021 - 12 - 31
报表类型	合并报表	母公司报表	合并报表	母公司报表
实收资本（或股本）	10 677 771 134	10 677 771 134	10 677 771 134	10 677 771 134
其他权益工具	16 499 000 000	16 499 000 000	15 989 000 000	15 989 000 000
其中：优先股				
永续债	16 499 000 000	16 499 000 000	15 989 000 000	15 989 000 000
资本公积	5 432 314 011	6 674 854 903	5 229 289 084	6 674 854 903
减：库存股				
其他综合收益	686 302 302	312 924 869	743 211 179	291 932 180
专项储备	62 794 408		45 874 273	
盈余公积	2 620 134 354	2 620 134 354	2 470 978 188	2 470 978 188
一般风险准备	495 759 173		457 650 792	
未分配利润	27 155 839 983	15 515 527 520	28 103 717 810	16 146 408 862
归属于母公司所有者权益合计	63 629 915 365	52 300 212 780	63 717 492 461	52 250 945 267
少数股东权益	31 266 023 143		31 816 313 974	
所有者权益合计	94 895 938 508	52 300 212 780	95 533 806 434	52 250 945 267
负债和所有者权益总计	281 520 054 328	142 831 134 081	286 356 810 442	153 054 005 774

附表7 金隅集团利润表

编制单位：金隅集团股份有限公司　　　　　　　　　　　　　　　　　单位：元

报告期	2022 - 12 - 31	2022 - 12 - 31	2021 - 12 - 31	2021 - 12 - 31
报表类型	合并报表	母公司报表	合并报表	母公司报表
一、营业总收入	102 822 162 097	945 282 913	123 634 448 112	989 945 648
营业收入	102 822 162 097	945 282 913	123 634 448 112	989 945 648
二、营业总成本	101 166 520 103	1 273 968 435	117 549 679 336	1 487 665 294
营业成本	87 466 652 954	104 972 135	103 564 597 220	95 723 057
税金及附加	1 273 573 648	131 717 039	1 765 377 284	131 744 651
销售费用	2 369 961 082	23 652 128	2 659 027 721	23 798 808
管理费用	6 958 247 987	135 646 148	6 842 283 575	182 771 189

续表

报告期	2022-12-31	2022-12-31	2021-12-31	2021-12-31
报表类型	合并报表	母公司报表	合并报表	母公司报表
研发费用	410 138 865	82 722 829	346 732 716	67 698 038
财务费用	2 687 945 567	795 258 156	2 371 660 821	985 929 552
其中：利息费用	4 445 390 609	3 449 207 185	4 970 126 409	3 776 039 940
利息收入	228 028 364	2 741 363 609	267 349 252	2 850 936 647
加：其他收益	613 356 547		879 796 992	
投资净收益	251 483 499	1 578 422 858	792 555 261	2 127 156 877
公允价值变动净收益	583 061 238	335 037 367	691 814 742	614 322 113
资产减值损失	−827 767 553	105 224	−1 008 653 384	
信用减值损失	−453 463 799	119 331	−355 182 813	
资产处置收益	1 306 717 425		73 873 632	
三、营业利润	3 129 029 349	1 584 999 258	7 158 973 206	2 243 759 343
加：营业外收入	373 447 997	11 792 012	1 103 370 838	14 131 654
减：营业外支出	177 455 035	14 625 143	381 829 507	24 720 880
四、利润总额	3 325 022 311	1 582 166 127	7 880 514 537	2 233 170 117
减：所得税	1 585 135 234	90 604 474	2 667 796 287	155 899 743
五、净利润	1 739 887 076	1 491 561 654	5 212 718 250	2 077 270 374
持续经营净利润	1 739 887 076	1 491 561 654	5 212 718 250	2 077 270 374
终止经营净利润				
减：少数股东损益	527 213 527		2 279 703 705	
归属于母公司所有者的净利润	1 212 673 550	1 491 561 654	2 933 014 545	2 077 270 374
六、其他综合收益	−140 146 117	20 992 689	294 622 536	−4 321 066
七、综合收益总额	1 599 740 959	1 512 554 343	5 507 340 786	2 072 949 308
减：归属于少数股东的综合收益总额	443 976 287		2 278 310 995	
归属于母公司普通股东综合收益总额	1 155 764 673	1 512 554 343	3 229 029 791	2 072 949 308

附录 4　乐视网 2016—2018 年度利润表

附表 8　乐视网利润表

单位：元

报告期 报表类型	2018 年 合并报表	2018 年 母公司报表	2017 年 合并报表	2017 年 母公司报表	2016 年 合并报表	2016 年 母公司报表
一、营业总收入	1 581 228 452	355 263 961	7 096 077 561	1 592 309 560	21 986 878 491	5 239 131 214
营业收入	1 557 777 927	355 263 961	7 025 215 802	1 592 309 560	21 950 951 410	5 239 131 214
其他类金融业务收入	23 450 525		70 861 759		35 927 081	
二、营业总成本	9 032 865 172	2 587 911 158	24 624 182 382	12 530 429 712	22 361 014 855	4 058 028 896
营业成本	2 192 747 043	807 426 236	9 706 710 026	2 840 596 976	18 229 220 565	2 584 571 148
税金及附加	2 535 100		19 761 341	7 912 314	152 575 156	134 135 561
销售费用	429 881 993	57 646 523	1 714 570 750	634 053 256	2 365 883 026	505 982 258
管理费用	436 457 868	139 282 729	1 402 733 565	291 732 424	596 273 474	283 272 155
研发费用	246 929 560	19 922 873				
财务费用	687 148 255	291 927 156	872 710 484	312 584 911	648 027 100	372 815 680
其中：利息费用	691 301 768	291 629 378				
利息收入	8 707 274	126 798				
资产减值损失	5 035 393 848	1 271 705 641	10 881 535 092	8 443 549 832	351 968 232	177 252 095
其他业务成本（金融类）	1 771 505	50 800	26 161 125		17 067 302	
加：其他收益	14 318 779		53 983 576	1 259 446	36 637 103	
投资净收益	1 744 050 289	−645 648 311	173 646 712	2 211 509 704		234 174

续表

报告期 报表类型	2018 年 合并报表	2018 年 母公司报表	2017 年 合并报表	2017 年 母公司报表	2016 年 合并报表	2016 年 母公司报表
其中：对联营企业和合营企业的投资收益	120 986 540	-812 950 650	135 941 517	22 551	35 828 909	234 174
资产处置收益	-9 411 617	-1 097 662	-107 972 710	-19 265 388	-35 423 474	-30 746 461
三、营业利润	-5 702 679 269	-2 879 342 369	-17 408 447 243	-8 744 616 392	-337 922 736	1 150 590 030
加：营业外收入	25 566 266	5 962 828	18 062 969		46 601 817	5 316 277
减：营业外支出	1 157 815	602 489	71 345 250	37 207 756	2 387 602	4 544
四、利润总额	-5 678 270 818	-2 873 982 029	-17 461 729 524	-8 781 824 148	-328 708 521	1 155 901 763
减：所得税费用	55 415 549		722 577 953	53 298 607	-106 815 889	84 437 829
五、净利润	-5 733 686 367	-2 873 982 029	-18 184 307 477	-8 835 122 755	-221 892 632	1 071 463 934
减：少数股东损益	-1 638 066 996		-4 306 262 647		-776 551 859	
归属于母公司所有者的净利润	-4 095 619 371	-2 873 982 029	-13 878 044 830	-8 835 122 755	554 759 227	1 071 463 934
六、其他综合收益	-6 857 555		-118 301 794		26 934 484	
七、综合收益总额	-5 740 543 922	-2 873 982 029	-18 302 609 272	-8 835 122 755	-194 958 147	1 071 463 934
减：归属于少数股东的综合收益总额	-1 646 416 016		-4 342 121 367		-776 651 859	
归属于母公司普通股东综合收益总额	-4 094 127 906	-2 873 982 029	-13 960 487 904	-8 835 122 755	581 693 712	1 071 463 934
八、每股收益：						
基本每股收益	-1.026 6	-0.720 4	-3.481 5	-2.216 4	0.142 1	0.274 4
稀释每股收益	-1.026 6	-0.720 4	-3.481 5	-2.216 4	0.142 1	0.274 4

附录5 辅仁药业 2016—2019 年财务报表

附表9 辅仁药业 2016—2019 年资产负债表　　　　单位：元

报告期	2019 - 12 - 31	2018 - 12 - 31	2017 - 12 - 31	2016 - 12 - 31
报表类型	合并报表	合并报表	合并报表	合并报表
流动资产：				
货币资金	37 388 955	1 656 364 889	1 289 094 683	105 123 750
应收票据及应收账款	3 771 150 990	2 931 802 812	2 616 860 894	73 344 058
应收票据	133 373 499	93 268 149	254 565 712	6 416 546
应收账款	3 637 777 491	2 838 534 663	2 362 295 181	66 927 513
应收款项融资	2 179 798			
预付款项	699 201 081	424 259 711	600 842 709	7 556 359
其他应收款（合计）	1 820 627 523	17 426 847	19 658 673	6 803 836
应收股利		0		28 754
应收利息		0	5 634	
其他应收款	1 820 627 523	17 426 847	19 653 039	6 775 082
存货	357 334 073	604 414 455	661 269 654	142 242 731
其他流动资产	31 630 030	42 375 042	31 410 768	916 581
流动资产合计	6 719 512 450	5 676 643 757	5 219 137 380	335 987 315
非流动资产：				
可供出售金融资产		2 057 508	13 797 536	13 721 414
其他权益工具投资	2 057 508			
持有至到期投资			300 000	
长期应收款	6 262 803	28 673 858	16 667 595	14 695 436
投资性房地产	8 844 925	13 028 579	14 055 514	
固定资产（合计）	3 783 249 407	3 780 878 484	3 431 936 947	842 614 719
固定资产	3 783 249 407	3 780 878 484	3 431 936 947	842 614 719
在建工程（合计）	848 752 583	834 356 123	801 637 819	578 924

续表

报告期	2019 - 12 - 31	2018 - 12 - 31	2017 - 12 - 31	2016 - 12 - 31
报表类型	合并报表	合并报表	合并报表	合并报表
在建工程	847 519 648	833 021 414	801 574 033	578 924
工程物资	1 232 935	1 334 709	63 786	
无形资产	241 432 525	260 878 549	255 715 044	40 257 418
开发支出	9 431 824	10 131 824	15 009 824	7 481 698
递延所得税资产	73 393 958	55 759 605	50 493 093	5 483 054
其他非流动资产	43 051 739	54 964 384	61 318 053	12 111 864
非流动资产合计	5 016 477 273	5 040 728 914	4 660 931 426	936 944 529
资产总计	11 735 989 723	10 717 372 671	9 880 068 806	1 272 931 844
流动负债：				
短期借款	2 470 404 072	2 488 500 000	2 029 690 000	244 000 000
应付票据及应付账款	250 334 053	564 369 227	790 389 591	60 540 115
应付票据	38 269 367	314 977 300	583 355 038	
应付账款	212 064 686	249 391 927	207 034 553	60 540 115
预收款项	91 448 989	74 772 090	80 425 211	9 778 682
合同负债				
应付职工薪酬	16 747 124	22 161 742	15 720 176	3 872 744
应交税费	144 806 046	120 062 664	125 374 086	9 880 569
其他应付款（合计）	1 713 625 824	728 240 144	866 088 616	57 921 946
应付利息	207 379 413	7 000 772	3 750 559	
应付股利	64 186 752	1 471 001	1 467 632	2 276 915
其他应付款	1 442 059 659	719 768 370	860 870 425	55 645 030
一年内到期的非流动负债	671 177 969	473 403 029	529 716 167	174 746 530
其他流动负债	133 286 292			
流动负债合计	5 491 830 370	4 471 508 895	4 437 403 846	560 740 585
非流动负债：				
长期借款	204 900 000	444 500 000	453 000 000	75 000 000

续表

报告期	2019 - 12 - 31	2018 - 12 - 31	2017 - 12 - 31	2016 - 12 - 31
报表类型	合并报表	合并报表	合并报表	合并报表
长期应付款（合计）	100 501 805	237 810 709	214 531 403	179 803 698
长期应付款	100 501 805	237 810 709	214 531 403	179 803 698
递延所得税负债			2 431 982	2 912 952
递延收益——非流动负债	93 318 425	96 973 071	111 794 664	21 583 347
非流动负债合计	398 720 230	779 283 780	781 758 049	279 299 997
负债合计	5 890 550 600	5 250 792 676	5 219 161 895	840 040 582
所有者权益（或股东权益）：				
实收资本（或股本）	627 157 512	627 157 512	627 157 512	177 592 864
资本公积	1 898 487 992	1 898 487 992	1 898 487 992	129 363 477
其他综合收益			7 295 946	8 738 855
盈余公积	91 277 286	91 277 612	84 168 443	10 925 109
未分配利润	3 162 512 186	2 783 671 530	1 982 500 610	42 528 227
归属于母公司所有者权益合计	5 779 434 977	5 400 594 646	4 599 610 504	369 148 532
少数股东权益	66 004 146	65 985 349	61 296 406	63 742 730
所有者权益合计	5 845 439 123	5 466 579 995	4 660 906 911	432 891 262
负债和所有者权益总计	11 735 989 723	10 717 372 671	9 880 068 806	1 272 931 844

附表 10　辅仁药业 2016—2019 年年度利润表　　　　单位：元

报告期	2019 年	2018 年	2017 年	2016 年
报表类型	合并报表	合并报表	合并报表	合并报表
一、营业收入	5 171 086 041	6 317 313 150	5 799 924 018	495 631 293
二、营业总成本	4 481 784 278	5 178 674 038	4 861 742 172	476 851 477
营业成本	2 943 351 118	3 537 453 991	3 459 030 433	284 382 037
税金及附加	61 094 663	83 794 603	74 967 329	6 283 180

续表

报告期	2019 年	2018 年	2017 年	2016 年
报表类型	合并报表	合并报表	合并报表	合并报表
销售费用	672 953 586	820 813 321	581 208 351	92 619 921
管理费用	239 664 825	263 181 290	498 238 132	51 635 013
研发费用	212 697 330	228 939 276		
财务费用	352 022 757	244 491 556	208 853 249	38 391 984
其中：利息费用	303 557 597	182 971 599		
利息收入	6 252 744	6 089 206		
加：其他收益	30 738 681	20 201 892	21 416 970	
投资净收益		10 016 553	750 078	725 051
资产减值损失	−9 456 091	−49 977 693	39 444 679	3 539 341
信用减值损失	−60 415 996			
资产处置收益	7 302 818	−2 171 860	−1 823 103	
三、营业利润	657 471 176	1 116 708 004	958 525 792	19 504 867
加：营业外收入	408 391	950 536	12 396 738	9 409 010
减：营业外支出	6 653 726	9 995 954	7 860 911	31 757
四、利润总额	651 225 841	1 107 662 586	963 061 619	28 882 120
减：所得税费用	190 119 613	214 417 394	187 632 428	6 648 413
五、净利润	461 106 227	893 245 192	775 429 191	22 233 707

参考文献

［1］张新民，金瑛．资产负债表重构：基于数字经济时代企业行为的研究．管理世界，2022（9）．

［2］张新民．张新民教你读财报．北京：北京联合出版公司，2023．

［3］张新民，钱爱民，陈德球．上市公司财务状况质量：理论框架与评价体系．管理世界，2019（7）．

［4］张新民．战略视角下的财务报表分析．北京：高等教育出版社，2017．

［5］K.R.苏布拉马尼亚姆．财务报表分析：英文版第11版．北京：中国人民大学出版社，2014．

［6］钱爱民，张新民．经营性资产：概念界定与质量评价．会计研究，2009（8）．

［7］张新民．资产负债表：从要素到战略．会计研究，2014（5）．

图书在版编目（CIP）数据

从报表看企业：数字背后的秘密 / 张新民著. -- 5
版. --北京：中国人民大学出版社，2024.1
　ISBN 978-7-300-32416-6

　Ⅰ. ①从… Ⅱ. ①张… Ⅲ. ①企业管理－会计报表－
会计分析 Ⅳ. ①F275.2

中国国家版本馆 CIP 数据核字（2024）第 003921 号

从报表看企业
　　——数字背后的秘密（第 5 版）
张新民　著
Cong Baobiao Kan Qiye——Shuzi Beihou de Mimi

出版发行	中国人民大学出版社				
社　　址	北京中关村大街 31 号		**邮政编码**	100080	
电　　话	010－62511242（总编室）		010－62511770（质管部）		
	010－82501766（邮购部）		010－62514148（门市部）		
	010－62515195（发行公司）		010－62515275（盗版举报）		
网　　址	http://www.crup.com.cn				
经　　销	新华书店				
印　　刷	北京联兴盛业印刷股份有限公司		**版　　次**	2012 年 7 月第 1 版	
开　　本	890 mm×1240 mm　1/32			2024 年 1 月第 5 版	
印　　张	14.625 插页 2		**印　　次**	2025 年 1 月第 4 次印刷	
字　　数	335 000		**定　　价**	108.00 元	